古代歷史文化_{研究輯刊}

古代歷史文化 研究輯刊

二二編

王明蓀 主編

第19冊

明清天津地區教育狀況研究

張麗敏 著

國家圖書館出版品預行編目資料

明清天津地區教育狀況研究／張麗敏 著 — 初版 — 新北市：
花木蘭文化事業有限公司，2019〔民 108〕
目 4+286 面；19×26 公分
（古代歷史文化研究輯刊 二二編：第 19 冊）
ISBN 978-986-485-913-9（精裝）
1. 教育史 2. 教育發展 3. 天津市
618   108011823

ISBN-978-986-485-913-9

9 789864 859139

古代歷史文化研究輯刊
二二編　第十九冊　　　　　　　ISBN：978-986-485-913-9

明清天津地區教育狀況研究

作　　者　張麗敏
主　　編　王明蓀
總 編 輯　杜潔祥
副總編輯　楊嘉樂
編　　輯　許郁翎、王筑、張雅淋　美術編輯　陳逸婷
出　　版　花木蘭文化事業有限公司
發 行 人　高小娟
聯絡地址　235 新北市中和區中安街七二號十三樓
　　　　　電話：02-2923-1455／傳眞：02-2923-1452
網　　址　http://www.huamulan.tw 信箱 hml 810518@gmail.com
印　　刷　普羅文化出版廣告事業
初　　版　2019 年 9 月
全書字數　210282 字
定　　價　二二編 25 冊（精裝）台幣 63,000 元　　版權所有 · 請勿翻印

明清天津地區教育狀況研究

張麗敏 著

作者簡介

姓名：張麗敏

性別：女

出生年月：1982 年 2 月

籍貫：山東省萊蕪市

教育經歷：

2006 年 9 月至 2008 年 6 月（碩士）

所在院校：南開大學，院系：高等教育研究所，專業：教育學原理

2008 年 9 月至 2011 年 6 月（博士）

所在院校：南開大學，院系：歷史學院，專業：中國古代史，研究方向：明清文化史

工作經歷：

2011 年 7 月至今，在南開大學圖書館古籍特藏部工作。

發表論文：

《明清天津地區教育生態環境初探》，《南開學報》（增刊），2010 年 4 月。

《論明代科舉制中的公平理念》，《明史研究》第十一輯，2010 年 6 月。

《明清天津鹽商與教育發展》，《南開學報》（增刊），2011 年 4 月。

《〈明實錄〉功臣卒時記載研究》，《文史》，2016 年第四輯。

提　　要

　　教育是一種培養人的社會活動，在中國古代社會，教育更是作爲「化民成俗」的有效方式被歷代統治者所重視。在小農經濟獲得了普遍發展，工商業也較發達的明清時期，教育較之前朝有了飛躍發展。而此時的天津，作爲拱衛京師的重要城市，其教育發展自然突飛猛進。明永樂年間，天津設衛後，行政地位不斷加強，爲教育的發展鋪平了道路，使得天津教育在進入清代以後獲得了長足發展，並在乾嘉時期達到鼎盛。而教育日益興盛的背後，則是各種生態環境的作用與影響。因此本文在展現明清天津地區教育全貌的基礎上，力求運用教育生態學的理論，闡釋天津教育與生態環境之間的關係。

　　本文共分爲八章。

　　第一章緒論，主要是對前人研究進行回顧，並對本書的選題依據、研究意義、方法及概念界定等相關問題加以說明。

　　第二章介紹明清以前天津地區的教育發展狀況，並按照歷史發展順序將之劃分爲七個不同的歷史階段，分別加以敘述。

　　第三章從自然地理環境、文教政策環境、經濟環境、人文環境等方面探討明清時期天津地區的教育生態環境。

　　第四章以天津衛城及附近地區的教育發展狀況爲研究對象，通過對儒學、武學、商學、屯學、書院及蒙養教育的分別敘述，來展現此地區的教育全貌。

　　第五章以衛城及附近地區以外的天津其他地區的教育發展狀況爲研究對象，通過對儒學、書院及蒙養教育的分別敘述，來展現此地區的教育全貌。

　　第六章論述明清時期天津地區的主要教育成就。

　　第七章總結明清時期天津地區教育發展的特點。

　　第八章探討明清天津教育發展的啓示，著重從教育生態環境對教育的作用入手，分別從經濟環境、政策環境、人口與社會需求、官員及鄉紳等方面得出可供今日發展教育參考的諸多啓示，並在最後論述教育對其他社會事業的作用和影響。

目

次

第一章 緒 論

第一節 選題緣由

　　教育是一種培養人的社會活動，它貫穿於人類社會發展的整個過程，並起著至關重要的作用。無論整個國家，抑或某個地區，無有例外。因此，研究教育的發展歷史，包括對全國各時期教育史和地方區域各時期教育史的研究，總結其經驗教訓，以為今人和後人提供啟示，保證教育順利發展，十分必要。

　　可以說，地方教育史是一門交叉學科，它介於教育學與歷史學之間，又涉及到地理學的相關概念，因此它是「研究教育現象的空間與時間組合的學問」〔註1〕。1979 年，美國著名教育家勞倫斯·克雷明在《公共教育》一書中首次提出了「教育生態學」的概念。自此，教育與生態環境之間的關係便引起了廣泛的關注與更深入的探討。所謂教育生態環境，「是以教育為中心、對教育的產生和發展起著制約和調控作用的 N 維空間和多元的環境系統」〔註2〕，主要包括自然環境、社會環境和人文環境等。因此，地方教育史的研究中，自然也少不了對「教育生態學」的運用。因為教育並不是孤立存在的，它是在一個龐大而複雜的生態環境中生存、發展。地方教育更是如此，它的產生發展既離不開整個社會大背景的影響，更離不開地方大環境的制約。一個地區的地理位置、政治需要、經濟發展、人文積澱、社會風氣、人口因素等都與

〔註 1〕 趙寶琪、張鳳民：《天津教育史》，天津人民出版社，2002 年，第 2 頁。
〔註 2〕 吳鼎福：《教育生態學》，江蘇教育出版社，1993 年，第 12 頁。

教育的發展息息相關。其實，在我國古代，教育生態的理念就開始萌芽。著名教育家孔子就十分注重教育和生態環境的結合，「性相近也，習相遠也」論斷，說明他已經意識到環境因素對教育的作用和影響。「孟母三遷」的故事更說明了時人已經注意到了教育與自然環境和社會環境的關係。但從總體上講，在既往關於中國教育史的研究中，對於教育生態的研究重視尚甚欠缺，因而為了更好地推進教育史研究的深入發展，在這方面亟待加強。

天津地處華北平原東北部，橫跨海河南北，北枕燕山，西望太行，東臨渤海。處在海河五大支流的匯合處，是河流高度密集的區域之一，素有「九河下梢」之稱。多樣的地貌，豐富的資源，眾多的河流，使天津成為重要的漕運和鹽業城市，為天津教育的發展創造了必要的條件，並為天津教育形成自己的特色起到了重要作用。可以說，天津的教育發展是與天津的城市發展密不可分的。然而，由於種種因素的影響，天津城市形成的時間較晚，其城市的定型大體始於明代，因此，明清時期就成為天津古代教育的主要發展時期。明永樂年間，天津設衛後，行政地位不斷加強，為教育的發展鋪平了道路，使得天津教育在進入清代以後獲得了長足發展，並在乾嘉時期達到鼎盛。

但從全國範圍的角度講，天津的古代教育並稱不上發達，只是到了近代才處於可圈可點的先進地位，因此今人對天津教育的研究多側重於近現代，對古代教育的研究則甚為稀少。至於從生態環境角度研究天津古代教育更屬用力不足，作為一個生活在天津而又自碩士學習階段即專注於教育研究的筆者來說，敏感地發現了天津教育的上述不足，這成為筆者以天津明清教育為博士論文選題的主要原因。當然，筆者的博士階段，導師專攻明清史併兼研明清天津地方史，也是筆者這一選擇的一個促進因素。

第二節　研究現狀及史料概述

1.2.1　研究現狀

1.2.1.1　以「明清教育」為主題的相關研究

對明清時期教育的研究屬於教育史研究的範疇，而教育史的研究內容一般包括兩部分：其一是以「教育思想」為主題的研究，其焦點在於研究歷代極具影響力的大思想家和教育家的教育思想及這些思想對教育的影響；其二是以「教育機構」及「教育制度」等為主題的研究，其焦點在於研究歷代的

官學、私學、書院、科舉制度等等。

　　因明清時期在整個中國古代史中的獨特性和重要性，今人對此時期的研究頗多，對明清時期教育的研究自然也不勝枚舉。

　　著作方面主要有：

　　周德昌、王建軍主編的《中國教育史研究·明清分卷》（上海：華東師範大學出版社，2009年），本書共八章，主要可劃分為三大部分：第一章至第四章是第一大部分，著重探討了明清時期的教育制度，明清時期的官學、書院、蒙學、科舉考試制度除了具有保守、腐朽的一面外，其發展也具有若干特色。第五章至第七章為第二大部分，著重介紹了明清時期王陽明學派、顏元、李塨學派以及乾嘉學派三個較具影響力的教育思想流派。第八章是最後一部分，著重闡述了明清時期的中外文化教育交流。

　　張學強的《明清多元文化教育研究》（北京：民族出版社，2006年），主要闡釋了明清時期民族文化教育的多元化、宗教文化教育的多元化，以及學術流派對文化教育多元化帶來的一系列影響與西方宗教與科技的傳入對明清中國多元教育文化的影響。

　　李國鈞、王炳照主編，吳宣德所著《中國教育制度通史·明代卷》（山東教育出版社，1999年），選擇了構成明代教育制度主體的太學、地方儒學和作為這一制度補充的小學、書院等教育類型，以及與教育密切相關的科舉進行研究。

　　李國鈞、王炳照主編，馬鏞所著《中國教育制度通史·清代（上）》（山東教育出版社，1999年），在介紹清代文教政策的基礎上，對清代的國子監、滿族官學、地方官學、書院教育、蒙學、社會教育以及科舉考試等一一作了探討。

　　毛禮銳、沈灌群主編的《中國教育通史》（第三卷）（濟南：山東教育出版社，1985年），第九章通過對社會概況、文教政策、官學、書院、蒙學教育、科舉以及王守仁、王廷相、黃宗羲、王夫之、顏元、戴震的教育思想的全面描述來展現明、清（鴉片戰爭前）的教育狀況；第十章第二節則主要對明清的科技教育進行研究。

　　熊承滌編著的《中國古代教育史料繫年》（北京：人民教育出版社，1985年），本書摘錄了從春秋、戰國至清朝的有關教育制度、科舉制度、教育行政、教育政策和教育言論等各方面的史料。

尹德新主編的《歷代教育筆記資料·明代部分》（北京：中國勞動出版社，1992 年），對科舉考試、書院、社會教育、家庭教育、蒙養教育、神童等分別進行了探討。

郭齊家編著的《中國古代學校》（天津：天津教育出版社，1991 年），介紹了我國古代官學制度、私學的創立及其發展，以及宋、元、明、清學校教育的發展等方面的情況。

吳智和編著的《明代的儒學教官》（臺北：臺灣學生書局，1991 年），共有六章十八節，通過對明代儒學教官的地位、出身、任用、考核、黜陟等的研究，探討有明一代，地方儒學的政治、社會、教育、學術等文化現象。

陳寶良編著的《明代儒學生員與地方社會》（北京：中國社會科學出版社，2005 年），首先從學校與科舉入手，探討生員的產生、肄業、考核，以及生員如何步入仕途。進而從社會角度出發，研究在科場失意或無望進入仕途的生員的社會流動及社會活動。然後運用社會學理論對整體生員群進行考察，對其整體活動和社會影響力做了深入分析。

中國書院自興起於唐後，便在各朝的教育中起著至關重要的作用。明清時期更是如此。書院作為獨具特色的教育機構，對教育乃至整個社會的發展都有著深遠的影響，所以今人的研究也頗多。

20 世紀二、三十年代，書院研究就曾取得了不小的成績。20 世紀 80 年代後，更是掀起了書院研究的風潮。例如：陳元暉、尹德新、王炳照編著的《中國古代的書院制度》（上海：上海教育出版社，1981 年）；章柳泉的《中國書院史話——宋元明清書院的演變及其內容》（北京：教育科學出版社，1981 年）；張正藩的《中國書院制度考略》（南京：江蘇教育出版社，1985 年）；楊布生、彭定國編著的《中國書院與傳統文化》（長沙：湖南教育出版社，1992 年）；白新良編著的《中國古代書院發展史》（天津：天津大學出版社，1995 年）；金其楨、程勉中編著的《中國書院書齋》（重慶：重慶出版社，2002 年）；鄧洪波的《中國書院史》（上海：東方出版中心，2006 年）等。這些都是全面、系統地論述中國書院歷史的學術專著。它們大致以書院的發展歷程為主線，闡述書院產生、發展的概況，並對歷代書院興衰的過程、原因以及書院與科舉的關係，書院與官學的關係等諸多問題進行了深入探討，力求反映出各個歷史時期書院的不同特點，反映出書院作為一種特殊教育機構對中國教育及政治、經濟、文化等帶來的巨大影響。

　　科舉制度自隋朝始，至清朝廢，在中國封建社會的歷史長河中經歷了一千三百多年，對封建社會的教育事業和人才選拔產生了不可磨滅的影響和作用，也因此成爲後人關注的熱點。對科舉的研究可謂是數不勝數，此處僅對涉及明清時期「科舉與教育關係」的專著進行一些總結。

　　田建榮的《科舉教育的傳統與變遷》（北京：教育科學出版社，2009 年），以科舉制度確立以來的傳統教育的演進過程爲線索，向讀者闡釋科舉制度對我國傳統教育帶來的影響，其中包括對教育目的、內容、方式、制度以及培養目標等方面的影響。

　　趙子富編著的《明代學校與科舉制度研究》（北京：北京燕山出版社，2008 年），共包括七章內容，詳細介紹了書塾、書院、武學及其他各類學校與科舉考試、科舉制度以及明代社會的關係等內容。

　　李兵編著的《書院與科舉關係研究》（武漢：華中師範大學出版社，2005 年），對宋代以後書院的發展與中國科舉制度的關係進行了詳盡的論述，因爲書院與科舉之間的關係紛繁複雜，所以相關的研究並不多，所以此書是一本學術價值極高的專著。

　　宋元強的《清朝的狀元》（長春：吉林文史出版社，1992 年），搜集了清代 114 名狀元的歷史資料，全面介紹他們成才後社會活動和社會作用，同時還概述了清代學校科舉制度以及政治文化發展的大趨勢。

　　張杰的《清代科舉家族》（北京：社會科學文獻出版社，2003 年），以《清代殊卷集成》爲基本史料，創造性地提出了「科舉家族」這一概念，從經濟基礎、人文環境、日常生活、社會流動、地域變化、家族影響等方面論述了科舉家族形成的原因，以及他們的社會活動及影響，最後還對科舉家族的歷史地位進行了思考。

　　相關論文主要有：

　　1、以明清教育以及明清教育與科舉、文化、科技等關係為主題的論文

　　畢誠《明代的教育制度》（《湖北師範學院學報》，1985 年第 4 期）；許可峰《明代官辦職業教育的終身化特點及其現代啓示》（《繼續教育研究》，2006 年第 6 期）；嚴雄飛《清代民間教育的特點及其社會地位》（《北京理工大學學報（社會科學版）》，2002 年第 4 期）；付瓊《科舉背景下的明清教育對文學的負面影響》（《上海大學學報（社會科學版）》，2008 年第 4 期）；牛翠萍、胡凡《論明代科舉制度對學校教育的導向作用》（《湖北招生考試》，2007 年第 12

期）；牛翠萍《論明清教育政策對中國科技的影響》（《齊齊哈爾大學學報（哲學社會科學版）》，2007 年第 7 期）；方媛《明代科舉與教育一體化對其政治風氣的影響》（《理論界》，2008 年第 4 期）；趙子富《明代學校、科舉制度與學術文化的發展》（《清華大學學報（哲學社會科學版）》，1995 年第 2 期）。

2、以明清書院為主題的論文

劉海峰《論書院與科舉的關係》（《廈門大學學報（哲學社會科學版）》，1995 年第 3 期）；黨亭軍《明清書院教學特點的演變及其歷史啟示》（《中國礦業大學學報（社會科學版）》，2010 年第 1 期）；黨亭軍、衛萬龍《明清書院教育的社會效益機制及其啟示》（《延安大學學報（社會科學版）》，2009 年第 2 期）；黨亭軍《明清書院解決優質師資來源問題的思路及啟示》（《高教研究》，2008 年第 4 期）；劉青《明清書院刻書與藏書的發展及其影響試論》（《河南圖書館學刊》，2004 年第 3 期）。

3、以明清儒學為主題的論文

趙子富《明代的學校及其考試制度》（《清華大學學報（哲學社會科學版）》，1992 年第 2 期）；陳寶良《明代衛學發展述論》（《社會科學輯刊》，2004 年第 6 期）；郭培貴《明代府州縣學教官選任來源的變化及其原因和影響》（《河南師範大學學報（哲學社會科學版）》1991 年第 4 期）；林吉玲《明代的府州縣學與鄉村社學》（《河南師範大學學報（哲學社會科學版）》2001 年 5 月）。

陳寶良《明代的義學與鄉學》（《史學月刊》，1993 年第 3 期）；陳建國《明清時期義學的經費管理》（《西安郵電學院學報》，2008 年第 4 期）；陳建國《論明清時期義學的辦學機制》（《西北大學學報（哲學社會科學版）》，2008 年第 6 期）。

王日根《「社學即官辦初等教育」說質疑》（《歷史研究》，1996 年第 6 期）；王凱旋《論明代社學與學校教育》（《廣西師範學院學報（哲學社會科學版）》，2005 年第 4 期）；王云《民間社學與明代基層教育》（《聊城師範學院學報（哲學社會科學版）》，1993 年第 2 期）；趙毅、劉曉東《明代「社學」之社會屬性辨析——兼及「鄉村教化」與社會軟性控制》（《東北師大學報（哲學社會科學版）》，2007 年第 1 期）；董倩《明代社學述論》（《青海師範大學學報（社會科學版）》，1998 年第 4 期）；趙悅鳳《清朝（鴉片戰爭前）官辦社學之探微》（《繼續教育研究》，2006 年第 5 期）；陳剩勇《清代社學與中國古代官

辦初等教育體制》（《歷史研究》，1995 年第 6 期）；劉德華《王守仁的〈社學教條〉及其兒童德育思想》（《中小學管理》，1994 年第 12 期）；施克燦《中國古代社學教化職能初探》（《教育學報》，2010 年第 1 期）；呂達《元、明、清三代的社學考略》（《上海師範大學學報》，1986 年第 3 期）。

　　劉豔卉《我國古代蒙學識字教材的歷史沿革》（《安陽師範學院學報》，2002 年第 4 期）；秦玉清《傳統私塾的歷史變遷》（《尋根》，2002 年第 2 期）；張勇、潘素萍《論塾師在近代私塾改良中的消極嬗變——兼論傳統塾師的社會地位與作用》（《蘭州教育學院學報》，2009 年第 4 期）；蔡娜《中國傳統私塾教育的特點及其對現代初等教育的啓示》（《新課程研究》，2010 年第 1 期）；朱豔林、曾瑞炎《近十年來私塾研究述略》（《文史雜誌》，2005 年第 5 期）；彭建新《私塾‧塾師》（《武漢文史資料》，2008 年第 9 期）；熊賢君《私塾教學方法的現代價值》（《課程‧教材‧教法》，1999 年第 9 期）；俞允海《鄉學至私塾：「塾」義變遷考》（《湖州師範學院學報》，2005 年第 5 期）；岳紅廷、辛秀玲《民國初年天津的私塾改良活動》（《湖北成人教育學院學報》，2009 年第 1 期）。

1.2.1.2　以「明清天津教育」為主題的相關研究

　　關於明清時期天津地區教育研究的專著並不多，主要有以下兩部：

　　趙寶琪、張鳳民主編的《天津教育史（上卷）》（天津：天津人民出版社，2001 年），共分為六章，按歷史發展脈絡向讀者全面呈現了天津教育狀況，具體內容包括清中期以前的天津古代教育，以及清代末期、民國時期的天津教育，此外還對天津近代教育界的愛國民主運動做了詳細介紹，實可謂天津教育史發展過程中的一個里程碑，對當今天津教育事業的發展也做出了重大貢獻，但此書寫作的重點在「天津近代教育的興起和發展」上，對明清時期天津地區教育狀況的闡述只是幾筆帶過。

　　由天津市地方志編修委員會編著的《天津通志‧基礎教育志》（天津：天津社會科學院出版社，2000 年），共二十五章內容，但涉及明清時期天津古代教育的筆墨並不多，僅通過第一章分別對天津儒學、書院、學塾、科舉的描述來展現明清天津教育的概況。

　　對「明清天津教育」進行研究的論文也屈指可數，例如，王惠來《天津教育發展歷史精粹及其對當代的啓示》（《天津教育》，2008 年第 3 期），主要通過回顧天津教育事業的發展歷程，挖掘其中的閃光點，並從中獲取靈感與

啓示，爲當前天津教育事業提供歷史借鑒。但本文的重點也在於「天津近代教育」帶來的啓示，對「明清天津教育」著墨極少。張森的《東南士子與清代天津科舉的昌盛》（《文化學刊》，2010 年第 3 期），在對清代東南士子來津的原因進行分析的基礎上，闡述了他們在天津文化教育領域的捐資興學等活動，並最終得出清代天津科舉昌盛的啓示，文中對「明清天津教育」的關注也只是星星點點。

1.2.1.3 天津史或天津專題性研究中與「明清天津教育」相關的研究

雖然關於明清時期天津地區教育研究的專著與論文並不多，但在有關天津的諸多研究中都或多或少能看到對「明清天津教育」的探討。

劉澤華《天津文化概況》（天津：天津社會科學院出版社，1990 年），第一章第一節，回顧了解放前的天津教育，其中用兩頁篇幅描述了天津地區在明清兩代的教育形式以及科舉成就等。

高豔林《天津人口研究（1404～1949）》（天津：天津人民出版社，2002 年），在探討明代天津人口來源及性質變化的基礎上，對天津人口的文化教育進行了分析。

來新夏《天津的城市發展》（天津：天津古籍出版社，2004 年），第 59 頁簡要介紹了明代天津的衛學和武學。

馮驥才《話說天津衛》（天津：百花文藝出版社，1986 年），用簡單幾筆勾勒了天津學宮的建置。

張仲《天津衛掌故》（天津：天津人民出版社，1999 年），在論述「鹽商文化與天津民俗」時，對明清兩代鹽商與天津儒學之間的關係作了介紹。

張利民《解讀天津六百年》（天津：天津社會科學院出版社，2003 年），在第十四章第一節「傳統教育與城市社會」中，對衛學、屯學、運學、書院、塾館等教育模式進行了全面剖析，認爲衛學、屯學、運學是天津教育的初始與特色；書院是科舉教育的必要補充；塾館是大眾化教育模式。

南炳文、高洪鈞、王鴻濤《天津古代人物錄》（天津：天津人民出版社，1993 年），其中也不乏眾多對教育作出過重要貢獻的天津人。

此外，天津史的總體性研究論著大多對教育及相關問題給予了關注。如南炳文《天津史話》（中華書局，1984 年）、萬新平與濮文起《天津史話》（上海人民出版社，1986 年）、天津社會科學院歷史研究所編著組《天津簡史》（天津人民出版社，1987 年）、郭蘊靜主編《天津古代城市發展史》（天津古籍出

版社，1989 年）、劉鑒唐與焦瑋主編《津門談古》（百花文藝出版社，1991 年）、楊大辛《津沽絮語》（天津古籍出版社，1993 年）等等。以及由天津市地方志編修委員會編著的《天津通鑒》（北京：中國青年出版社，2005 年）、靜海縣志編修委員會《天津市靜海縣志》（天津：天津社會科學院出版社，1995 年）、武清縣地方史志編修委員會《天津市武清縣志》（天津：天津社會科學院出版社，1991 年）、寧河縣地方史志編修委員會《天津市寧河縣志》（天津：天津社會科學院出版社，1991 年）、薊縣志編修委員會《薊縣志》（天津：天津社會科學院出版社、南開大學出版社，1991 年）、靜海縣政府、天津社會科學院編寫組《靜海史話》（天津：天津古籍出版社，1989 年）、天津市河西區地方志編修委員會《天津市河西區志》（天津：天津社會科學院出版社，1998 年）、天津市南開區地方志編修委員會《天津市南開區志》（天津：天津社會科學院出版社，1998 年）、天津市東麗區地方志編修委員會《天津市東麗區志》（天津：天津社會科學院出版社，1998 年）、天津市北辰區地方志編修委員會《天津市北辰區志》（天津：天津古籍出版社，1998 年）、天津市塘沽區地方志編修委員會《天津市塘沽區志》（天津：天津社會科學院出版社，1996 年）、天津市大港區地方志編修委員會《天津市大港區志》（天津：天津社會科學院出版社，1998 年）、天津市紅橋區地方志編委會《天津市紅橋區志》（天津：天津古籍出版社，2001 年）、天津市漢沽區地方志編修委員會《漢沽區志》（天津：天津社會科學院出版社，1998 年）。

　　縱觀上述研究成果可以發現：對於明清教育而言，研究較多；而對於明清天津教育的研究，關涉性的論著也不算少，但此類研究囿於體裁、主題等，難以細緻、深化；專門性研究較少，缺乏系統的整理與發掘，尚存在很大的拓展空間。並且，與其他地方的教育研究現狀相比，明清天津教育研究亟待推進。

1.2.2 史料概述

　　關於明清時期天津地區教育的史料並不多，而且非常分散，搜之甚為不易，本書所依據的史料主要有以下幾種：

1.2.2.1 正史、編年史類

　　這類資料主要有（清張廷玉等撰）《明史》、（清趙爾巽等撰）《清史稿》以及明清時期歷朝實錄。

1.2.2.2 地理類

明清方志作爲一地時況之總匯，保存了豐富的天津教育資料，如：（李賢纂）《明一統志》、（穆彰阿撰）《（嘉慶）大清一統志》、（唐執玉、李衛修，陳儀纂）《（雍正）畿輔通志》、（李鴻章等修，黃彭年等纂）《（光緒）畿輔通志》、（樊深撰）《（嘉靖）河間府志》、（杜甲等纂修）《（乾隆）河間府志》、（沈應文、張元芳纂修）《（萬曆）順天府志》、（周家楣、繆荃孫）《（光緒）順天府志》、（李梅賓、程鳳文修，吳廷華、汪沆纂）《（乾隆）天津府志》、（沈家本、榮銓等修，徐宗亮、蔡啓盛纂）《（光緒）重修天津府志》、（薛柱斗纂修）《（康熙）天津衛志》、（於鶴年纂）《天津衛考初稿》、（張志奇、朱奎揚修，吳廷華、汪沆纂）《（乾隆）天津縣志》、（吳惠元修，蔣玉虹、俞樾纂）《（同治）續天津縣志》、（高凌雯纂）《（民國）天津縣新志》、（王守恂纂）《（民國）天津政俗沿革記》、（張江裁纂）《（民國）楊柳青小志》、（高凌雯纂）《（民國）志餘隨筆》、（吳狖修、曹涵、趙晃纂）《（乾隆）武清縣志》、（洪肇楙纂修）《（乾隆）寶坻縣志》、（關廷牧修，徐以觀纂）《乾隆）寧河縣志》、（白鳳文等修、高毓彤纂）《（民國）靜海縣志》、（徐葆瑩、李午階修，仇錫廷纂）《（民國）重修薊縣志》，以及全國各地與本書內容相關的其他地區的方志等。

1.2.2.3 職官、政書類

這類資料可以分爲兩類，第一類是明清歷朝會典以及會典則例，如（四庫全書本）《（弘治）明會典》、（續修四庫本）《（萬曆）大明會典》、（《中國近代史料叢刊三編》本）《（雍正）大清會典》、（四庫全書本）《（乾隆）大清會典》、（四庫全書本）《（乾隆）大清會典則例》、（《中國近代史料叢刊三編》本）《（嘉慶）大清會典》、（《中國近代史料叢刊三編》本）《（嘉慶）大清會典事例》、（續修四庫本）《（光緒）大清會典》、（續修四庫本）《（光緒）大清會典事例》等。

第二類爲官方或個人所撰寫或編輯的其他政書，如明人（佚名）所撰之《大明官制》、（素爾訥撰）《學政全書》、（嵇璜撰）《續通典》、《續文獻通考》、（王定安撰）《兩淮鹽法志》、（延豐撰）《重修兩淮鹽法志》、（黃掌綸撰）《長蘆鹽法志》、（劉邦謨、王好善輯）《寶坻政書》等。

1.2.2.4 別集類

明清天津本土與寓居士人，以及曾於天津任職官員的著作亦蘊含了有關天津教育的寶貴資料。天津本土士人輯錄鄉賢著作並敘述其事蹟的有：郭師

泰《津門古文所見錄》、華鼎元《梓里聯珠集》（內包含：汪沆《津門雜事詩》、蔣詩《沽河雜詠》、樊彬《津門小令》、崔旭《津門百詠》、華鼎元《津門徵獻詩》）、徐士鑾《敬鄉筆述》、梅成棟《欲起竹間樓存稿》、梅成棟《津門詩鈔》、金鉽《屛廬文稿》、華長卿《梅莊詩鈔》、沈兆澐《篷窗附錄》《篷窗隨錄》《織簾書屋詩鈔》、王又樸《王介山自定年譜》、查爲仁《蓮坡詩話》、金玉岡《黃竹山房詩鈔》等；寓居天津之人書目，如：吳雯《蓮洋詩鈔》、厲鶚《樊榭山房集》、趙執信《因園集》、張燾《津門雜記》、戴愚庵《沽水舊聞》等；天津官員方面如：左光斗《左忠毅公集》、盧見曾《雅雨堂文集》等。此三類外，有些途經天津者也在其著述中留下了關於天津的印象，如崔溥《漂海錄——中國行記》等。

　　除上述之外，還有一些其他類別的史料，如（王頌蔚）《明史考證攟逸》、（凌迪知）《萬姓統譜》、（張朝瑞）《皇明貢舉考》、（汪砢玉）《古今鎈略》、（雷禮）《國朝列卿紀》、（傅恒）《通鑑輯覽》、（張廷玉）《通鑑綱目三編》、（計六奇）《明季北略》、（法式善）《清秘述聞》、（李元度）《國朝先正事略》、（焦竑）《國朝獻徵錄》、（過庭訓）《本朝分省人物考》以及佚名所撰之《明季烈臣傳》、《皇清奏議》等。

第三節　相關概念界定

1.3.1 空間界定

　　天津〔註3〕城始建於明永樂年間，自明代天津設三衛後，歷經發展，至清朝順治九年（1652年），天津三衛合併爲天津衛，設立民政、鹽運和稅收、軍事等建置。雍正三年（1725年），改天津衛爲天津州。雍正九年（1731年），昇天津州爲天津府，附郭設天津縣。但明清時期的天津衛、天津州，天津府、天津縣，均與今日之「天津」所指地理範圍有所不同。

〔註3〕關於「天津」的得名，據郭鳳岐先生考證有四種說法，一是「星座」說，二曰「緣河」說，三系「關口」說，四爲「賜名」說。而四種說法中，史料最充分、記載最清楚、證據最可考的當屬「賜名」說。明建文二年（1400年），燕王朱棣以「靖難」爲名，率兵從直沽渡河南下，偷襲滄州，大獲全勝。建文四年（1402年），朱棣登基，1403年改元「永樂」。永樂二年（1404年），明在直沽設衛、築城。明成祖朱棣爲了紀念「靖難之役」的勝利，賜名爲「天津」，意謂天子「車駕所渡處也」。縱觀明代文獻，關於「天津」的得名，基本上都爲「賜名」說。天津市在編修新方志時，也均採用了「賜名」說。至於朱棣賜名時，是否考慮到星、河、關等因素，尚無從考證。

　　本文將遵循地方史研究的慣例，以現行天津市行政區劃爲標準，追溯明清時期與之相對應的地理範圍及行政區域。雖然明清發展至今，天津地區的行政區劃因受到政治、經濟等因素的影響，幾經變動，給空間範圍的古今對照造成一定困難。但由於行政區劃仍具有相對穩定性，「各級行政區域的劃分由於受到自然地理、地域文化、社會傳統等因素的限制，基本上承繼歷史保持固定不變」〔註4〕。而且，行政區劃在沿革過程中，一般以基層的「縣」爲單位進行籌劃改歸。由此，使空間範圍的確立有所憑藉，從而得以實現行政區劃的大致對應。

　　天津市現包含十五個市轄區和三個縣。天津市轄區可分爲市區、濱海新區與環城區。其中市區包括：和平區、河東區、河西區、南開區、河北區、紅橋區；濱海新區包括：塘沽區、漢沽區、大港區；環城區包括：西青區、東麗區、津南區、北辰區、武清區、寶坻區。所轄縣有：靜海縣、寧河縣及薊縣。這一廣闊區域在明代分別屬於順天府與河間府，其相對應的範圍大致是順天府之武清縣、寶坻縣、薊州，河間府之靜海縣；至清代則分別屬於順天府與天津府，其相對應的範圍大致是順天府之武清縣、寶坻縣、寧河縣（雍正九年置）、薊州，天津府（順治九年並天津三衛爲天津衛，雍正三年改天津衛爲天津州，同年升直隸州，九年升州爲府）之天津縣和靜海縣。

1.3.2 時間界定

　　關於天津古代與近代的時間分界，目前學界大致有兩種觀點：一是以1840年鴉片戰爭爲界；二是以1860年天津開埠爲界。兩種劃分方法的著眼點不同，各有優勢，適用於不同的歷史研究。本書將採取第一種界定方法，將研究的時間範圍劃定爲公元1368年明朝建立至1840年第一次鴉片戰爭。

第四節　研究意義、方法與創新點

1.4.1 研究意義

　　從「明清時期教育」的研究現狀及「明清時期天津地區教育」的研究現狀，我們可以看出，關於前者，已有眾多學者做了大量的研究工作，並且成

〔註4〕 羅輝、趙澤洪：《基於區域經濟學評價標準的行政區劃及其變更》，《雲南行政學院學報》，2005年第3期。

果頗豐；而關於後者，研究還很薄弱，僅僅是在一些著作中涉及到，而且即便是在涉及「明清時期天津地區教育」研究的著作中，對其內容的論述和探討也大都相對簡略，僅寥寥幾筆帶過，或者只探討其中的某一個或幾個方面。因此，關於「明清時期天津地區教育」還有待於作深入的研究和探討。鑒於以上情況，本文在前人研究成果的基礎上，通過挖掘大量史料，運用多種研究方法，試圖對明清時期天津地區的教育狀況作一全面、系統、深入的研究。明清時期的教育曾在天津發展史上產生了不可磨滅的作用。天津近代教育之所以取得了不俗的成績，與此前奠定的基礎、形成的教育氛圍和理念等都是分不開的。當今天津已發展成為北方重要的門戶城市和港口城市，在天津各項建設正如火如荼進行之時，希望筆者對明清時期天津地區教育狀況的研究能為天津教育的發展與天津的城市發展提供一定的借鑒。

總的來看，本選題無論是對學術研究，還是對社會現實，均具有一定的積極意義。首先，天津地區教育的產生發展與地方社會的變遷息息相關，是天津地方史研究中不可缺少的組成部分，因此，對「明清時期天津地區教育狀況」進行研究，有助於豐富和深化天津史研究的內容。其次，本文力求在展現明清天津地區教育全貌的基礎上，運用教育生態學的理論，闡釋天津教育與生態環境之間的關係。而教育與生態環境的關係闡釋，又會對天津現代教育的發展提供一些啟示。

1.4.2 研究方法

本文在傳統史學研究方法的基礎上，嘗試運用教育生態學的理論方法對相關問題進行探討、分析，力求能夠較深入、客觀的反映歷史原貌，解釋歷史原貌背後的歷史動因。

1.4.3 創新點

本文的創新點就是盡可能地對明清時期天津地區的教育進行系統、全面、詳盡的研究與探討，將當時之教育狀況真實、清晰地呈現在讀者面前，以填補學術界在天津教育史研究中的不足。另在展現明清天津教育狀況全貌的基礎上，將教育生態學理論運用其中，盡可能闡釋天津教育與天津生態環境之間的關係。當然，因本人研究能力有限，加之史料上的限制，本文也存在很多的不足之處，如對某些問題闡述得不夠全面，甚至闡述的不夠恰當，懇請方家批評指正。

第五節 研究思路、內容

本文共分爲八章，分別從不同方面來依次探討明清時期天津地區的教育問題。

第一章緒論，主要內容是對前人研究進行回顧，並對本書的選題依據、研究意義、方法及概念界定等相關問題加以說明。

第二章介紹明清以前天津地區的教育發展狀況，並按照歷史發展順序將之劃分爲七個不同的歷史階段，分別加以敘述。因涉及明清以前天津古代教育的史料甚少，且天津市區城市的形成與建制的設置均在明代之後，所以明清之前天津文教狀況的獲得，大多來源於天津各郊縣的方志等。此章僅就現有資料，對各個時期的文化教育狀況作籠統的梳理並得出相關結論。

第三章探討明清時期天津地區的教育生態環境，按現今天津的行政區劃大體將明清時期的天津地區分爲兩部分，一部分是衛城及其附近地區，範圍大約在今天津市區；另一部分是剩餘的其他地區，範圍大約在今天津各郊縣。教育生態環境的探討從自然地理環境、文教政策環境、經濟環境、人文環境等方面展開。

第四章、第五章分別以天津各地區教育發展狀況爲研究對象，通過對儒學、武學、商學、屯學、書院及蒙養教育的分別敘述，來展現教育全貌。而對各類學校的考察則主要著重於以下幾個方面：殿廡、學署的設置及重修、教官的設置及考核、生員的學額及管理、主要教學內容及考課、經費來源及用途、學田。

第六章論述明清時期天津地區的主要教育成就。教育作爲一種培養人的社會活動，其成就必然要通過培養出的人才來體現，本章即從此角度，分別通過天津的科舉成果以及培養出的幾類人才來探討天津教育的成就。

第七章總結明清時期天津地區教育發展的特點，筆者歸納了四個，分別爲：第一，從明清兩朝的時間跨度上縱向比較天津地區的教育發展，突出特點是教育風氣由「尚武」至「崇文」轉變。第二，從天津地區的地域跨度上橫向比較各地區的教育發展，突出特點是教育發展不平衡。第三，天津作爲一個重要的鹽業城市，鹽商對於教育發展的貢獻和影響不可小視。第四，天津是一個移民城市，眾多流寓的文化活動和興學活動對天津教育具有深遠的影響。

第八章探討明清天津教育發展的啓示，著重從教育生態環境對教育的作

用入手，分別從經濟環境、政策環境、人口與社會需求、官員及鄉紳等方面得出可供今日教育參考的諸多啓示，並在最後論述教育對其他社會事業的作用和影響。

總之，本文力求通過不同時期、不同區域的比較，展現明清時期天津地區教育的面貌，揭示其發展變化的歷程，並運用教育生態學的理論闡釋教育發展背後的動因。

第二章　明清之前天津教育發展概況

　　「天津」之名與天津城的初建雖始於明朝永樂年間，但天津地區最早的開發，卻可追溯至六千年前的新石器時代。眾所周知，教育是伴隨人類的產生而產生，伴隨人類的發展而發展的。所以我們可以斷定，自新石器時代有先民在天津地區繁衍開始，天津便產生了教育活動。但因長期遠離政治中心等原因，天津地區開發雖早，發展卻很緩慢，所以，文化教育的發展也較之其他地區相對緩慢、落後。

　　天津地處華北平原的東北部，東臨渤海，北枕燕山，西連太行。因其地理位置的獨特，以及地勢低等特點，眾多河流齊集大沽入海，使天津自古便有「九河下梢」之稱。幾千年來，天津的地域範圍不斷發生變化，與周邊地域時常發生交叉，因此，這裡所講「明清之前天津」，實際只是與現在天津行政區劃大致相應的地域，範圍可能會更廣一些。因涉及明清以前天津古代教育的史料甚少，並大多語焉不詳，所以我們尚不能準確得知歷朝歷代教育的詳細狀況，而且，又因天津市區城市的形成與建制的設置均在明代之後，所以明清之前天津文教狀況的獲得，大多來源於天津各郊縣的方志等。在此僅就現有資料，對各個時期的文化教育狀況作籠統梳理。

一、春秋戰國時期

　　夏商時期，燕山地區有多個以血緣為紐帶的氏族制小國，無終國便是其中之一，而無終國就約在今天津薊縣一帶，從當地的考古發現來看，當時薊縣一帶已是人口較密集、經濟較繁榮、文化較昌盛之地，且當中原與北方交通之要衝，文化發展集燕山文化於一身，為薊縣後來的文教事業奠定了基

礎。至春秋戰國時期（公元前 771 年至公元前 221 年），青銅器時代到來，社會生產力得到了較大提高，一些人逐漸從體力勞動中解放出來，他們面對激盪的社會，希望可以找到一條救世之路，於是便產生了眾多的學派學說，並撰寫出若干著作，史稱「諸子百家」。此時的天津地區屬燕、趙、齊三國爭雄角逐之地，疆域的頻繁更替，社會的動盪不安，讓這一地區的發展兼具了燕、趙、齊三國的特色，爲這一時期的「百家爭鳴」創造了客觀條件，也爲天津平原思想文化的繁榮帶來了契機。

二、秦漢時期

　　秦統一六國後，於海河以北設置右北平郡，轄無終縣，又設置漁陽郡，管轄雍奴、泉州二縣；並於海河以南設置鉅鹿郡，將天津地區納入封建制度的管理體系內。公元前 212 年，丞相李斯指斥儒生以古非今，以私學誹謗朝政，建議禁私學，主張求學者要以吏爲師，私自聚談詩書的人要處以極刑。秦始皇聽從李斯的建議，實行了焚書令。公元前 211 年，因方士盧生、侯生求仙藥不得，畏罪逃離，秦始皇大怒，下令拷問多名書生，意欲追尋逃跑二人。隨後，又下令將相關 460 餘名書生全部坑殺。雖然究其原委，被殺的主體應該大多是方士，但被殺者中也有相當數量的儒生。秦始皇嬴政爲統一思想，焚書坑儒，這對於春秋戰國以來「百家爭鳴」所帶來的學術思想繁榮來說，是一次巨大的摧殘和打擊，也導致此時期私學的停滯和教育的緩慢前行。早在戰國時期，燕、齊便以多方士著稱於世，且尤以燕國方士爲盛，並形成了包含陰陽五行學等內容的方士學。至秦漢時，方士亦多來自於戰國時的燕、齊之地，如爲秦始皇尋求不死之藥的盧生即爲燕人。由此可見，天津所處之處，雖私學受到壓制，但文化思想的基本狀況，由方士與方士學的繁盛即能略知一二。

　　漢朝時，由鉅鹿郡析置渤海郡，管轄浮陽、東平舒、章武等縣，而天津則分屬於渤海郡的東平舒縣與漁陽郡的泉州縣。考古資料表明，泉州故城在天津市區的西北今武清縣境內，東平舒故城在天津市區西南今靜海縣境內〔註1〕。這一歷史時期，封建集權主義制度基本確立並得到鞏固，此時便迫切需要有一種統一的思想來爲政治服務，漢武帝即位後，採納了董仲舒的建議，

〔註 1〕趙寶琪、張鳳民：《天津教育史》上卷，天津：天津人民出版社，2001 年，第5 頁。

「罷黜百家、獨尊儒術」，並在文化教育上採取了一系列措施，逐漸建立起一套官學與私學互補的比較完整的教育體系。經學成為漢代教育的主要內容，是儒術獨尊政策的表現之一。漢武帝尊崇儒術，重用儒生，把儒家的《詩》、《書》、《禮》、《易》、《春秋》等崇為經書。儒書從此稱為經典。培養選用治術人才，以熟讀經書為準則，要做官的必須學好經書，儒學成為利祿之門。從此，經學在漢代日益昌盛，成為漢代教育的主要內容〔註2〕。建元五年（公元前136年），武帝設置五經博士，把文帝、景帝設置的《詩》博士、《春秋》博士等全部罷免。當時的五經博士中，有很多人來自於燕、趙、齊地區，而天津正處在這一帶，其時其地文教事業的發展可想而知。

三、魏晉南北朝時期

魏晉南北朝是中國歷史上政權更迭最頻繁的時期，長期的封建割據和連綿不斷的戰爭，使這一時期的文化教育在動盪中發展。魏因漢制，天津仍分屬於東平舒縣與泉州縣。晉改右北平郡為北平郡，以雍奴、泉州二縣隸燕國，以東平舒、章武二縣隸章武國。南北朝復置漁陽郡，晉北平郡併入，省泉州入雍奴，置瀛洲，領章武郡，改東平舒為平舒縣，析章武縣置西章武縣，置滄州，領浮陽郡〔註3〕。建安十一年（公元206年），曹操為征討烏桓，徵調大批民夫，開鑿平虜、泉州二渠以通水運。平虜渠起自呼沱（今滹沱河），入於泒水（上游即今沙河，下游經今天津海）。泉州渠南起泉州（今天津武清西南），其渠上承潞河（今北京通縣以下的北運河），下接溝河（源出今天津薊縣北，下游經天津寶坻，東北流入薊運河），河口入鮑丘水（今天津薊縣、寶坻境內，東南流入薊運河）。二渠開通以後，大有利於進軍作戰與軍需供應，黃河以南的物資可以通過白溝，由此二渠入海，然後經海運直達遼東，為曹操北征烏桓作好了物質上的準備。後來，由於烏桓派重兵扼守長城古北口，地勢險要，易守難攻，曹操遂決定改道向東線進軍，又從泉州渠向東延伸至濡水（今灤河），開鑿新河渠。於是平虜渠、泉州渠、新河渠三渠相接，成為一條縱貫南北的水路運輸線，海河水系基本形成，構成了以天津為中心、以海河為主體的北方內河航運線，奠定了天津作為河海運輸樞紐的優勢地位，

〔註2〕 董繼輝：《漢代教育評述》，《重慶師範大學學報（哲學社會科學版）》，1993年第3期。

〔註3〕 劉玉麟：《中華人民共和國地名詞典——天津市》，上海：商務印書館，1994年，第1頁。

也在客觀上大力推動了天津地區經濟文化等的開發。由于連年征戰，教育敗落，曹操實施了郡國修文學，縣置校官的措施，意圖改善魏地的教育狀況，處在魏統治範圍內的天津地區自然也會受其影響。另外，此時期「九品中正制」的推行，將官員選拔與教育相結合，教育的狀況在一定程度上可以通過官員選拔的多少來判定。時有高閭，爲漁陽雍奴（今武清縣）人，博古通今，「下筆成章」〔註4〕，著「有文集四十卷，其文追配高允，時稱二高」〔註5〕。高閭家中藏書甚多，他不吝將這些藏書供予人閱讀、鑽研，並憑藉其淵博的知識收徒講學，成爲遠近聞名的學者。有頓丘（今河南清豐縣）人李彪，與高閭的兄長高悅相交好，因得知高閭「博學高才，家富典籍」〔註6〕，便趕赴其家，「手抄口講，不暇寢食」〔註7〕，最終成就了一番事業。北魏孝文帝初年，授李彪中書教學博士，後遷秘書丞。從李彪千里求學的故事，足可見高閭及其創辦私學的影響。此外，北魏人平恒，「字繼叔，多通博聞」〔註8〕，曾撰《略注》百餘篇。晉朝人劉沉，字道眞，今薊縣人，「博學好古」〔註9〕，仕至侍中，爲時人所稱道。又有晉朝薊人霍原，字休明，年少有志，篤好古學，「貴遊子弟聞而造焉……縉紳慕之委質，受業者千里而應」〔註10〕。由此可見，魏晉南北朝時期，天津地區的學風濃厚，眾多向學之人紛紛投靠其時的博學之人，拜師求學，使得私學成爲當時天津地區最主要的教育方式之一。此時，私學的講授內容主要是經學，如鄭玄注的《周易》、《尚書》、《詩經》、《禮記》、《論語》和《孝經》，還有服虔注的《左氏春秋》和何休注的《春秋公羊傳》等〔註11〕。

四、隋唐時期

　　隋唐時期，中國的封建教育進入了一個新的歷史階段。隋朝雖然統治時間並不長，但它卻在政治、經濟、文化、教育等領域創立了一系列新制度，

〔註4〕 （乾隆）《武清縣志》，天津市地方志編修委員會《天津區縣舊志點校》本，天津：天津社會科學院出版社，2008年。

〔註5〕 （民國）《重修薊縣志》卷4，人物，鄉賢，民國三十三年鉛印本。

〔註6〕 （乾隆）《武清縣志》卷7，流寓，《天津區縣舊志點校》本。

〔註7〕 （乾隆）《武清縣志》卷7，流寓。

〔註8〕 （民國）《重修薊縣志》卷4，人物，鄉賢。

〔註9〕 （民國）《重修薊縣志》卷4，人物，鄉賢。

〔註10〕 （民國）《重修薊縣志》卷4，人物，鄉賢。

〔註11〕 趙寶琪、張鳳民：《天津教育史》上卷，天津：天津人民出版社，2001年，第7頁。

並為唐朝所繼承和發展。唐朝統治達 290 年之久，出現了封建文化教育繁榮發展的局面，具體表現在，唐時已形成了一套較完備的從中央到地方的封建學校教育體系。隋唐統治者大力推行崇儒興學的文化教育政策，帶動了學校教育的大發展。隋時，置幽州涿郡，領雍奴縣，又改無終縣為漁陽縣，隸屬玄州漁陽郡，瀛洲河間郡領平舒縣與魯城縣。唐時，天津地區隸屬河北道，幽州范陽郡領武清縣（今寧河），薊州漁陽郡領漁陽縣，瀛洲河間郡領平舒縣。據史料記載：隋時「詔州縣立廟，以春秋仲月釋奠」〔註12〕。唐時，又令「天下州縣，每鄉之內各里置一學，仍擇師資，令其教授」〔註13〕。天津地處其間，教育自然會受政令的影響，如薊縣便是當時三十六郡之一的漁陽郡，因此，位於城關西北隅的薊縣儒學，「自唐以來，亦既有址」〔註14〕。薊縣作為北方重鎮，文人賢士眾多，而這些文人賢士的培養，大多得益於儒學的發展。《漁陽重修宣聖廟學記》中記載：「漁陽，漢唐大郡也，山水雄厚，兼東南至勝概，故功名豪傑之士多生其間，文人賢公卿，往往相繼，皆由孔聖之教，致身而立名節」。此外，此時的文風興盛，還可從當時著名的著作家及其著作來體現。如：平貞眘，唐武后時人，著作甚多，其中有《孝經義德傳》一篇、《淳孝友悌傳》一篇、《先君親友傳》十卷、《家譜》《家志》各十卷以及《文集》十卷等。鮮于向，字仲通，漁陽人，以鄉貢進士，仕至京兆尹，著有《坤樞》、《文集》各十卷。師夜光，薊州師姑莊人，開元十二年（公元724年），官居校書郎，入值國子監，著有《三元要義》三十卷〔註15〕。由此，隋唐時薊縣一帶的教育概況可窺一斑。

五、五代十國時期

　　五代十國時期，戰爭頻繁，政權屢有更迭，一定程度上阻礙了官學的發展。但此時天津地區的私學卻是有聲有色，而在私學教育上最有成就的代表人物，莫過於五代後周時的薊州漁陽人竇禹鈞。他家境富足，秉性仁慈，「與其兄禹錫俱以詞學名」〔註16〕。平日除樂善好施外，他還十分重視教育。其「於宅南建昌房四十間，聚書數千卷，禮文行之士為師，四方之士有志於學

〔註12〕　（民國）《重修薊縣志》卷7，祀典，文廟。
〔註13〕　《唐會要》卷35，學校，清武英殿聚珍版叢書本。
〔註14〕　（萬曆）《順天府志》卷二，營建志，學校，明萬曆刻本。
〔註15〕　（民國）《重修薊縣志》卷4，人物，著作。
〔註16〕　（民國）《重修薊縣志》卷4，人物，鄉賢。

者，聽其自至」〔註17〕，由這些記載，當時私學教育的規模便可想而知。並且，在他的教育之下，他的五個兒子先後科考中第，入仕做官。長子竇儀，字可象，十五歲即能撰寫文章，後晉天福六年（941 年），舉進士，後周時官居翰林學士，至宋朝，遷工部尚書，兼判大理寺，曾奉詔重訂《刑統》三十卷，另著有《編敕》四卷，之後「再入翰林，知貢舉」〔註18〕。次子竇儼，字望之，亦「幼能屬文」，後晉天福六年（941 年），舉進士，「仕周爲右補闕，修三朝實錄，加集賢殿學士」，後拜爲翰林學士，宋朝遷官禮部侍郎，著有《周正樂》一百二十卷。三子竇侃，與其兄竇儀、竇儼爲同榜進士，「文行並優，仕至起居郎」〔註19〕。四子竇偁，字日章，後漢乾祐二年（949 年）舉進士，「初仕周爲絳州防禦判官，宋遷右補闕，知宋州」〔註20〕。五子竇僖，後周太祖廣順初（951 年）中進士，北宋建立後，官居左補闕，此外，竇僖的三個兒子，亦「俱登進士」〔註21〕。時人稱讚竇禹鈞五子爲「竇氏五龍」。之後，竇禹鈞興學、教子的故事被載入《三字經》之中，云：竇燕山，有義方，教五子，名俱揚。自隋唐開科取士以來，天津地區登科的人數也逐漸增多，成爲人文薈萃之地。繼續以薊縣爲例，除「竇氏五龍」外，見諸史料的還有很多，諸如後漢邊歸讜，字安正，「弱冠以儒學稱仕」；後唐人趙文度，亦舉進士。以上種種，足以清晰的反映出天津地區教育的知名度和興盛度。

六、宋遼時期

宋遼以將，中國政治重心逐漸北移，使天津成爲至關重要的城市。11 世紀初，古老的燕京（今北京）開始成爲遼王朝陪都，泒河（今海河）也因宋遼對峙改稱界河。遼在界河以北發展鹽業生產，宋在界河以南用屯戍的辦法建立了寨、鋪等軍事據點。因天津交通便捷，遂成爲南北貿易的重要場所。此時期，天津地區的鄉賢，除上文提到的「竇氏五龍」及竇僖三子外，最著名的是「半部《論語》治天下」的趙普。趙普，字則平，是北宋政治家，善吏道，累遷「侍郎同中書平章事」〔註22〕，宋太祖十分倚重他，「事無大小，

〔註17〕　（民國）《重修薊縣志》卷4，人物，鄉賢。
〔註18〕　（民國）《重修薊縣志》卷4，人物，鄉賢。
〔註19〕　（民國）《重修薊縣志》卷4，人物，鄉賢。
〔註20〕　（民國）《重修薊縣志》卷4，人物，鄉賢。
〔註21〕　（民國）《重修薊縣志》卷4，人物，鄉賢。
〔註22〕　（民國）《重修薊縣志》卷4，人物，鄉賢。

悉咨決焉，計無不從」〔註23〕。趙普雖善史治，但讀書不多，因此「太祖勸其讀書，遂手不釋卷」〔註24〕。撰有《藝祖受禪錄》一卷、《龍飛集》一卷、另「《宋史・藝文志》別集類載《奏議》一卷」〔註25〕、「世善堂書目，有《趙韓王集》三卷」〔註26〕。另有李瓊，「好學，涉歷史傳」〔註27〕，五代時爲周朝官，累遷太子洗馬，「周太祖嘗稱爲師」〔註28〕，至宋，「召爲太子賓客……卒贈太子少師」〔註29〕。許驤，「風骨秀異，十三能文，長於詞賦」〔註30〕。吳及，「字幾道，年十七以進士起家」〔註31〕。宋琪，字俶寶，年少好學，「舉遼進士，官侍讀」〔註32〕。從零星的史料當中，對於宋遼時期天津地區的學風與科舉成就，我們可以看出些許端倪。

七、金元時期

　　金元時期，是天津城市逐漸形成時期。金滅遼後，遷都燕京，並改名中都，北京從此開始成爲一代王朝的首都〔註33〕。天津也有了見諸於記載的最早的聚落名稱：直沽寨，並有了兩個可以追溯的最早的戍守天津的行政官員。史料記載：「完顏佐本姓梁氏，初爲武清縣巡檢。完顏咬住本姓李氏，爲柳口鎮巡檢。久之，以佐爲都統，咬住副之，戍直沽寨」〔註34〕。當時漕糧在直沽轉輸的達百萬擔以上。由於金、元兩朝，建都北京，天津地位日顯重要。與漕運並肩發展的是鹽業生產，金、元兩代，已設置管理機構及人員，在今塘沽、漢沽地區開闢多處鹽場，成爲重要財源之一，所以天津更爲朝廷所重視〔註35〕。元朝仁宗時（1316 年），改直沽寨爲海津鎮，並在大直沽設置了接運廳和糧倉，以便接運和儲存漕糧。天津地區逐漸依靠漕運和鹽業繁榮發展

〔註23〕（民國）《重修薊縣志》卷4，人物，鄉賢。
〔註24〕（民國）《重修薊縣志》卷4，人物，鄉賢。
〔註25〕（民國）《重修薊縣志》卷4，人物，著作。
〔註26〕（民國）《重修薊縣志》卷4，人物，著作。
〔註27〕（民國）《重修薊縣志》卷4，人物，鄉賢。
〔註28〕（民國）《重修薊縣志》卷4，人物，鄉賢。
〔註29〕（民國）《重修薊縣志》卷4，人物，鄉賢。
〔註30〕（民國）《重修薊縣志》卷4，人物，鄉賢。
〔註31〕（民國）《靜海縣志》人物志（上），仕跡。
〔註32〕（民國）《重修薊縣志》卷4，人物，鄉賢。
〔註33〕羅澍偉：《近代天津城市史》，北京：中國社會科學出版社，1993 年，第 9 頁。
〔註34〕（元）脫脫：《金史》卷 103，列傳第 41，北京：中華書局，1997 年。
〔註35〕來新夏：《天津的城市發展》，天津：天津古籍出版社，2004 年，第 1、2 頁。

起來。在經濟的帶動下，天津地區的教育也如火如荼。

　　金時，名宦丁瑋仁，任武清縣縣丞時，十分重視教育發展，他在武清縣「立學校」〔註36〕，深得民心。寶坻縣漢屬漁陽，唐屬范陽，五代時，後唐趙德鈞在此設置榷鹽院，稱之爲新倉。遼時，設置新倉鎮，隸屬香河縣。至金，大定十二年（1172 年），析出香河縣東部設置寶坻縣，寶坻縣始設。「自別爲一縣，學者滋多，甲科乃不絕書也」〔註37〕。金正隆年間，馬琪舉進士，「授永清令，累官參知政事」〔註38〕，成爲寶坻縣見諸史料的最早的進士。由前之敘述可知，薊縣自古就文風頗盛，有重教之傳統，發展至金朝，教育成果更是顯著。時人韓修玉，「以經義詞賦兩科進士入翰林……作詩一日百篇，文不加點，嘗作《元勳傳》」〔註39〕。韓錫，於金天德初年，賜進士及第，累遷尚書、戶部侍郎。左光慶，好學，喜歡讀書，善長詩文，「善篆隸，尤工大字」〔註40〕。高元，字善長，教授其子高永「作舉子業」〔註41〕。張斛，字德容，宋時居官武陵守，金時官至秘書省著作郎，著有《南遊詩》、《北歸詩》、《今全金詩》等共十八首〔註42〕。此時的薊縣人中，特別值得一提的還有劉中，此人字正夫，爲人滑稽精悍，善長詩詞古文，其詞賦「甚得楚辭句法」，詩詞「清便可喜」，古文「典雅雄放，有韓柳氣象」，明昌五年（1194 年）「中詞賦經義第」。其學生王若虛、高法颺、張履、張雲卿等，「皆擢高第」。學習古文的人，都以劉中爲宗，稱他爲「劉先生」。此後，劉中從軍南下，改授應奉翰林，「文字爲主帥所重，常預密謀，書檄、露布，皆出其手」〔註43〕，卒後，有文集藏於家，曰《中州集》。

　　元朝，天津地區的漕運和鹽業有了更大的發展，天津的地位也逐步上升，爲教育的發展奠定了基礎，加之元朝統治者對教育的重視，使得天津教育在此階段也獲得了可喜的成果。如前所述，寶坻縣始設於金，終金一朝，「登科目者惟馬琪一人而已」〔註44〕，邑紳劉深遂感慨「邑中學久未建」，並

〔註36〕（乾隆）《武清縣志》，名宦。
〔註37〕（民國）《寶坻縣志》卷9，選舉，甲科。
〔註38〕（民國）《寶坻縣志》卷9，選舉，甲科。
〔註39〕（民國）《重修薊縣志》卷4，人物，鄉賢。
〔註40〕（民國）《重修薊縣志》卷4，人物，鄉賢。
〔註41〕（民國）《重修薊縣志》卷4，人物，鄉賢。
〔註42〕（民國）《重修薊縣志》卷4，人物，著作。
〔註43〕（民國）《重修薊縣志》卷4，人物，著作。
〔註44〕（民國）《寶坻縣志》卷11，人物（上），鄉賢。

於至正二年（1341 年），「乃即舊榷鹽院改創」學宮，宣慰使朱斌、御史普顏等共襄其事，「相度經營，規模宏大，土木費以千計，邑人士之知勸學，實自深開之」〔註45〕。元朝建立後，統治者「崇文教，禮名儒」〔註46〕，使得「路府州縣莫不有廟，建學立師，奉俎豆，掌教訓，罔不嚴恪」〔註47〕，全國教育之盛況可想而知。元至正十年（1350 年），黑廝彥明由懷慶錄事判官來「監本縣事」〔註48〕，拜謁文廟時，見廟宇傾圮，「銳然議新之」〔註49〕，遂即「捐俸五百緡」〔註50〕，倡導「禮義之家同為興築」〔註51〕，並以「教諭毛柔克董其事，縣尹曹居仁，主簿耿德昭、郭伯、顏不花，縣尉課不花，典史張史恭相繼而至……各捐己俸五百緡」〔註52〕，共成其事。「重修大成殿、講堂、齋舍，並建東西兩廡十六楹，樹以神門，匝以修垣」〔註53〕。重修寶坻縣學，始於至正十一年（1351 年）四月，落成於至正十二年（1352 年）七月，經過修葺，寶坻縣學「雄邃偉麗，金碧輝映」〔註54〕，觀者皆稱前所未有。於是「邑人悉遣子弟詣學，經誦琅然，文風乃振」〔註55〕。縣學設教諭一名，元時見諸史冊的寶坻縣學教諭僅至正年間任職的毛柔克一人。元政府還規定，在州、縣學中，設置協助管理學校的錢糧官和齋長等職。元時在北京建立大都，而此時的薊縣與武清，正處在大都的直接管轄範圍內，元政府不僅在大都設置了大都路學，更下令在大都所轄各州縣設置地方教育機構。這必然帶動天津地區教育的發展。據史料記載，薊州知州趙伯敬，居官清廉，曾「修文廟，以興教化，士民感之」〔註56〕。還有蒙古人法都忽剌，在任薊州知州時，因「敦教養，課農桑」，「擢為御史，百姓樹碑以訟其德」〔註57〕。此時期，在著作方面，最有成就的當屬薊人鮮于樞，其「能詩文，尤精書翰」

〔註45〕　（民國）《寶坻縣志》卷 11，人物（上），鄉賢。
〔註46〕　（民國）《寶坻縣志》卷 11，人物（上），名宦。
〔註47〕　（民國）《寶坻縣志》卷 18，藝文（下），鄭惠：重修孔子廟記。
〔註48〕　（康熙）《寶坻縣志》卷 4，名宦。
〔註49〕　（民國）《寶坻縣志》卷 11，人物（上），名宦。
〔註50〕　（民國）《寶坻縣志》卷 11，人物（上），名宦。
〔註51〕　（民國）《寶坻縣志》卷 18，藝文（下），鄭惠：重修孔子廟記。
〔註52〕　（民國）《寶坻縣志》卷 18，藝文（下），鄭惠：重修孔子廟記。
〔註53〕　（民國）《寶坻縣志》卷 18，藝文（下），鄭惠：重修孔子廟記。
〔註54〕　（民國）《寶坻縣志》卷 18，藝文（下），鄭惠：重修孔子廟記。
〔註55〕　（民國）《寶坻縣志》卷 11，人物（上），名宦。
〔註56〕　（民國）《重修薊縣志》卷 2，官師，名宦。
〔註57〕　（民國）《重修薊縣志》卷 2，官師，名宦。

〔註 58〕，官至太常典簿，著作有《困學齋集》、《困學雜錄》、《東坡志》、《林仇池筆記》等〔註 59〕。

綜上所述，我們可以看出：

第一、天津地區的教育是與天津地區的開發與發展相生相伴的，地區開發愈早，教育產生、發展也愈早。因天津市區的開發與城市建設大抵是在明代，而天津各郊縣的開發卻可追溯至夏商時期。單從儒學教育情況來看，除始建於雍正十一年（1733 年）的寧河縣學外，武清縣學、靜海縣學、寶坻縣學、薊縣縣學（州學）均比天津市區建學早。當然，不同的地區在文化教育環境以及教育發展水平上，也都各有不同。其中薊縣、武清等地的文化氣息比較濃厚，其教育水平也相對較高，這在很大程度上都得益於這些地區開發較早，文化積澱較深。所以，從上文的描述我們得知，在明清以前，天津郊縣的教育相對發達，市區因未開發，沒有明確建置，教育狀況或與其他地區相混雜，暫無史料可考。

第二、明清之前天津地區的教育發展中，私學起到了至關重要的作用，一度佔據主導。任何事物的發展都是一個循序漸進的過程，教育發展也不例外，教育體系的構建是在歷朝歷代的不斷摸索中完善起來的，一個完整、成熟的教育體系，應該是以官學為主，私學為輔，官學與私學有機結合，國家教育與地方教育相結合，初等教育與中、高等教育相遞進的全面的體系。因此，在教育體系尚不完善、成熟的階段，出現以私學為主導的現象是不難理解的。天津是一個地理位置特殊的區域，唐宋以將，隨著政治中心北移，天津的地位更是日益凸顯，如開發於夏商時期的薊縣地區，歷來為兵家必爭之地，連年征戰，必然會造成官學不興的狀況，此時，私學自然就應運而生，成為一地發展教育的主要形式了。

第三、天津地區的教育狀況是與天津地區的教育生態環境密切相關的。縱觀明清之前的天津教育，不論在哪個歷史階段，不論是哪種教育形式，都與周圍的生態環境不可分離。一朝的政治、軍事、經濟、人文、政令、官宦、邑紳等等都或多或少對教育起著抑制或推動作用，這些都是影響天津教育發展的主要因素。

〔註 58〕 （民國）《重修薊縣志》卷 4，人物，鄉賢。
〔註 59〕 （民國）《重修薊縣志》卷 4，人物，著作。

第三章　明清時期天津地區的教育生態環境

　　生態學（ecology）一詞來源於希臘文，由博物學家索羅於 1858 年最早提出。至 20 世紀初，生態學已發展成為一門初具理論體系的學科，生態學的基本原理也逐漸為人們所接受，並被運用於社會科學領域，進而研究人類社會生存和發展中的各種問題。自此，教育生態學也應運而生。教育生態學研究在我國起步較晚，而大陸學者對教育生態學的研究則起步更晚，大概始於 20 世紀 80 年代末 90 年代初，率先從事此研究的代表人物之一是南京師範大學環境科學研究所的吳鼎福。1990 年，他著作出版了我國大陸第一本《教育生態學》，標誌著教育生態學研究逐漸成為我國教育科學研究的重要領域之一。

　　在生態學上，生態環境是指有機體生存空間內各種條件的總和。這裡所指的生態環境主要是指自然生態環境，而人類的生存環境顯然要比一般動物的生態環境更為廣泛和複雜，所以可以說，人類生態環境是一個包括自然環境、社會環境和規範環境在內的複合生態環境。自然環境又可稱作物理環境，它包括各種自然地理空間以及各種自然資源的系統與循環。社會環境又稱為結構環境，是人類所特有的生活環境，它由政治、經濟、人口等各種環境要素構成。規範環境也可稱之為價值環境，包括人類在社會生活過程中所形成的各種態度、風氣、價值觀念等，具體包括：社會風氣、民族傳統、風俗與習慣、社會思潮、藝術、科學技術、宗教等等。〔註1〕

〔註 1〕范國睿：《教育生態學》，北京：人民教育出版社，1999 年，第 23 頁。

　　因爲教育是一個複雜、統一的系統，是一個與自然、社會、政治、經濟、文化等眾多生態環境關係密切的，並由時間和空間構成的生態系統。所以，教育生態學自然要研究教育與各種生態環境之間的相互關係，因爲研究不可能做到面面俱到，因此只能選取對教育的發展產生直接、深遠影響的生態環境因素進行探討。如政治、經濟、文化等。從研究對象上來看，生態學是研究有機體與其周圍環境關係的科學。那麼，教育生態學自然就是研究教育與各種生態環境之間關係的科學，它尤其側重於考察各種生態環境對教育產生的影響，而且從某種意義上可以說，這種考察是單向的。簡言之，教育生態學，就是運用生態學的系統觀、平衡觀、聯繫觀、動態觀等來探討教育問題〔註2〕。教育就是在自身與環境的矛盾運動中，實現由平衡到不平衡再到新的平衡這樣周而復始的循環過程，從而不斷獲得發展。

　　總而言之，教育生態學的研究目的在於通過分析各種教育生態環境因素與教育事業發展之間複雜的、動態的關係，揭示教育發展的規律和生態機制，探索優化教育生態環境的途徑和方法〔註3〕，從而促進教育的健康發展。任何研究的最終目的都是要運用於實踐，服務於社會，教育生態學研究也不例外，它最終要服務於教育實踐，揭示教育與生態環境之間的複雜關係，從而對症下藥，找到優化教育生態環境、維護教育生態平衡的途徑和方法，而這也就要求對整個教育生態系統進行全面的、動態的考察和探討。

　　眾所周知，天津教育的發展是與天津城市的發展密不可分的，因此，明清時期就成爲天津古代教育的主要發展時期。而明永樂年間，天津設衛後，行政地位不斷加強，爲教育的發展鋪平了道路，使得天津教育在進入清代以後獲得了長足發展，並在乾嘉時期達到鼎盛。而教育日益興盛的背後，則是各種生態環境的作用與影響。

第一節　衛城及附近地區教育生態環境

3.1.1 明代狀況

　　就現行行政區劃內的天津市區而言，最早的聚落可追溯至金朝的直沽

〔註 2〕范國睿：《教育生態學》，第 27 頁。
〔註 3〕范國睿：《教育生態學》，第 28 頁。

寨，可以說，這是天津城市發展的基礎。元朝時的「海津鎮」，更成爲全國軍事重鎮和漕糧轉運中心。元朝滅亡，明朝建立後，位於直沽的海津鎮也隨之消失了。而最早以天津爲名稱的建置，則始於明永樂二年（1404 年）設立的天津衛。衛雖是軍事建制，不屬於地方行政區劃，但天津設衛築城，揭開了天津城市發展新篇章，爲天津的政治、經濟、文化發展奠定了更廣泛的基礎，也爲教育事業的發展提供了新的契機。

3.1.1.1 特殊自然地理環境

天津自古便有著非常優越的自然地理環境，位於華北平原東北部，海河流域的下游，北枕燕山，西望太行，東臨渤海。發源於太行山和燕山地區的河流齊集大沽入海，使天津成爲河流高度密集的區域之一，素有「九河下梢」之稱。多樣的地貌，豐富的資源，眾多的河流，使天津成爲重要的漕運和鹽業城市，爲天津教育的發展創造了必要的條件，加之明清時期天津的地理位置靠近京師，更使之成爲至關重要的「畿輔門戶」和「河海要衝」，爲天津教育形成自己的特色起到了重要作用。明萬曆至天啓初年，有「運學」、「屯學」之設。「天津有獨異者，是爲商學」〔註 4〕。此處所說商學，即爲運學，也稱長蘆運學，是供商灶兩籍子弟讀書而設的學校。明代，天津是長蘆鹽的生產與銷售中心，在灶戶與商戶不斷增加的情況下，長蘆運學應運而生。而天津教育的另一個特色創舉當屬屯學。天津設衛後，作爲京師門戶和通向遼東的要道，軍事上的重要地位更加凸顯，駐守的軍人也不斷增加，因而駐軍的糧餉成爲重大問題，爲此，御史左光斗在天津推行屯田，並興辦屯學，「儲材積粟，以廣文教，以訓武備」〔註 5〕。這種專供屯農子弟就讀、訓練武生騎射的教育形式，在天津教育史上，留下了獨特的一筆。

3.1.1.2 文教政策導向

明朝建立之初，明太祖朱元璋就十分重視教育並著手發展教育。因此在政令上保證了從京師國子監到地方府州縣學再到社學這樣一整套從上到下的較完備的教育體制的順利實施，將學校教育推廣至全社會。加之又將考察學校的成績作爲對地方官考核的一個重要方面，所以明代的教育發展可以說從政策層面獲得了有利保障，文教政策不可謂不優厚。終明一代，明太祖朱元

〔註 4〕王守恂：《天津政俗沿革記》卷 10，文化，儒學三，商學。
〔註 5〕左光斗：《左忠毅公集》卷 2，《地方興化有機疏》，清康熙刻本。

璋制定的教育政策，雖在眾多因素的促成下有些許變化，但總體被歷朝統治者所沿用，推動了明代教育的快速發展。

明朝開國皇帝朱元璋認為，「治天下以人材為本，人材以教導為先」〔註6〕，遂命「郡縣皆立學校，延師儒，授生徒，講論聖道」〔註7〕。並於陝西、寧夏等衛設儒學。宣德年間，令「建立天下衛所學校」〔註8〕。宣德七年（1432年）正月，陝西按察司僉事林時言：「文武並用，長久之術，故武臣子弟不可不知書。今天下軍衛亦有開設學校者，而未設之處尚多……衛所在諸府、州、縣者，宜令武臣子孫及旗軍俊秀子弟入學讀書，每五日一輒書習武藝，果有成效，皆許出身。如是則皆知忠孝之道、備文武之才，庶幾國家得人為用」〔註9〕，奏言獲准。此後，各衛所紛紛建立衛學，在此大趨勢下，天津於正統元年（1436年）也建立衛學。明政府詔令天下衛所設學，目的在於「令武士習讀武經七書，俾知古人坐作進退之方，尊君死長之義」。對於衛學中聰穎智慧、博通經史者，明政府更是讓他們「聽於科目出身，不使其有遺才」，另「准各處衛學軍生照縣學例歲貢」〔註10〕。

明初未設武學，但為表示對武學的重視，太祖朱元璋曾多次強調要文武並重，認為「文足以經邦，武足以戡亂，故能出入將相，安定社稷。今天下承平，爾等雖專務文學，亦豈可不知武事？」〔註11〕，並令諸國子生及郡縣學生員習騎射，洪武三十一年（1398年）三月又命：「凡武官襲職子弟當優給者令其讀書，俟十五歲方許承襲。若在外衛所來者十歲以上即令襲職，還原衛所，仍俾讀書及閒習弓馬，以俟比試」〔註12〕。建文元年（1399年）設京衛武學，此後又經興廢。正統六年（1441年），朱鑑奏議開武學，英宗准奏。兩京京衛武學設置後，據《明史》記載：「漸置各衛武學，設官如儒學之制」〔註13〕。萬曆之後，武學日漸衰微，萬曆四十年（1612年）給事中麻僖上奏：「武學尤為育才之地，今天下武生寥落，並其學而廢之，亦宜查復故址，令分教一人，專掌其事……酌比試之法……將每選官舍，分文學、年貌、騎射

〔註6〕《明太祖實錄》卷43，洪武二年六月丁卯。
〔註7〕清‧張廷玉：《明史》卷69，選舉一，北京：中華書局，1974年。
〔註8〕《明英宗實錄》卷10，宣德十年十月壬子。
〔註9〕《明宣宗實錄》卷86，宣德七年正月乙酉。
〔註10〕《明憲宗實錄》卷40，成化三年三月甲申。
〔註11〕《明太祖實錄》卷43，洪武二年六月丁卯。
〔註12〕《明太祖實錄》卷256，洪武二十一年二月庚辰。
〔註13〕清‧張廷玉：《明史》卷74，北京：中華書局，1974年。

三款……如此則驕怠之習，庶有瘳乎」〔註14〕。於是，隨邊患日甚，武學又陸續開設，天津衛武學也隨之設立。

顯而易見，地區教育的發展與政治環境、政策導向也密切相關，天津的衛學與武學的建立也不例外。

3.1.1.3　人文環境，官員、邑紳樂於捐資修學

正統元年（1436年），天津左衛指揮使朱勝捐出住宅建立衛學後，又有多位官員、鄉紳捐資重修衛學。天順年間，在戶部員外郎解延年的倡捐之下，「境內耆老高仲良、蔣英、高冕輩聞之」，遂「遞相播告，以樂助之」〔註15〕。萬曆年間，汪應蛟「首事學宮，估值捐俸而下之檄，為文武倡」〔註16〕。天啓年間，天津衛學生員侯倬置買靜海尖山莊土地26頃，捐入衛學，立為學田。崇禎年間，又有石聲諧「復捐十萬餘緡錢，為津創置雍陽邑腴田」，「不自用而用以修學」〔註17〕。由此可見，明代天津官辦教育的建設與發展，在一定程度上得益於官員與邑紳的支持與捐助。

此外，有明一代，天津三衛作為軍事組織，軍事環境對於教育的發展來說是一個不可估量的重要因素之一，因此，筆者將在後文中詳細闡述。

綜上所述，我們不難看出，明代影響天津教育的生態環境主要有上述幾點，但總體來看，軍事環境與自然環境的影響作用更大，即客觀的生態環境對教育的影響大於主觀生態環境對教育的影響。因為此時教育處於起步階段，更多是在客觀生態環境的影響刺激下被動發展，尚不發達。因此，終明一代，天津的教育成果並不豐碩。據統計，從正統元年至崇禎末年，200餘年間，天津考中舉人的不過26人，其中進士11人，全部為官籍和軍籍；至於當時普通百姓和軍丁子弟發蒙識字，大約多為民間自籌，據史志零星記載，或許也曾有官辦「社學」之屬，但詳情已不可考〔註18〕。

3.1.2　清代狀況

清朝順治九年（1652年），天津三衛合併為天津衛，設立民政、鹽運和

〔註14〕《明神宗實錄》卷496，萬曆四十年六月戊子。
〔註15〕（康熙）《天津衛志》卷4，藝文（上），《創建兩廡舊記》，第74頁。
〔註16〕（康熙）《天津衛志》卷4，藝文（上），《重修天津衛學宮舊碑記》，第80頁。
〔註17〕（康熙）《天津衛志》卷4，藝文（上），《重修天津衛學宮舊碑記》，第80頁。
〔註18〕郭鳳岐等編：《天津通志‧基礎教育志》，天津：天津社會科學院出版社，2000年，第3頁。

稅收、軍事等建置。雍正三年（1725 年），改天津衛爲天津州，衛學遂改爲州學。雍正九年（1731 年），昇天津州爲天津府，州學也隨之升爲府學。隨著天津城市的發展，影響教育的生態環境也在發生變化，天津教育迎來了大發展時期。

3.1.2.1 軍事重鎮變為商業城市，人口構成發生變化，人口數量急劇增加

天津在清朝初年設立行政建置後，政治地位顯著提高，社會經濟全面發展，逐漸成爲遠近聞名的商業城市。因天津漁鹽資源豐富，又「北通京師，南扼千萬里之通津」〔註19〕，「間縱舟楫之利，通於天下」〔註20〕。所以可以說，天津經濟是在蘆鹽和漕運的刺激下，得到迅速發展。清王朝定都北京，與明朝相同，一樣需要漕運來解決京城內糧食等必需品的供應，而頻繁的漕船往來中，又攜帶了大量各地貨物至天津，使天津逐漸成爲商品集散地，極大促進了天津經濟的大跨步向前。而鹽業，更是與天津城市、經濟發展密不可分。史稱：「天津擅煮海之利，故繁華頗近於淮陽」〔註21〕。尤其是在康熙十六年（1677 年），清廷將長蘆鹽運使司衙門，以及經歷司衙門、廣積庫大使衙門同時由滄州遷至天津後，天津便成爲長蘆鹽務總匯之處，鹽業興盛，催生了一大批富甲一方的大鹽商，更推動了天津經濟的繁榮，促使天津由一個軍事重鎮逐漸變爲經濟繁榮的商業城市。

而政治地位上升，經濟繁榮帶來的另一變化即是人口變化。明朝時，「天津戶籍最早者，大率由永樂遷來」〔註22〕。這是明清天津人口的首次大增長。入清後，在漕運、鹽業發展的帶動下，人口持續增長。康熙五十年（1711 年）審定的天津的丁數爲 2769 丁，口數在 5190 口左右，以後滋生的人口永不加賦，人口增長的閘門從此被打開了，至嘉慶二十五年（1820 年），天津人口達 19 萬之多。道光二十六年（1846 年）的《津門保甲圖說》記載，天津縣的人口爲 442343 人〔註23〕。相比起明永樂年間強制調派軍士帶來的人口增長，清時天津的人口增長更傾向於自發性的遷徙，而且人口構成趨於複雜化，商人、

〔註19〕（康熙）《天津衛志‧舊志序》，第 13 頁。
〔註20〕崔溥：《瓢海錄》卷 2，第 142 頁，北京：社會科學文獻出版社，1992 年。
〔註21〕清‧蔣詩：《沽河雜詠》，第 65 頁，梓里聯珠集本。
〔註22〕高凌雯：《志餘隨筆》卷 4，天津市地方志編修委員會編著《天津通志‧舊志點校》本，南開大學出版社，1999 年。
〔註23〕張利民：《解讀天津六百年》，第 231 頁。

官僚、文士等佔據了相當大的比重。

作爲一個商業城市，清朝時的天津「地富魚鹽好卜居，……濁漳清濟匯通津，都邑繁華聚五民」〔註24〕。經濟的發展除有更多的資金會投入到教育事業當中外，還必然會帶來人口增加，而人口增加的必然結果即是教育需求的增加，也必然促使越來越多的人熱心於教育事業。由此可見，天津由軍事重鎮變爲商業城市也是天津教育事業發展的一大契機。

3.1.2.2 文教政策導向

所謂「亂世重武，治世重文」，清朝建立之後，爲了維護自身統治，對教育的重視程度更勝前朝。因爲，作爲一個文化相對落後，人口較少的民族，要成功地統治廣大漢族和眾多其他少數民族，沒有文化教育方面的出色統治，是絕對不行的〔註25〕。因此，清代歷朝統治者都極其重視教育發展，甚至早在戰火未息的順治七年，順治帝就諭禮部曰：「帝王敷治，文教爲先。臣子致君，經術爲本。自明末擾亂，日尋干戈，學問之道，闕焉未講。今天下漸定，朕將興文教，崇經術，以開太平。爾部傳諭直省學臣，訓督士子，凡理學、道德、經濟、典故諸書，務研求淹貫。明體則爲眞儒，達用則爲良吏。果有實學，朕必不次簡拔，重加任用」〔註26〕。在統治階級如此的文教政策導向下，縱觀清代，整個國家都「重道崇儒，振興庠序，自京師以及州府縣邑，皆立學宮。中爲明倫堂，旁列齋舍。領以教授、學正、教諭，又設訓導以貳之。其歲科兩試，用行勸懲。聲教所播，至於遐裔苗猺之地，莫不興學，文治盛隆，自古罕見」〔註27〕。入清之後，由於天津的行政地位等發生重大變化，促使清朝統治者更加重視天津地區的教育發展，具體表現在對天津採取了眾多「偃武修文」的措施，並於雍正年間，將武學「裁歸儒學」〔註28〕，武學取消後，更集中力量發展儒學教育。此外，清乾嘉時期，統治者還多次巡幸天津，召試天津士子，廣儒學入學額，使天津文風漸起，科名漸盛。

3.1.2.3 人文環境

據史料記載，天津衛學（後之州學、府學）自正統元年（1436年）創立

〔註24〕 汪沆：《津門雜事詩》，梓里聯珠集本，第27頁。
〔註25〕 李國鈞、王炳照主編，馬鏞著：《中國教育制度通史·清代（上）》，第14頁。
〔註26〕 趙爾巽：《清史稿》卷160，選舉一，北京：中華書局，1977年。
〔註27〕 （雍正）《大清會典》卷75，學校一，近代中國史料本，第4627頁。
〔註28〕 （光緒）《重修天津府志》卷35，武學，第1133頁。

起，至崇禎十七年（1644 年）明朝滅亡，兩百餘年間共計修學 7 次。入清後，自順治元年（1644 年）至道光二十年（1840 年），不足兩百年間共計修學 15 次之多。歷次修學多爲官員號召，眾邑紳、商人、民眾等皆通過捐資等方式參與。除積極修葺儒學外，天津商士還熱心於書院的建設，並於康熙五十八年（1719 年）、乾隆十六年（1751 年）、道光七年（1827 年）分別建立了三取書院、問津書院、輔仁書院，豐富了天津地區的教育形式，對人才的培養也逐漸實現多樣化。社學、義學、私塾等蒙養教育則更加普遍，其「向學」、「助學」人文環境之盛可窺一斑。簡單的三言兩語並不能很好的展現有清一代天津地區的人文環境，故在後面各章節將詳盡闡釋。

此外，因入清後，天津成爲首屈一指的鹽業城市，由此而生的鹽商文化必然對天津教育的發展帶來巨大的影響。天津一地，教育的逐漸繁榮發展以及教育風氣的轉變等，不能不承認鹽商文化在其中的促進作用。天津便利的交通、優美的環境，磅礡的園林，風雅的鹽商，都成爲吸引四方文人、學者的重要條件，也因此濃厚了天津的文化氛圍，爲天津的教育事業營造了一個良好的文化環境，促進了天津教育事業的發展。因鹽業、鹽商及鹽商文化對天津教育的作用巨大，也將在後文中詳細論述。

綜上所述，我們可以看出，清代影響天津教育的生態環境有上述幾點，但總體來看，人文環境的影響作用更大，即主觀的生態環境對教育的影響大於客觀生態環境對教育的影響。用教育生態學的理論解釋，人文環境屬於規範環境，而規範環境是人類社會所獨有的。它是人類在長期的社會實踐活動中，在人與人之間的相互聯繫中逐步形成的，具有很強的時間性、地域性和差異性，不同歷史時期、不同群體、不同種族、不同地區和國家都有著自己獨特的規範環境。因此，與自然生態環境、社會生態環境相比，規範環境與教育的關係更爲密切，對教育的影響也更加直接和明顯。可以說，教育本身是文化的重要部分，教育要以各種文化作爲教育內容，同時各種文化也要以教育爲載體才可以得到繼承、傳播和創造、發展，而文化又是構成規範環境的主要因子。這樣一來，規範環境對教育的影響之大自然不言而喻。天津地區在明代獲得了初步發展，入清後，政治地位的提高，經濟地位的上升，帶來了人口的大量增加和文化的極大豐富，人們在較穩定、較繁榮的環境下形成了良好的風氣和習俗，這對教育的發展來說是極其需要的。所以，清代天津教育在已經進入大發展階段時，更多是在主觀生態環境的影響下主動發

展。因此，清代天津的教育成果也相當豐碩，科舉成就顯著。

綜上所述，由明至清，從天津教育的發展脈絡可以看出，在教育發展過程中，在諸多影響教育發展的生態環境中，文化、人口等因素的「自然屬性」較強，對教育的發展產生著廣泛而深刻的影響，同時，這些因素也是教育生態系統的重要輸入因素，它們的發展變化必然會導致許多不以人的意志為轉移的教育發展問題。明清兩朝，正是因為「人」的作用在教育的發展中越來越重要，才促使天津教育在清代出現了繁榮景象。

第二節　其他地區教育生態環境

3.2.1 文化積澱深厚，教育發展較早

天津的人文歷史可謂既年輕又古老，天津的城市歷史，若從金朝設置直沽寨開始算起的話，距今才 800 餘年，但北部薊縣一帶可追溯到距今 8000 餘年前。《重修天津衛學宮舊碑記》中所記載的「天津三衛前未有學」，是僅就天津市中心區的官辦學校而言的，而天津市現行行政區劃內的各郊縣，由於大多建縣較早，所以教育的產生和發展也相對較早，如薊縣、武清，是古漁陽郡和雍奴郡，建置早，文化積存深厚。正如《漁陽重修宣聖廟學記》中所言：「漁陽，漢唐大郡也，山水雄厚，兼東南之勝概，故功名豪傑之士多生其間，文人賢公卿，往往相繼，皆由孔聖之教，致身而立名節」。通過此記載，其時其地濃厚的文化教育氛圍可見一斑。單從儒學教育情況來看，除始建於雍正十一年的寧河縣學外，武清縣學、靜海縣學、寶坻縣學、薊縣縣學（州學）均比天津市區建學早。當然，不同的地區在文化教育環境以及教育發展水平上，也都各有不同。其中薊縣、武清等地的文化氣息比較濃厚，其教育水平也相對較高，這在很大程度上都得益於這些地區開發較早，文化積澱較深。

3.2.2 政治環境，教育政策的推廣

洪武八年，命天下立社學，「延師儒以教民間子弟」〔註29〕，明太祖對中書省眾臣曰：「昔成周之世，家有塾，黨有庠，故民無不知學，是以教化行而風俗美，今京師及郡縣皆有學而鄉社之民未睹教化，宜令有司更置社

〔註29〕《明太祖實錄》卷96，洪武八年正月丁亥。

學，延師儒以教民間子弟，庶可導民善俗也」〔註30〕。明太祖詔置社學，可以說是中國封建王朝第一次提出了普及地方教育的主張。在政府的號令下，各地紛紛建立社學，以致於明代時全國「無地而不設之學，無人而不納之教」〔註31〕。清沿明制，「社學鄉置一區，擇文行優者充社師。免其差徭，量給廩餼，凡近鄉子弟，十二歲以上令入學」〔註32〕。天津所屬地區的鄉間社學就是在這樣的大環境下逐步建立起來。由於社學是具有啓蒙性質的基礎教育，因此它是設置於鄉村里社的，具有地域性特徵。在天津現行行政區劃內的各郊縣，社學的開辦狀況也一度如火如荼，例如明嘉靖年間，僅薊縣就有 13 處社學。毋庸置疑的是，政府的政令對天津社學的開辦具有重要的推動作用。

此外，封建朝廷對地方教育的重視還表現在對地方學校的褒獎上。如清朝年間，康熙、雍正、乾隆就分別賜予武清縣學「萬事師表」、「生民未有」、「與天地參」的御書匾額，以示政府的重視，促使武清學風頗勝，並取得了不俗的教育成績。

3.2.3 邑紳、官員熱心教育事業

眾所周知，一個地區教育事業的繁盛，取決於眾多因素，除需要學子的苦讀外，還需要當地士紳、官員熱心於教育文化事業的奉獻精神。而天津人歷來就具有這種助學重教的特點。明朝萬曆年間，寶坻知縣李景登創建「登瀛書院」，此人爲官時勤政愛民，重視地方教育的發展，在學宮創建尊經閣，又創建書院，使寶坻一縣人才輩出。清雍正二年，武清邑紳曹傳建捐銀 300 兩，擴建義學爲慶成書院。乾隆五年，其子又捐田 180 畝，作爲增修書院費用。乾隆五十七年，薊縣士紳崔鈺、孫明璿等捐募，薊縣知州劉念拔創建漁陽書院，書院建成後，梁肯堂、劉念拔又帶頭捐俸，「好義諸君子咸感慕節相（梁肯堂）之化，亦踴躍輸將，釀五千金而成茲舉」〔註33〕。如此眾多的邑紳、官員熱心於教育事業的結果，便是推動了天津教育的發展，提高了天津人的教育文化水平。

〔註30〕《明太祖實錄》卷 96。
〔註31〕清・張廷玉：《明史》卷 69，選舉一，北京：中華書局，1997 年。
〔註32〕趙爾巽：《清史稿》卷 160，選舉一，北京：中華書局，1998 年。
〔註33〕（民國）《薊縣志》卷 10，《漁陽書院碑記》，民國三十三年排印本。

3.2.4 重教的歷史傳統

　　如上所說，天津所屬各郊縣的教育興起較早，可以追溯到魏晉時期，因此重教的歷史傳統也在積澱中不斷得到傳承。五代時期，由於頻繁的戰亂，致使官學低迷。此時的天津地區，私學卻是有聲有色。名揚天下的薊州竇燕山，就在私學教育上取得了很大成就。他熱心教育，「於宅南建昌房四十間，聚書數千卷，禮文行之士爲師，四方之士有志於學者，聽其自至。」〔註34〕這足以說明當時薊州文化教育氣氛的濃厚。竇燕山除熱心於公共教育，還重視子女的教育。《三字經》中所講的：「竇燕山，有義方，教五子，名俱揚」便是對他的頌揚。他的五個兒子中，竇儀、竇儼、竇侃三人中進士；竇偁、竇僖二人中舉人。這就是古今傳爲佳話的「五子登科」。如此看來，竇燕山不愧爲重教的楷模。類似這樣重教的士紳，明清時期的天津也不缺乏，靜海便出現了一個科舉世家，該家族取得秀才以上功名的近 170 人，其中包括進士 7人、舉人 13 人、秀才近 150 人。毫無疑問，榜樣的力量是無窮的，重視教育的傳統不斷延續，對教育的發展會起到極大的帶動作用。

〔註34〕沈銳：《薊州志》卷7，人物，臺北：學生書局，1968 年。

第四章 天津衛城及附近地區教育發展狀況

　　本書的空間界定已在緒論中有所闡釋，將以現行天津市行政區劃爲標準，追溯明清時期與之相對應的地理範圍及行政區域。雖然明清發展至今，天津地區的行政區劃因受到政治、經濟等因素的影響，幾經變動，給空間範圍的古今對照造成一定困難。但由於行政區劃仍具有相對穩定性，由此，使空間範圍的確立有所憑藉，從而得以實現行政區劃的大致對應。據此，可以大體判定，現行天津行政區劃的天津市區追溯到明清兩代，區域範圍相應爲衛城及其附近地區。衛城及附近地區以外的其他區域則爲現行天津市行政區劃的郊縣。因此，筆者在介紹明清時期天津地區教育發展狀況時，爲了更全面的展現教育發展的風貌、更清晰的展現不同區域教育發展的不同特點，故在行文過程中分爲「天津衛城及附近地區教育發展狀況」以及「天津其他地區教育發展狀況」兩部分來論述。本章將介紹「天津衛城及附近地區教育發展狀況」。

　　天津市有記載的官辦儒學教育出現在明代，此後，教育形式又不斷增加，教育規模不斷擴大，使天津教育在明清時期經歷了從興建到發展再到興盛的過程。儒學、武學、商學、屯學、書院，加之遍佈各處的蒙學，構成了明清時期天津地區的教育體系。下文將分別加以敘述。

第一節 儒　學

　　天津三衛建立之初，並未設學，直至明正統元年（1436 年），由提學御史

程富「欲令武職子弟詣靜海縣肄業」〔註1〕，左衛指揮使朱勝「請於衛所設學」〔註2〕，上奏准行後，朱勝捐出住宅一所，施爲學宮，天津衛學始建。清雍正三年（1725年），天津衛改爲天津州，天津衛學遂改爲天津州學；雍正九年（1731年），天津州升爲天津府，天津州學遂升爲天津府學。因天津府附郭設置了天津縣，故又於雍正十二年（1734年），由總督李衛在東門內，天津府學西側建立了天津縣學。此後，天津的官辦學校，就有了與地方行政管理級別相匹配的「府學」與「縣學」兩級。其間，天津儒學歷經重修，得以繁榮發展。

4.1.1 殿廡、學署的設置及重修

4.1.1.1 天津衛學（天津州學、天津府學）

明制，官辦學校統一設置在文廟內，所謂「儒學建設在孔子廟堂之側，所以重道崇儒，俾莘莘學子近聖人之居，從資觀感也」〔註3〕。所以，衛學與文廟可以說是同時創建的。最初，由衛指揮使朱勝捐出住宅一所改建學宮，「首建堂齋公廨，十二年（1447年）大成殿成，是爲衛學之原始也」〔註4〕。此後，因眾多原因，歷次重修，僅見諸志書者就有20餘次，屢次新建及重修的殿廡、學署詳見下表：

表4.1　明清天津衛學（州學、府學）新建、重修之殿廡、學署

時　　間	倡修人員	重修原因	新建、重修之殿廡、學署
天順二年	戶部員外郎解延年	文廟雖建，兩廡未立	增建兩廡，重修欞星門，增置正殿龕案。
弘治八年	天津道劉福	未詳	修明倫堂，展出前二十餘步，修兩廡及四齋。
正德十一年	天津道高嶼	未詳	重修四齋，築牆垣、射圃。
嘉靖四十四年	天津道黃中	未詳	創建名宦、鄉賢二祠。
萬曆十四年	未詳	未詳	重修泮宮儒林二坊，改「敷教」、「興賢」，後又改「德配天地」、「道冠古今」。

〔註1〕 王守恂：《天津政俗沿革記》卷10，儒學一，文學，第43頁。
〔註2〕 王守恂：《天津政俗沿革記》卷10，儒學一，文學，第43頁。
〔註3〕 王守恂：《天津政俗沿革記》卷10，儒學一，文學，第43頁。
〔註4〕 （康熙）《天津衛志》卷3，崇祀，第50頁。

萬曆二十九年	巡撫汪應蛟	學宮年歲久遠，風雨侵蝕，棟垣摧圮，丹壁漫漶，科第寥寥減於昔。	鑿池、易門、崇殿基。建文昌祠於東，移啓聖祠於後，遷名宦鄉賢爼豆於學之旁。
崇禎元年	天津道石聲譜	歲歷滋久，諸圍垣、射圃、殿廡及祠齋堂舍咸就頹廢，諸生曾聚訴力爭之，雖稍稍釐正，猶未盡復規制。	重修天津衛學宮，廢者增，敝者新。
順治九年	未詳	未詳	立臥碑於明倫堂之左。
順治十年	巡鹽御史張中元天津道副使李呈祥〔註5〕	學宮自明季年間重修，迄今二十餘祀，遞修遞弛，廟貌偪僕，殿庭廊廡傾圮頹敗，凡遊夫子之門者，即欲殫力以隼新之。	重修天津衛儒學，百堵皆作，聖殿煥矣，廊廡儼若，倏然而成金塘砥柱之固也。
順治十六年	鹽運使盧絃	未詳	未詳
康熙八年	巡鹽御史李棠長蘆運使鹽法道周卜世〔註6〕	學宮鞠為茂草，詩書弦誦之文輟而不聞，過者咨嗟歎之。	重修天津衛儒學，八年三月告成，增砌泮池、圍牆，而後，學宮「堂皇赫敞，欞星豁研，房序陰岑，丹碧炳煥，思事因之虔，觀瞻因以肅。」
康熙十二年	天津道薛柱斗	文廟舊制為：後啓聖祠，前大成殿，東西兩廡，次二門，與二門並而祀宮牆之內者，左名宦祠，右鄉賢祠，前欞星門，迤東則另闢一區為文昌宮，迤西則另闢一區為明倫堂。薛柱斗認為此格局散漫荒唐，全無結構，是為創建以來數百年之缺陷，慨然有改造之意。	康熙十二年二月二十六日，薛柱斗與諸生面為區畫，遂於欞星門外添建東西披門二座，以為官衿駿奔趨蹌之地；砌磚花牆二道，直抵街市；立影壁、建戟門以為至聖陟降左右之路；中將泮池以石為之，上駕木橋一座，以像學海飛龍、士人變化之兆；西花牆之外再添夾道磚牆一道，以別學宮與明倫堂之界，而且配合於東也。此次重修，共計增建石泮池、木橋、周圍欄杆、兩披門、花

〔註5〕（乾隆）《天津府志》中稱，清順治十八年，天津道副使李呈祥重修學宮，但據考，李呈祥於順治十一年已易任，故（乾隆）《天津府志》中的記載不可信；另（康熙）《天津衛志》中稱，清順治十年，天津道副使李呈祥重修學宮，據年代推算，尚可信，但重修學宮的其他詳細情況不可考，在各朝天津方志中，僅關於順治十年，天津巡鹽御史張中元重修學宮的歷史記載較詳，故暫且將二者放在一處。

〔註6〕（康熙）《天津衛志》、（乾隆）《天津府志》中稱，康熙八年，長蘆運使鹽法道周卜世重修天津儒學學宮，但見諸其他各朝天津方志中較多的則是關於康熙八年，巡鹽御史李棠重修學宮的史料，故也暫且將二者放在一處。

			牆壁、東西兩小牌坊、禮門、義路、二門、夾道磚牆。
康熙十四年	未詳	未詳	建魁星閣於文昌祠前。
康熙三十二年	整飭天津按察司副使朱士傑	雖前此分憲諸君子於左右兩坊、禮門、義路未嘗不加修葺，然廟堂地席卑隘，階序棟礎沉湮於泥污中者不知幾歷年所，亦且風雨飄搖，丹堊摧剝。	重修天津衛學宮，於其基之卑者築之使高，堂之圮者建之使固，以及兩廡階序之缺失者增之使備。
康熙四十七年	未詳	未詳	未詳
雍正十一年	巡鹽御史鄂禮、知府李梅賓、知縣徐而發	歲久勿治，陳丹暗粉，難為觀美。	重修學宮，撤而新之。
乾隆三年	知府程鳳文	前守桂林李公（梅賓）撤而新之，獨明倫堂址畚築不堅，榱櫨敧僕。	重修天津府學明倫堂，百廢俱興。
乾隆八年	長蘆鹽運使倪象愷	未詳	未詳
乾隆十六年	長蘆鹽運使盧見曾	殿壁陊剝，門廡敧斜，欞星門內外水瀦而蘆茂，席板以渡乃得進而展禮，頹垣通市，完者亦卑不及肩。	疏其水而去之使無復淤，薙其草而絕之使無復苗，垣宇所設增其庫，植其傾，木石所施汰其朽、任其壯，滌之堊之，丹之艧之，自堂徂基周內及外，凡學所宜具者靡不畢舉。
嘉慶九年	天津士民	未詳	未詳
嘉慶二十一年	天津士紳董岱等	未詳	未詳
道光六年	天津士紳侯肇安等	文昌宮歲久失葺，敝於風雨，牆垣傾圮，內外洞然。	重修文昌宮，除正殿補葺外，添造後殿一座，東西配殿六楹，字爐一座，照壁一座，宮門二座，角門、屏門各一座，門房二間，廚、茶房各一間，圍牆五十餘丈，鋪地九十丈。規模式廓，丹堊一新。

資料來源：康熙《天津衛志》卷一《建置》、卷四《藝文》、乾隆《天津府志》卷九《學校志》、光緒《重修天津府志》卷三十五《學校》、嘉慶《長蘆鹽法志》卷十八《文藝》及卷十九《營建》、雍正《畿輔通志》卷二十八《學校》、盧見曾《雅雨堂集》文集卷三《重修天津府儒學碑記》。

　　據《天津衛志》記載，自文廟產生至康熙年間，歷經多次重修，殿廡、學署等建造分別如下：大成殿三間，東廡十一間（康熙年間只存七間），西廡十一間（康熙年間只存七間），香桌三張，戟門三間，欞星門三座，明倫堂五

間，講堂五間（康熙年間廢），志道齋三間（康熙年間廢），據德齋三間（康熙年間廢），依仁齋三間（康熙年間廢），遊藝齋三間（康熙年間廢），啓聖祠五間，文昌祠三間，名宦祠三間，鄉賢祠三間，齋宿房三間（康熙年間廢），大門三間，二門三間，神庫三間（康熙年間廢），射圃一所（康熙年間廢），東號房三間（康熙年間廢），西號房三間（康熙年間廢），石碑四通，臥碑一通，教授公廨一所，訓導公廨一所（康熙年間廢）。至乾隆年間，殿廡、學署的規模和建造又發生變化，分別爲：大成殿三間，東廡五間，西廡五間，崇聖祠（原爲啓聖祠，雍正二年，即 1724 年，改爲崇聖祠）五間〔註 7〕，大成門三間，名宦祠三間，鄉賢祠三間，忠孝節義祠，欞星牌坊一座，泮池橋一座，金聲門一座，玉振門一座，明倫堂三間，東西齋房，教授署，訓導署。〔註 8〕雖經多次修繕，其殿廡、學署建築大致如此，此後，隨著歷次修葺，也只是略有變化。在明清兩代多次重修、擴建的天津文廟，現在是天津市保存完整，規模最大的古建築群之一。廟內有照壁、泮池、欞星門、大成門、大成殿、崇聖祠和配殿等。它以黃琉璃瓦覆蓋，月臺欄杆，雕樑畫棟，金碧輝煌。廟外有兩座古老壯麗的過街牌坊，這是從漢代「衡門」形式演變下來的建築形式。每座牌坊都是兩根高大木柱上架有三層橫額和雕龍華板，由層疊的斗拱支撐著三座五脊六獸的四阿瓦頂，這種二柱三樓式的木結構造型，在我國現存的牌坊中是少見的。其橫額上，一座題有「德配天地」，一座題有「道冠古今」，現被列爲天津市文物保護重點單位〔註 9〕。

4.1.1.2　天津縣學

雍正十二年（1734 年），總督李衛題建天津縣學，縣學位於城東門內，府學西側。殿廡、學署分別有：大成殿三間，東廡五間，西廡五間，崇聖祠三間，名宦祠一間，鄉賢祠一間，泮池橋一座，金聲門一座，玉振門一座，忠義祠，節孝祠，明倫堂三間，東西齋房六間，教諭署十二間，門斗房二間，訓導署十二間，門斗房二間。〔註 10〕

〔註 7〕　（乾隆）《天津府志》卷 9，第 180 頁：（乾隆）《天津縣志》卷 8，第 82 頁，則記載爲「崇聖祠三間」。

〔註 8〕　（乾隆）《天津府志》卷 9，學校志，第 180 頁。（乾隆）《天津縣志》卷 8，學校志，第 82 頁。

〔註 9〕　劉澤華：《天津文化概況》，天津：天津社會科學院出版社，1990 年，第 410 頁。

〔註 10〕　（乾隆）《天津縣志》卷 8，學校志，第 83 頁。

天津縣學建立後，天津自此就有了「府學」與「縣學」兩級學校組織，所以歷次重修，兩學宮「皆並修」〔註11〕，因此，縣學殿廡及學署之重修便不再贅述。

4.1.2 教官

4.1.2.1 教官任用

學校是「作養生徒、爲國儲材」〔註12〕的教育機構，而擔當「作養生徒、爲國儲材」重任的，自然是學校的教育者，明清兩代，教官、學官並稱，含義基本相同，都是指封建教育機構中的教育者〔註13〕。古語有云：師者，所以傳道授業解惑也。也就是說，教師的職責是傳遞知識，啓迪並教導學生。眾所周知，高素質的教師隊伍是一地教育發展之重要保證。明清時期也不例外，各府、州、縣學的教官成爲各地教育順利發展的保障，他們擔負著教育、教化生員的重任，即所謂「授生徒，講論聖道，使人日漸月化，以復先王之舊」〔註14〕。

明代統治者對教育的重視程度，更勝前朝，所以建國初期就大興學校，「天下府、州、縣、衛所，皆建儒學，教官四千二百餘員，弟子無算，教養之法備矣」〔註15〕。縱觀整個明代，地方儒學教官可自上而下分爲四種，即：教授、學正、教諭、訓導。具體的設置情況爲：「府設教授，州設學正，縣設教諭，各一。俱設訓導，府四，州三，縣二」〔註16〕。其中，教授、學正、教諭「掌教誨所屬生員」〔註17〕，是相應儒學的正官，除教誨生員外，還「總理學事」〔註18〕，即主要負責儒學的日常事務；而訓導爲教授、學正、教諭的佐官，主要負責輔佐各級儒學正官從事教學任務，即「專教生徒」〔註19〕，「按照洪武二年立學格式中的規定，教授、學正、教諭負責儒學中最

〔註11〕（光緒）《重修天津府志》卷35，經政（九），學校，第1130頁。

〔註12〕《明太祖實錄》卷140，臺北中央研究院歷史研究所校印本。

〔註13〕田正平、章小謙：《中國教育者概念從傳統到現代的演變——從「教官」到「教師」稱謂變化的歷史考察》，《社會科學戰線》，2007年第1期。

〔註14〕張廷玉：《明史》卷69，選舉一。

〔註15〕張廷玉：《明史》卷69，選舉一。

〔註16〕張廷玉：《明史》卷69，選舉一。

〔註17〕張廷玉：《明史》卷75，職官四。

〔註18〕《明太祖實錄》卷159，洪武十七年春正月辛丑。

〔註19〕《明太祖實錄》卷159，洪武十七年春正月辛丑。

重要的課程——經史的教學，而訓導則負責各科的教學」，因此，訓導是「比較純粹的教師」〔註20〕。

　　明代教官的選擇、任用條件，雖時有不同，但大致還是有章可循的。總體來看，終明一代，品行和學問是選用教官的兩大基本條件。這在洪武初年大臣的奏章中就有所體現，有奏章云：「選名儒以五經分教諸生，必先德行而後文藝」〔註21〕。此外，據《大明會典》記載，各儒學教官要「表儀後學，必正其衣冠，謹於言行。使學者有所觀瞻」〔註22〕。從上述敘述中我們可以看出，明政府在選用儒學教官時，不但要求其學問要淵博，品行亦要端正。洪武二年（1369年），規定儒學教授、學正、教諭由各處守令選擇有才德、學問並通曉時務的儒士擔任。教習禮、律、字的訓導，選擇有學行、通曉律令、諳習古今典禮、會書法的儒士擔任；教習樂、數、射的訓導，選擇知音律、會射弓弩算法的儒士擔任。至洪武十四年（1381年）三月，朱元璋又命郡縣訪求明經老成儒士爲儒學訓導，因爲在他看來，非老成篤學、有學行之士，均不適合選任教職〔註23〕，唯有如此，才能作養人才，爲國育賢。

　　關於明代教官的來源，主要有以下幾種：明初大致有三種選官途徑，一爲洪武時期的薦舉，二爲洪武末期至景泰、天順時期以除授副榜舉人和考選下第舉人爲主，三是考選監生充教以作爲前者的補充。第一種途徑與建國伊始、制度草創，人才多散於社會有關，後兩種途徑則與制度初備後，人才多出於科舉相關。教官來源雖有不同，但都體現了明初統治者對教官選用的高度重視，這也成爲明初教官素質及教育質量皆相對較高的重要原因之一。自正統年間始，越來越多的副榜舉人拒絕充任教職，造成了地方儒學教官嚴重缺額的現象，此後，歲貢逐漸成爲府、州、縣學教官的主要來源。但因歲貢生是由府、州、縣學直接向禮部貢舉的生員，他們均未經過高於府、州、縣學的深造，即直接授予府、州、縣教官，使他們在學識和能力等各個方面都與以往其他種類的教官存在著明顯的差距，這也成爲明代教官選任在制度上走向惡化的轉折點〔註24〕。

〔註20〕吳宣德：《中國教育制度通史》第4卷，第237頁。
〔註21〕《明太祖實錄》卷148，洪武十五年九月癸亥。
〔註22〕《大明會典》卷156，明萬曆內府刻本，第800頁。
〔註23〕吳宣德：《中國教育制度通史》第4卷，第237頁。
〔註24〕郭培貴：《明代府州縣學教官選任來源的變化及其原因和影響》，《河南師範大學學報（哲學社會科學版）》，1991年第4期。

　　至清代，「初沿明制，府、廳、州、縣及各衛武學並置學官」〔註25〕。學官種類與明代相同，府學設教授一人、訓導一人；州學設學正一人、訓導一人；縣學設教諭一人、訓導一人。教授、學正、教諭，負責掌管「訓迪學校生徒，課藝業勤惰，評品行優劣，以聽於學政」〔註26〕。訓導依然是輔佐以上教官的佐官。康熙三年（1664年），下令各府、州以及大縣取消訓導一職，令小縣取消教諭一職。後又於康熙十五年（1676年）復置，「自是教職分正復」〔註27〕。康熙三十二年（1693年），命各衛武學省去訓導一職。康熙四十二年（1703年），重新定教職，命各儒學設教官兩名。

　　在教官的任用資格和條件上，清政府規定，教官必須由正途出身。因清時捐納官很多，所以清初儒學教官中也多有捐納者。康熙三十年（1691年），江南學政許汝霖的奏請得以獲准，「凡捐學正、教諭者改爲縣丞，訓導改爲主簿，由是唯生員始得入貲，教授必由科目」。雍正元年（1723年）又下聖諭，命捐納教官者，按照級別，別任改用。此規定一出，捐納教職者，教諭改用縣丞，訓導改用主簿。雍正二年（1724年），捐納生員全部改作他官，各儒學教職均由正途出身者擔任，儘管隨後又再次下令廩生捐納出身者仍可擔任教職，但此後，正途出身者成爲選任教官時佔據絕對主導地位的來源。另外，清朝選用教官，同樣也很注重任職人員的學識及品行等各個方面。

　　清代儒學教官的來源主要有三：其一是由縣令改教職；其二是由落第舉人「大挑」〔註28〕；其三是由貢生就任教職，這也是教官最重要的來源。清初，「恩、拔、副貢以教諭選用，歲貢以訓導選用」。康熙中，「捐納歲貢，並用訓導」。雍正初，「捐納貢生，教諭改縣丞，訓導改主簿。既仍許廩生捐歲貢者，用訓導」。嘉慶以後，「凡朝考未錄之拔貢及恩、副、歲、優貢生，遇鄉試年，得具呈就職、就教。優貢就教，附歲貢末用訓導」。道光初，「許滿、蒙正途貢生就職，與滿員通較年分先後選用」〔註29〕。

　　明清兩代對儒學教官的任用大抵如此，天津作爲畿輔重地，儒學教官的任用自然也深受明清兩代選官制度的影響，並在教官的帶動下不斷促進天津

〔註25〕《清史稿》卷116，志九十一，職官三。
〔註26〕《清史稿》卷116，志九十一，職官三。
〔註27〕《清史稿》卷116，志九十一，職官三。
〔註28〕清乾隆以後定制，三科以上會試不中的舉人，選取其中一等的委以知縣，二等的委以教職。
〔註29〕《清史稿》卷106，志八十一，選舉一。

教育的發展。下面將分別對明清兩代天津地區有文獻可據之學官作一系統統計，詳見下表：

表 4.2　明代天津衛學（州學、府學）之歷任教官

時　間	儒學教授	儒學訓導
正統元年	田甫（高陽縣人）	李賜（一作李惕，曲阜縣人）
正統四年	劉俊（房山縣人）	詹穆（杭州人）
景泰七年	汪淵	
泰昌、天啟朝	吳道行	韓自立

表 4.3　清代天津衛學（州學、府學）及縣學之歷任教官

	衛（府）學教授	衛（府）學訓導	州學學正	州學訓導	縣學教諭	縣學訓導
順治元年	蘇騰霄（束鹿縣歲貢生）					
順治四年		王君弼（密雲縣歲貢生）				
順治八年	王文昌（藁城縣副榜貢生）					
順治九年	呂應兆（永寧縣恩貢生）	齊國璧（高陽縣歲貢生）				
順治十一年	崔似群（冀州歲貢生）					
順治十三年	郝際雍（涿州歲貢生）	楊德懋（清苑縣歲貢生）				
順治十四年	劉坤元（任縣歲貢生）					
順治十五年	孫枝茂（定興縣歲貢生）					

順治十六年	郭履泰（大興縣貢監生）				
順治十七年	程觀頤（山海衛進士）	梁養大（井陘縣歲貢生）			
康熙四年	韓特執（高陽縣舉人）				
康熙十二年	馬方伸（密雲縣歲貢生）；張國寓（宛平縣舉人）				
康熙二十八年	于元徵（盧龍縣歲貢生）				
康熙三十二年	程思恭				
康熙四十三年		孫琰（文安縣歲貢生）			
康熙五十二年	鄧雋（大興縣歲貢生）				
康熙五十五年	趙瓚（雞澤縣進士）				
康熙五十七年		井鎧（文安縣歲貢生）			
雍正元年		蘇炳（通州歲貢生）			
雍正四年			王希堯（寶坻縣歲貢生）	蘇炳（由衛學訓導改任）	
雍正五年			陰儼（香河縣進士）		
雍正七年				周爰諏（慶都縣歲貢生）	
雍正九年	陳王庭（大興縣進士）	雷滋年（宛平縣歲貢生）			陰儼（由州學學正調任）

雍正十一年				張廷蔚（大名縣歲貢生）
雍正十二年			王鏐（雄縣舉人）	
乾隆元年				劉應薦（趙州歲貢生）
乾隆二年	穆景惠（山海衛歲貢生）			
乾隆三年				王煥（奉天海城縣歲貢生）
乾隆六年	司直（冀州舉人）		曹炳（漢軍正白旗舉人）	
乾隆十三年				張瑜（磁州廩貢生）
乾隆十七年	趙柊（景州進士）		卜覲光（大興縣舉人）	
	王煥；季永康（兩人到任年份無考）			
乾隆二十年	王士任（南宮縣歲貢生）			
乾隆二十二年			宋懋行（南宮縣舉人）	
乾隆二十六年	王增（昌平州廩貢生）		薛敬瞻（清苑縣舉人）	
乾隆二十七年				楊夢熊（深州歲貢生）
乾隆二十八年	王麟書（大興縣進士）		王克敬（奉天承德縣優貢生）	
乾隆三十二年	葛清（任縣舉人）			崔玉振（開州歲貢生）

乾隆三十四年				楊春第（大興縣舉人）	鄧琮（獲鹿縣歲貢生）
乾隆三十五年	張珠（宛平縣進士）				
乾隆三十七年					趙焯（靈壽縣廩貢生）
乾隆三十八年		秘象山（故城縣舉人）			
乾隆三十九年					李丞承（昌黎縣舉人）
乾隆四十年	王朔曾（宛平縣進士）				
乾隆四十二年		李廷雋（撫寧縣廩貢生）			
乾隆四十三年				劉理（交河縣舉人）	
乾隆四十六年	溫時懋（奉天鐵嶺縣進士）				
乾隆四十七年				宋鳴鶴（永年縣舉人）	
乾隆五十年		王旭（東光縣廩貢生）			王發第（正定縣歲貢生）
乾隆五十三年	郭鉉俊（大興縣舉人）				
乾隆五十六年					王朝琳（無極縣拔貢生）
乾隆五十七年				張永存（高陽縣舉人）	
乾隆五十八年		張謙光（保定縣歲貢生）			
乾隆五十九年	康鐸（靈壽縣進士）				

嘉慶四年				倪上遇（歲貢生）
嘉慶七年		魏元熾（昌黎縣舉人）		薛寧（雄縣舉人）	李向榮（歲貢生）
嘉慶十年					王希曾（順天府歲貢生）
嘉慶十一年		劉佐興（撫寧縣舉人）			
嘉慶十二年	董義（奉天寧遠州進士）				靳伯廩（靈壽縣舉人）
嘉慶十三年		梁建猷（易州廩貢生）			
嘉慶十四年				黃枞載（宣化縣舉人）	
嘉慶十八年	解城（河間縣進士）				
嘉慶二十三年		張峻明（廩貢生）			
嘉慶二十四年					舒尙伍（宛平縣貢生）
道光二年	邊九鑿（任邱縣進士）				
道光四年		張德尊（順天府廩貢生）			
道光五年					朱玨（豐寧縣貢生）
道光九年				邱家燦（宛平縣舉人）	
道光十年		王廷炘（獻縣廩貢生）			
道光十五年	劉承謙（任縣進士）	李敏修（易州廩貢生）			
道光十七年	孟岱齡（交河縣進士）				

| 道光十八年 | | | | | | 吳塏（保定縣廩貢生） |
| 道光十九年 | | | | | | 谷懋德（安州舉人） |

資料來源：光緒《重修天津府志》卷十一《職官二》、卷十二《職官三》、卷十三《職官四》、卷十四《職官五》；民國《天津縣新志》卷十七《職官二》、卷十八《職官三》。

由上表我們可以看出：

第一、明清兩朝教官數量上的巨大變化

自正統元年（1436 年）天津衛學建立起，終明一代，天津衛學存在的兩百餘年間，見諸史料記載的教官共有 7 位，其中教授 4 名，訓導 3 名。（雖然因史料記載缺漏等因素，我們可推知明代天津衛學教官的實際人數應當不止如此，但若依照明代天津衛學的整體發展狀況來看，即便教官確有失載的情況，其總數也不會太多。儘管如此，教官們對天津教育的影響卻極其深遠。由於明時天津爲「軍衛之區，俗尙武健」〔註30〕，「其人情風俗，輕生赴鬥」〔註31〕，衛學建立之初，入學生員亦具「倥侗悍厲之氣」〔註32〕。後來，在首任訓導李賜的悉心教導及繼任教授劉俊、訓導詹穆的協力培養下，才令「諸生莫不思自奮發，以期底於有成」〔註33〕。於景泰七年出任天津衛學教授的汪淵，在天順年間，曾主持重修學宮，創建兩廡，使天津士子的學習環境得以改觀。自此，天津「禮教日興，士習日淳」〔註34〕。）而入清後，自順治元年（1644 年）至道光二十年（1840 年）的不足兩百年間，出任天津衛學（州學、府學）教官的人數達到了 59 位；自雍正九年（1731 年）至道光二十年（1840 年）的 110 年間，出任天津縣學教官的人數是 33 位。這充分表明了天津政治地位的上升以及天津教育的快速發展，更反映出清朝統治者對於天津教育的重視程度。

第二、教官來源的構成

由上表可知，天津儒學教官的構成主要是以下三種，一是舉人、二爲進士、三爲貢生，其中以貢生爲主要來源，貢生中又以歲貢生充任教職爲主，

〔註30〕 （乾隆）《天津縣志》卷 5，《風俗物產志》，第 135 頁。
〔註31〕 （同治）《續天津縣志》序，第 259 頁。
〔註32〕 （康熙）《天津衛志》卷 4，《創建明倫堂舊記》，第 73 頁。
〔註33〕 （康熙）《天津衛志》卷 4，《創建明倫堂舊記》，第 73 頁。
〔註34〕 （乾隆）《天津縣志》卷 5，《風俗物產志》，第 135 頁。

至清代尤爲如此，這跟清政府選任教官必須是正途出身的制度規定是密切相關的。清制，官吏以進士、舉人出身，或以歲貢、恩貢、拔貢、優貢、副貢出身的稱之爲正途；而由捐納或議敘〔註35〕得官的稱之爲異途。所以，天津的教官構成才呈現出上表中的狀況。

4.1.2.2 教官考核

洪武二年（1369年），明太祖朱元璋下令各地方儒學設教官時，就曾明確指出教官要「專治一經，以禮樂射御書數設科分教，務求實才，頑不率教者，黜之」〔註36〕。其時，對教官的考核基本是以學生的學業情況爲標準的。但隨著科舉及歲貢的實行，對教官的考核，開始「兼覈其歲貢生員之數」〔註37〕，洪武二十六年，又重新制定學官考課法，此後，便「專以科舉爲殿最」〔註38〕。此後，根據具體情況的不同，明政府又分別於宣德五年（1430年）和正統九年（1444年），重新修訂教官考核方法，使得考核標準逐漸被放寬。

從明代歷次修訂教官考核標準的做法可以看出，明朝歷代都以科舉成果作爲評價和考核儒學教官的最基本和最重要的標準，在這個過程中，教官本人的學術水平也作爲另一個輔助性考核標準越來越被重視。這樣的考核方法被明代歷朝統治者所沿用，只在萬曆年間，教官考核標準逐漸由科舉成果轉變爲任職到一定年限後的自動陞轉，這在沈鯉的《議處教職疏》中有所體現，奏疏稱：「貢士教職，視科目出身者，常多數倍，乃近年以來，則一任分教，再任掌教，概從劣轉」〔註39〕。

縱觀明代的教官考核制度和考核方法，不可謂不嚴格，而考核嚴格的目的不外乎爲了保證和提高教官隊伍的整體素質，從而確保教育教學質量，但如此考核辦法的實施，卻在客觀上造成了另外一種局面。因爲教官考核要以儒學考中的舉人數爲標準，所以儒學的優秀生員自然要被選送參加科舉，這樣一來，歲貢生員的質量就大大降低，而這些質量得不到保證的歲貢生員恰恰又多數被任命爲教官。這無疑暴露了明代教官考核制度的缺點，既不利於提高整個教師隊伍的質量，也在一定程度上打擊了一些學識淵博並有志於從

〔註35〕清制對考核成績優異的官吏，交部核議，奏請給予加級、記錄等獎勵，謂之「議敘」。
〔註36〕《明太祖實錄》卷46，洪武二年十月辛卯。
〔註37〕張廷玉：《明史》卷69，選舉一。
〔註38〕張廷玉：《明史》卷69，選舉一。
〔註39〕《禮部志稿》卷49，《奏疏》，清文淵閣四庫全書本。

事教育事業的人士的積極性。

入清後，各朝統治者更是加強了對教官的選用和考核。順治九年（1652年）題准了提學官對儒學教官的考核方法及標準，儒學教官中，「學行兼優、教有成效者，除禮待獎勵外，仍據實列薦；其行履無過，但學問疏淺者，姑行戒飭，責令勉進；有老腐不堪者，准令以禮致仕。若鑽營委署、橫索束脩、卑污無恥、素行不謹者，即行參奏，分別究革。其有學霸、生員、書役、門斗行私惑誘者，一併究擬重治」〔註40〕。順治十三年（1656年）又再次下令提學嚴考教官，稱儒學教官「除文行兼優，及文平而行無虧者，分別應薦應留外；其文行俱劣者，開送撫按題參罷黜」〔註41〕。康熙十八年（1679年），對教官的考核改由「各府、州、縣掌印官，照舊式備造僚屬履歷，及以前薦獎戒飭緣由，填注考語事實，教官更分年力、志行、學識、教規四款。內有賢、不肖之尤者，別具揭帖，限一月內送閱」〔註42〕。康熙四十三年（1704年），確立了教官上任前的考核辦法，認為「教官必文學明通，方稱厥職。近見直省教職官內，不諳文學者甚多，如此何以訓士？著行文直省巡撫，將各屬教官通行考試，分別具題……嗣後教職由部選後，赴撫臣考試，其考居一二三四等，令其赴任，五等令歸學習，六等革職」〔註43〕。至雍正初，「定四、五等俱解任學習」〔註44〕。雍正十三年（1735年），清高宗即位後，因念及各儒學教官官職卑微，恐其「以冗散自居，不思殫心盡職」，特議定「各府、衛儒學教授，為正七品官；各州學正、各縣教諭為正八品官；各府州縣衛訓導為從八品官」〔註45〕。乾隆六年（1741年），在此前為儒學教官加品級的基礎上，又下令增加各級教官的俸祿，但不管採取何種措施，根本目的還在於要求教官「勸學興文，恪盡課士之責」。遂高宗也再次責令學正、督撫嚴核教官，「其有年力衰頹及庸劣不稱師儒之席者，秉公甄別，咨部罷斥」〔註46〕。此外，據清制，官員每三年要進行一次考績，以此來作為升降的依據。各級官員要聽其上司以守、政、才、年四個方面對其進行考察，然後出具評語，地

〔註40〕 （光緒）《欽定大清會典事例》卷369，《禮部・學校・教職考核》。
〔註41〕 （光緒）《欽定大清會典事例》卷369，《禮部・學校・教職考核》。
〔註42〕 （光緒）《欽定大清會典事例》卷369，《禮部・學校・教職考核》。
〔註43〕 （光緒）《欽定大清會典事例》卷369，《禮部・學校・教職考核》。
〔註44〕 《清史稿》卷106，選舉一。
〔註45〕 （光緒）《欽定大清會典事例》卷369，《禮部・學校・教職考核》。
〔註46〕 （光緒）《欽定大清會典事例》卷369，《禮部・學校・教職考核》。

方儒學教官亦如此。不同於明代教官的九年任期,清代教官爲六年一任,任滿後,由學正和督撫對其文行等各方面進行甄別,以決定其去留。

綜上所述,清代歷朝的統治階級都比較重視教官的考核問題,教官的考核方法和標準雖時有不同,但大致相似。清代的教官在上任前、就任中和任滿之時,均需要接受上級的嚴格考核,並以此來保證清代儒學師資隊伍的質量。從表面上來看,清代教官的考核制度是完善的,但在制度的具體實施過程中,卻存在著諸多問題,例如考核過程中的敷衍風氣、教官隊伍的老化等等,就成爲了地方儒學的頑疾,在一定程度上影響著地方儒學的發展。

明清天津衛學(州學、府學)教官的考核狀況,史料中無見記載,但處在上述大背景下,教官的考核必然如上所述。

4.1.3 生員

4.1.3.1 來源

明代府、州、縣學的學生來源主要是民戶子弟,也有少量衛所附近的府、州、縣儒學同時接受一些軍籍子弟;但明代衛所儒學的學生來源則與此大不相同,其生員的主要構成爲武官子弟及軍籍子弟。《禮部志稿》中記載:「正統元年,立天下衛所學校。時陝西按察司僉事林時言:各處衛所官軍亦有俊秀子弟,宜建學校以教養之,庶得文武之才,出爲時用」〔註47〕。由於衛所儒學與府、州、縣學都屬於儒學系統,因此它在科舉及歲貢等上,與府、州、縣學沒有什麼不同,參加科舉的衛所儒學生員,屬於軍籍;參加歲貢的衛所儒學生員,被稱作「軍生」。

天津是一個典型的移民城市,明永樂二年(1404年),天津衛城初建,「永樂三年(1405年)調天津衛、左衛,次年調右衛」〔註48〕。自此至明代滅亡,天津作爲一個軍事衛所,人口的主要來源是軍隊移民,人口的主要構成是軍官二籍。史料記載:「天津三衛者,未有學。正統紀元,聖天子嗣位之初,以武臣子弟皆將繼其祖、父之職業,以傚用於時,不可不素養而預教之。乃命天下,凡武衛悉建武學而立之師,選武官與軍士子弟之俊秀者充弟子員,於是天津及左、右衛始有學」〔註49〕。由此可知,明代的天津衛學,學生的主

〔註47〕《禮部志稿》卷70,《儒學》。
〔註48〕(康熙)《天津衛志》卷2,官職,第36頁。
〔註49〕(康熙)《天津衛志》卷4,藝文,創建明倫堂舊記,第73頁。

要來源即是武官子弟與軍士子弟。這一點，從明代天津衛學的科舉及貢生情況即可看出。

表 4.4　明代天津衛學科貢人數統計表

科　目	進　士	武進士	舉　人	武舉人	歲貢生	拔貢生	恩貢生	例貢生
人　數	11人	14人	27人	42人	95人	2人	2人	45人

資料來源：（康熙）《天津衛志》卷3，《科甲》。

在上表各科目取中的人中，軍生和官生佔據了絕對的主導地位。其中，在 11 名進士中，有 2 名官生，8 名軍生；在 27 名舉人中，10 人考中進士，在剩餘的 17 人中，有 5 名官生，10 名軍生；在 99 名貢生（包括歲貢生、拔貢生及恩貢生）中，有 19 名官生，79 名軍生；在 45 名例貢生中，有 9 名官生，其餘全部都是軍生。上述一系列數字清晰的展現出了明代天津衛儒學的生員構成情況，他們絕大多數出身於軍戶，這與明代天津人口的構成也是相一致的。

此外，明政府對各儒學在收考生員時，還作了其他一些規定。早在洪武年間，就有此方面的限制，稱儒學生員，須選擇民間俊秀及官員子弟充任。至成化年間，在禮部尚書姚夔等人的奏章中，對明代選取儒學生員的限制，也能看出些許端倪，奏章稱：

> 自今各處提調學校官務須躬視遍歷，督率教官化導諸生，選擇子弟年十五六以下、資質聰明俊秀者，方許入學……舊例選民間俊秀子弟入學，而娼、優、隸、卒不與焉，所以別賢愚、明貴賤也。近年以來，有司不加精選，教官務求多得，豪猾大戶營充以避役，鄙狠庸流泛收以備數用，致賢、不肖混為一區。雖有聰明特達之才，溺於見聞，無蓬麻相扶之益，有苗莠相亂之病。比者，本部以嘗奏准，量郡縣大小依額存留，裁減冗陋。而提督官不行嚴加考選，姑容不肖者尚多，請行各處巡按監察御史逐一查考學校。如有不依本部原擬裁革事例，仍縱容不肖生員冗濫在學，隱射戶役者，即將提督調學校官參奏拿問如例，有司學官一體究治。〔註50〕

從上述奏章來看，想要獲得明代儒學生員的資格，是需要具備某些條件

〔註50〕《明憲宗實錄》卷40，成化三年三月甲申。

的。首先是年齡和資質，須是十五六歲以下，俊秀、聰明者方可；其次是身份條件，凡從事歌舞、擔當衙役、獄卒等「愚、賤」職業之人的子孫，均不可入儒學讀書，否則一經查實，連同提調學官等，必將嚴加治罪，足可見這項規定的嚴苛。因明代天津是軍事衛所，衛學生員的主要來源是武官子弟與軍士子弟，因此，明代對地方儒學招收生員的資格限定，除對年齡和資質的規定對天津衛學有所影響外，其他選取生員需要恪守的規定對天津衛學的影響並不大。

　　入清後，天津在順治、康熙兩朝仍沿襲了明代的衛所建制，其所轄人口的性質已與明代有所不同，這與清初軍制的變化有關，因為清代兵制中，最主要的是八旗兵和綠營兵。此時的天津，綠營與衛所兩種不同的建制同時並存，二者沒有統屬關係。此外，衛所制雖然存在，但已無衛所之兵了，原先明代的三衛之兵，已一分為二，一部分從衛所中脫離了出來，轉入綠營，成為綠營兵，另一部分仍留在衛所之中，這一部分人，已不再是軍，實際身份已由軍變民。天津於雍正年間，由軍事組織轉變為獨立的行政單位，這是天津城市機構繼清初由三衛改為一衛後的又一次重大改變，也是天津城市機構的一次根本性變革，這種改變不僅調整了天津人口的組成，而且大大提升了天津城市在政治、經濟、文化上的地位。這使得天津逐漸確立起一個較大區域內的中心地位，這個中心位置也成為吸引大量人口向這裡聚集的原因，從而促進了天津城市的快速發展〔註51〕。進入清代以後，天津在改衛為州、升州為府的過程中，衛學也隨之改為州學，繼而升為府學。從上述對清代天津人口構成變化的分析可知，入清後，天津儒學的生員來源和構成也由明代的軍籍子弟轉變為民眾子弟。

　　由於生員的資格是通過考試而得來的，清朝統治者對報考者的身份作了一系列規定。例如，順治九年（1652年）題准：「童生入學，乃進身之始，不可不嚴為之防。督學文到，先期曉諭報名。取鄰里甘結，身無刑喪替冒各項違礙，方准收試……詐冒籍貫投充入學，及詭寫兩名，隨處告考，或假捏士大夫子弟，希圖僥倖，或係優、娼、隸、卒之家，及曾經犯罪問革、變易姓名等弊，僥倖出身，殊壞士習，訪出，嚴行究問革黜」〔註52〕。至乾隆三十

〔註51〕　高艷林：《天津人口研究》，天津：天津人民出版社，2002年，第47、51、59頁。
〔註52〕　（雍正）《大清會典》卷75，第4674頁。

五年（1770 年），再次申明了上述規定，稱：「查娼、優、隸、卒，專以本身嫡派爲斷。本身既經充當賤役，所生子孫例應永遠不准收考。其子孫雖經出繼爲人後者，終係下賤嫡裔，未便混行收考，致啓隱匿冒考等弊」〔註 53〕。此規定將「優、娼、隸、卒之家」的子弟明確排除在可報考生員的範圍之外，可見，在我國封建社會，從事傳統觀念中所謂賤業之人，例如從事歌舞的藝人、各衙門的衙役、獄卒之類，其子孫是永遠不能成爲生員的。此外，對曾經犯有罪行被查問革除的，或有冒籍、易名等各項違礙的，亦不准收試。由此看來，清代對於生員來源的控制及生員資格的限定是相當嚴苛的，此上種種規定，在很大程度上是因爲統治階級想通過對生員來源及資格的限制，使生員統一具備某種身份，爲打造一個依靠讀書應舉的生員階層作準備。天津儒學的生員來源也自然受到上述規定的影響。

4.1.3.2 學額

明代儒學的學額，因儒學級別的不同而不同。洪武二年（1369 年），明太祖朱元璋訂立府州縣學額，諭：「生員之數，府學四十人，州、縣以次減十。師生月廩食米，人六斗，有司給以魚肉」〔註 54〕。這是明初有關儒學學額的規定，即，府學 40 人，州學 30 人，縣學 20 人，所有生員都享有廩膳。此規定設立後，其他類型學校的學額也往往比照府州縣學的學額來制定。洪武二十年（1387 年），由於教育需求不斷增加，明太祖再次下令增加儒學學額，在原有廩膳生的基礎上增加增廣生，增廣生不享有廩膳待遇，故最初「令增廣生員不拘額數」〔註 55〕。儒學人數增多的弊病也在宣德年間逐漸顯露出來，明政府開始限定增廣生的額數。宣德三年（1428 年），禮部尚書胡濙奏言：「天下郡、縣學……增廣生員，在京府學六十名，在外府學四十名、州學三十名、縣學二十名，若民少之處不拘比例。凡存留著，必選聰敏俊秀能通文理者充數，其才質魯鈍、容貌鄙陋、不通文理，並額外多餘，俱黜爲民」〔註 56〕。除廩膳生和增廣生外，明代儒學招收另外一種學生，即「附學生」。正統十二年（1447 年），直隸鳳陽府知府楊瓚建議推廣增廣生，其在奏摺中稱：「我朝天開景運、文教聿興……設儒學以育民間之俊秀。府學額設廩增生員八十名、

〔註 53〕《欽定學政全書》卷 43，《區別流品》，上海：上海古籍出版社，1995 年。

〔註 54〕《明史》卷 69，選舉一。

〔註 55〕《禮部志稿》卷 24，儒學。

〔註 56〕《明宣宗實錄》卷 40，宣德三年三月戊戌。

州學六十名、縣學四十名。此外，聰明之士不得與者，入學寄名，以俟補增廣之缺。寄名者既眾，遇開科之際，欲報增廣，則增廣名數已足；欲報儒士，則有司多方沮抑。以此無路出身，未免滄海遺珠之歎。乞該部通行天下學校，今後增廣生員不拘額數，但係本土人民子弟自願入學讀書，聽府、州、縣正官與學官公同考選，俊秀者，即收作增廣生員。凡遇開科，考其學問，優長者，許令應試。事下禮部議，請令如有此等子弟，准其入學待缺，補充增廣」〔註 57〕。這是明朝政令允許儒學招收附學生之始，附學生的招收人數通常不受限制。此後，終明一代，地方儒學的學生基本上由廩膳生、增廣生和附學生三部分組成。初入學者為附學生，附學生增補增廣生，增廣生則增補廩膳生，對於大部分儒學來說，廩膳生和增廣生通常都是滿額的，而附學生因為不限定人數，所以各儒學的差別也就比較大〔註 58〕。以上所說大多是有關府州縣學學額的限定，而衛所儒學的學額也有相關規定。據《禮部志稿》記載：「成化三年（1467 年），令衛學四衛以上軍生八十人，三衛以上軍生六十人，二衛、一衛軍生四十人，不及者不拘」〔註 59〕。

關於明代天津衛學學額方面，從正統元年（1436 年）至正德十一年（1516年）之間相當於縣學的規格。正德十一年（1516 年），提學御史洪（闕名）奏准：各衛學比各縣學廩膳名數，定優等二十名；比增廣名數，定次等二十名；餘充附學。〔註 60〕可見，天津衛學此時的學額是與縣學相當的。但不同的是，縣學將學生分為廩膳生、增廣生與附學生；而天津衛學卻將學生分為優等生、次等生與附學生。其具體區別還有：優等生，額數為 20 名，每人每月給廩米 6 斗；次等生，名額雖與優等生相同，但卻無廩米；第三等是後來初入學者，即「附學生」，附學生無定額。萬曆十年（1532 年），「提學御史楊四知改優等為廩膳，次等為增廣」〔註 61〕。到萬曆四十六年（1618 年），天津衛學廩生張希載等 4 人，援潼關衛例，經多次呈請，天津衛學學額獲准增加，分別增加了 10 名廩膳生，10 名增廣生，「允廩、貢如州制」，始達到了州學的規格。〔註 62〕

〔註 57〕《禮部志稿》卷 70，《學例》，《推廣增廣生例》。
〔註 58〕吳宣德：《中國教育制度通史》第 4 卷，第 210、211 頁。
〔註 59〕《禮部志稿》卷 24，儒學。
〔註 60〕（乾隆）《天津縣志》卷 8，學校志，第 84 頁。
〔註 61〕（乾隆）《天津縣志》卷 8，學校志，第 84 頁。
〔註 62〕天津市地方志編修委員會編著：《天津通志‧基礎教育志》，第 94 頁。

　　清代儒學的學額，同樣因儒學級別和類型的不同而有所差別。《清史稿》稱，清代地方儒學「員額時有裁併，生員色目，曰廩膳生、增廣生、附生。初入學曰附學生員。廩、增有定額，以歲、科兩試等第高者補充。生員額初視人文多寡，分大、中、小學。大學四十名，中學三十名，小學二十名。嗣改府視大學，大州、縣視中學減半，小學四名或五名。康熙九年（1670年），大府、州、縣仍舊額，更定中學十二名，小學七名或八名。後屢有增廣」〔註63〕。清初對各儒學學額的規定大致如此，此外，順治四年（1647年）除對大、中、小學學額作了規定外，還對衛學學額作了限定，爲10人，增廣生額數與廩膳生相同。

　　清初，天津衛學基本沿用明制，但學額遵照清初的規定，爲廩膳生、增廣生各10名。至雍正二年（1724年），「令督撫會同學臣查明，實在人文最盛之州縣，題請小學改爲中學，中學改爲大學，大學照府學額取錄」〔註64〕。而後議定，天津衛等二十三州縣、衛所，「向係中學，今改爲大學，各取十八名」〔註65〕。後天津衛學先後變爲州學、府學，雍正十年，清政府議准：「隸新升之天津府，應照府學例取進童生二十名，於所屬州縣內考取撥入，設廩增各四十名，俟十二年後，照例一年一貢……又天津縣取進童生，仍照設州時舊額，文十八名、武十五名，廩增額數應照縣學例各二十名，兩年一貢，將原設州學廩增各三十名酌留二十名於縣學，餘撥入天津府學」〔註66〕。可見，天津儒學的學額雖然時有變更，但大體與清政府規定的州學、府學學額數相當。自府學、縣學兩級學校並行設立後，學額自然根據清政府的規定來實施，即如上所述，「天津府學，取進文武童生各二十名，設廩增各四十名；天津縣仍照州額取進文童十八名、武童十五名，設廩增各二十名」〔註67〕。

4.1.3.3 管理（學規）

　　明清兩代對儒學生員的管理，集中體現在兩朝分別頒發的臥碑文上。因爲臥碑的諸條文中，基本內容是學規，是對儒學生員的管理和限制，所以縱觀明清兩代對儒學生員的管理，基本都是以臥碑爲主要依據的。

〔註63〕《清史稿》卷160，選舉一。
〔註64〕（乾隆）《天津府志》卷9，學校志，第185頁。
〔註65〕（乾隆）《天津府志》卷9，學校志，第185頁。
〔註66〕（清）素爾訥：《學政全書》卷45，直隸學額，清乾隆三十九年武英殿刻本。
〔註67〕《清文獻通考》卷70，學校考，清文淵閣四庫全書本。

　　明洪武十五年（1382 年），「頒禁例於天下學校、鐫勒臥碑、置於明倫堂之左、永爲遵守」〔註68〕。此次頒發的臥碑文，共有十三條。臥碑文的第六、七條主要是針對教官及提調官設置的；第十二條的規定對儒學學生同樣適用，卻也並非完全針對儒學生員設定；剩餘四條與儒學生員沒有大的關聯；但臥碑文的前五條則是與儒學生員直接密切相關的，代表著統治階級管理儒學生員的意志和理念。從整個臥碑文來看，其主要內容與儒學管理，尤其是與儒學生員管理有著緊密聯繫。總結前五條臥碑文，我們可以得出這樣的結論：明代，政府主要從以下幾個方面來管理生員，即禁止生員出入衙門，參與訴訟；生員對「非爲」的父母有勸誡義務；嚴禁生員建言國家事務；確實有眞才實學的生員，經過層層審核，允許其講論治道，並予以錄用；生員要尊敬教師，如有疑問，要虛心請教，不可與老師辯難或將疑問置之不理；此外，如臥碑文第十二條所言，若有跡象表明有人觸犯「十惡之事」或干預朝政，眾人皆可奏報，也就是說，如果生員觸犯此條規定，可被奏報，亦或他人觸犯此條，生員也可奏報。由此可見，雖然臥碑文第三條明確規定生員不許建言軍民利病，但危害政權的事件，比任何事情都要嚴重，所以可以允許生員上奏。以上種種，無不反映出明政府想通過對生員的控制來達到統一思想、培養官吏、維護統治的國家意志。

　　除臥碑外，明代對儒學生員的管理還體現在其他一些規定上。如永樂三年（1405 年），就申明「師生每日清晨升堂、行恭揖禮畢、方退。晚亦如之。生員會食肄業、毋得出外游蕩」。正統六年（1441 年），下令提調官員置儒學生員簿，考其學業、學行，「其生員有奸詐頑僻、藐視師長、齟齬教法者、悉斥退爲民」。弘治十六年（1503 年）題准：「生員不拘廩增附學，敢有傲慢師長、挾制官府、敗倫傷化、結黨害人者，本學教官具呈該管官員，查究得實，依律問罪。合充吏者，發本布政司衙門充吏，役滿爲民當差」。嘉靖十年（1531 年），再次題准：「生員內有刁潑無恥之徒，號稱學霸，恣意非爲，及被提學考校，或訪察黜退，妄行訕毀，赴京奏擾者，奏詞立案不行。仍行巡按御史拿問」。〔註69〕以上明代各朝頒行的規定，充分展現了明代統治者對儒學生員行爲的管理和要求，這些規定與臥碑文，共同構成了明代儒學學規，對生員起著舉足輕重的管理作用。

〔註68〕《大明會典》卷78，學校，學規。
〔註69〕《大明會典》卷78，學校，學規。

　　清順治九年（1652 年），清政府頒臥碑於天下儒學，亦「置於明倫堂之左，曉示生員，永爲遵守」〔註70〕。從清代臥碑的內容看，其大體沿革明代，但比明代臥碑更全面、更具體。通過八個條款，來講明「學爲忠臣清官」的學習目的以及對生員的限制和要求。在此之後，康熙皇帝頒佈的《訓飭士子文》中對生員的諸多要求是與臥碑一致的，文中曰：「從來學者，先立品行，次及文學……苟行止有虧，雖讀書何益？若夫宅心弗淑，行己多愆；或蜚語流言，挾制官長；或隱糧包訟，出入公門；或唆撥奸猾，欺孤陵弱；或招呼朋類，結社邀盟。乃如之人，名教不容，鄉黨勿齒」〔註71〕。不管是臥碑或是《訓飭士子文》，其對生員限制最多的，即是不可干求官長、出入衙門，不許建言、結社、出版。出入衙門之禁，是專對當時生員風氣而提出的；至於建言、結社、出版之禁，則是針對有知識的生員階層而指定的，旨在完全剝奪生員的政治權利，壓制任何可能的反抗思想萌芽。制定臥碑的根本目的就在於此。清代臥碑的主要目的是限制生員的言行自由，而雍正三年（1725 年）的《御製朋黨論》，主要目的則是限制生員的思想、言論自由，企圖讓生員的思想與統治階級的思想相統一。總之，清代的臥碑和《御製朋黨論》，構成了清代儒學的學規，是管理儒學生員的基本依據。〔註72〕

　　如此一來，使得清代的生員管理制度顯現出這樣一個特徵，即在政治和經濟上給予各種優待的同時，限制其政治權利，防止其爲害鄉里，而這個生員管理制度中眞正關乎學校教育的內容卻微乎其微。很明顯，此管理制度的頒佈，其著眼點就在於鉗制生員的思想，防止生員階層的反抗，以穩定其統治〔註73〕。在清代，限制生員言行、言論及思想自由的制度，除臥碑外，還有其他。如順治九年（1652 年）議定，若生員「糾眾扛幫，聚至十人以上，罵詈官長，肆行無禮，爲首者照例問遣，其餘部分人數多少，盡行黜革爲民」〔註74〕。十六年（1659 年）又諭：「士習不端，結社訂盟，把持衙門，關說公事，相煽成風，著嚴行禁止。以後有犯者，該學臣即行黜革參奏，學臣徇隱，事發一體治罪」〔註75〕。雍正三年（1725 年），再次申明要嚴厲打擊生

〔註70〕　（雍正）《大清會典》卷75，學校一，學規，第4628頁。
〔註71〕　（雍正）《大清會典》卷75，學校一，學規，第4643、4644頁。
〔註72〕　馬鏞：《中國教育制度通史》第5卷（上），第154頁。
〔註73〕　馬鏞：《中國教育制度通史》第5卷（上），第162頁。
〔註74〕　（雍正）《大清會典》卷75，學校一，學規，第4630頁。
〔註75〕　（雍正）《大清會典》卷75，學校一，學規，第4633頁。

員集會、結社。論曰：「士子糾眾結社，於人心風俗，實有關係。嗣後除宿儒授徒講學，人數多寡，俱無庸議外，如有生監人等，假託文會，結盟聚黨，縱酒呼廬者，該地方官，即行拿究，申請黜革。其有遠集各府州縣之人，標立社名，論年序譜，放辟爲非者，照奸徒結盟律，分別首從治罪」〔註76〕。這些禁錮生員思想行爲、剝奪生員政治權利的做法，是清代封建專制統治在官學教育和管理中的集中體現。

明清兩代，學規均頒行於天下儒學，天津作爲畿輔重地，自然首當其衝，所以天津衛學（州學、府學）與天津縣學對其生員的管理，毋庸置疑也是嚴格遵從上述兩朝政府頒行的學規。

4.1.4 教學

4.1.4.1 教學內容

明清兩代各儒學的教學活動，都是根據政府對教學內容的規定而展開的。

明洪武二年（1369年），在下令郡縣立學校的詔書中，特別指出，儒學學者要「專治一經，以禮樂射御書數設科分教」〔註77〕。明代儒學的教學內容由此而設定，此後歷年，又根據需要，屢有變動。總之，無論從各朝政令、或是科舉考試內容，亦或各朝頒行的書籍中，我們都可看出明代儒學教學內容的大概。但值得注意的是，以上各項政令中對儒學教學內容的規定，大多是就府、州、縣學而言。作爲儒學分支的衛所學校，因生員構成與府、州、縣學有所不同等因素，其教學內容也與府、州、縣學有所差異。那麼，明代衛所學校的教學內容到底有哪些不同呢？翻看史料，我們就能從歷朝頒發的敕諭中看出些許端倪。首先，正統元年（1436年）頒發的敕諭中涉及到了衛所學校的教學內容，稱「武職子弟，令其習讀《武經七書》、《百將傳》及操習武藝，其中有能習舉業者，聽」〔註78〕。其次，在天順六年（1462年）及萬曆三年（1575年）的敕諭中，重申了此條規定。可見，明代對教學內容的設定也是因地、因時制宜的，這主要體現在不同地區儒學和不同類型儒學教學內容的差別上。對府、州、縣學及衛所儒學教學內容設置的不同，就體

〔註76〕（雍正）《大清會典》卷75，學校一，學規，第4637、4638頁。
〔註77〕《明太祖實錄》卷46，洪武二年十月辛卯。
〔註78〕《明英宗實錄》卷17，正統元年五月壬辰。

現出明政府對各儒學生員構成差異的關注及重視。始建於正統年間的天津衛學，其具體教學內容並未見諸於史冊，但根據上述的各朝政令，我們不難推測。

清代與明代不同，因爲清朝地方官學並沒有眞正意義上的教學活動，生員在學校的活動只是參加考試和聆聽政治、法律的講解而已。所以清代儒學生員文化知識的獲得絕大多數依靠自學。如此一來，清政府對儒學教育的控制，除了要依靠考試的導向作用，主要還依靠對地方儒學規定教材和頒發書籍。

順治九年（1652 年）題准：「說書以宋儒傳注爲宗，行文以典實純正爲尙。今後督學，將《四書》《五經》、《性理大全》、《蒙引》、《存疑》、《資治通鑒綱目》、《大學衍義》、《歷代名臣奏議》、《文章正宗》等書，責成提調、教官，課令生儒誦習講解，務俾淹貫三場，通曉古今，適於世用⋯⋯坊間書賈，止許刊行理學政治有益文業諸書，其他瑣語淫詞，及一切濫刻窗藝社稿，通行嚴禁，違者從重究治」〔註 79〕。此次是清政府首次規定了儒學生員的學習內容，與明代相比，規定的學習書目大致相同，所不同的是清政府更強調了生員的學習方向和目的。抵制坊間刊刻的瑣語淫詞是爲了端正生員的學習方向，並特別指明儒學生員學習的目的是應對科舉考試。康熙四十五年（1706 年），頒發聖諭曰：「《古文淵鑒》、《資治通鑒綱目》等書皆以刷印，頒賜大臣。此等書籍特爲士子學習有益而制，可速頒行直省，凡坊間書賈，有情願刊刻售賣者，聽其傳佈」〔註 80〕。這是清朝向直省儒學頒發書籍之始，此後，清政府又多次頒發書籍，以供儒學生員閱讀學習。所頒發的書，多爲清朝帝王的聖諭和文集等，雖然朝廷頒發書籍的根本目的在於統一思想，便於統治，但多次頒書，也在客觀上促進了地方儒學的發展，推動了文化教育的進步。

天津儒學是明清地方官辦儒學的重要部分，其教學活動的實施與開展都是在封建政府的指引和控制下進行的，教學內容自然不外乎上述所說。從一定程度上可以這樣講，正是因爲天津儒學遵照了封建政府對教學內容的規定，天津才能在明清，尤其是清代，取得了科舉上的重大成就，爲推動天津教育、豐富天津文化起到了至關重要的作用。

〔註 79〕 （康熙）《大清會典》卷 51，禮部，儀制清吏司，學校，考試。
〔註 80〕 （乾隆）《欽定大清會典則例》卷 69，禮部，儀制清吏司，學校二。

4.1.4.2 考課

　　自古以來，考試就是檢驗和保證教學成果的一種有效手段。尤其是明代確立了「科舉必由學校」的制度後，考試顯得更爲重要了。因爲對於明清兩代的儒學而言，考試的目的不再僅僅是檢驗和保證教學成果了，它更大的目的和意義在於，考試與科舉密切相關，除了關乎生員的等級升降，還關乎著歲貢生員及參加科舉生員的選拔等等。所以明清兩代統治者都十分注重對儒學學生的考試。

　　明代，地方儒學的考試一般分爲三種，即月考、季考和歲考。負責地方儒學生員考試的分別是儒學教官、府州縣官員以及監察御史或按察司官員。正統元年（1436 年）設立專職的提學官後，儒學考試開始接受提學官的統一管理。其中，月考由各儒學教官主持，季考則由各地方官員主持，每次的考試結果和優秀生員的試卷，要按時送至提學官處，除此之外，提學官還要負責所管轄地區儒學的歲考。至於對考試結果的評定，有史料記載如下，成化三年（1467 年），「令提學官躬歷各學、督率教官化導諸生。仍置簿考驗。其德行優、文藝贍、治事長者，列上等簿。或有德行而劣於經義，或有經義而短於治事者，列二等簿。經義雖優，治事雖長，而德行或缺者，列三等簿。歲課月考，循序而上，非上等不許科貢」〔註81〕。上述規定，不僅指明了考試的評定標準，還明確指出，只有在屢次的考試中名列上等的生員才可參加「科貢」，而這只是考試對生員的影響之一。在此之前，考試對生員的重要性和影響力就早已體現在各朝的政令中。洪武二十七年（1394 年）下令，生員「科舉歲貢，亦照編次起送」。此處的編次，應指學生的種類，即廩膳生、增廣生，而眾所周知，廩膳生和增廣生是按生員的考試成績隨時變動的。永樂二年（1404 年），「令增廣生員入學十年，若年二十之上，魯鈍不能行文者，充吏」。宣德三年（1428 年）奏准：「巡按御史會布按二司、并提調、教官，考試生員。廩膳十年之上，學無成效者，發附近布政司，直隸發附近府州充吏。六年以下，鄙猥無學者，追還廩米爲民」。至正統年間，亦多次令官員考試生員，令年齡在四十歲以上，不諳文理者充吏；令食廩膳十年以上的生員充吏，食廩膳六年以上的生員，送附近布政司；令在校十年以上的增廣生，送本布政司，在校六年以上且「鄙猥殘疾」的增廣生，罷黜爲民。後天順、成化年間亦有相關規定。明代就是依靠上述考試制度來篩選生員的。

〔註81〕《大明會典》卷78，學校。

　　清代儒學生員考試，與明代不盡相同。大體分為月考、季考、歲考、科考等幾種形式。如前所述，清代儒學的主要教學活動便是考試，即進行日常的月考和季考。由於考試是日常教學活動的一部分，與生員的「科貢」等並無太大關係，所以月考和季考缺課的現象就十分嚴重。為防止這一問題的發生，清政府多次下令，要嚴加考試生員，對無故不到者，要嚴加懲治，雍正年間規定三次考試不到者即黜革，但因缺考生員過多，所以在乾隆年間又將規定改為終年不到者，黜革。至嘉慶、道光年間，月考、季考逐漸廢弛，由於地方儒學日常講解政令、律例，檢查學生學業等教學活動，往往集中於月考、季考階段進行，而考試的廢弛，也直接導致了其他教學活動的廢弛，教育漸趨空疏。

　　相比月考、季考，清代的歲試與科試與生員關係更為密切，故而更受各方重視。清制，每三年，學政須巡視管轄範圍內的各個儒學，並分別主持一次歲試和一次科試。作為地方儒學最高級別的考試，歲試和科試對儒學生員的意義重大，分別意味著生員等級的升降以及能否獲得參加科舉的資格。至於歲、科兩試的內容，《清史稿》中有如下記載：「考試生員，舊例歲、科試俱《四書文》二、經文一。自有給燭之禁，例不出經題。雍正元年（1723年），科試增經文，多月一書、一經。六年（1728年），更定歲試兩書、一經，多月一書、一經。科試書一、經一、策一，多月減經文。乾隆二十三年（1758年），改歲試書一、經一，科試書一、策一、詩一，多月亦如之。欠考，勒限補行。三次，黜革。後寬其例，五次以上乃黜」〔註82〕。從其內容來看，與科舉考試頗為相近，所以，儒學生員〔註83〕的歲、科兩試可視作為科舉做準備。對待生員的考試結果，清政府也制訂了相應的獎懲辦法，進而建立起促進生員學習的競爭與激勵機制。針對生員歲試，清政府制訂了比明代更為繁密的「六等黜陟法」；針對生員科試，清政府也制訂了相應等級與相應的獎懲方式。

　　天津儒學的生員考試的具體狀況並無史料可考，但據明清兩朝全國各地儒學的生員考試狀況，可略知一二，在此不再多言。

〔註82〕《清史稿》卷106，選舉一，學校一。
〔註83〕根據清制，儒學生員除廩膳生和增廣生之外，還有初入學的附學生，以及因故受罰，只能穿青衣者，再有一種就是被罰發往社學的學生。他們一起參加歲、科兩試，並依據考試成績決定自己的升級、降級或是能否獲得參加科舉考試的資格。

4.1.5 經費

4.1.5.1 經費來源

　　經費是維持學校正常運行的基本保障，明清兩朝都在確立經費的相關制度上給予了學校教育大力支持。從經費來源來看，主要有三部分，一是政府撥款，二是各界捐款，三是學田收入。關於學田部分，將在下一小節中詳述，此處僅就前兩部分做一介紹。

　　明洪武十五年（1382 年），下令將地方儒學的經費正式納入國家財政的正常開支範圍內，規定向天下儒學「賜學糧，增師生廩膳」。並具體將府、州、縣學的學糧劃分爲三等，分別是「府學一千石，州學八百石，縣學六百石……各設吏一人，以司出納。師生月給廩米一石，教官俸如舊」〔註 84〕。這一制度，爲明代歷朝皇帝所沿用，是明代儒學的主要經費來源之一。明中葉之後，地方儒學才開始陸續增置學田，經費來源又增加一項。加之各個時期、各個地區、來自各界的捐款，使儒學的經費不斷增加，保障了明代儒學的開辦、運行和發展。

　　入清後，由於社會經濟的不斷發展，爲儒學的發展提供了更多的經費支持。總的來看，儒學的經費來源，與明代大體相同。政府撥款依然是儒學的主要經費來源，其他則以捐款、學田爲輔。關於生員廩膳的種類以及廩膳之款的來源，清政府規定：「各省府廳州縣衛，學生員有廩糧、膳夫銀，亦有給本色糧米者，數目多寡不齊，俱於編徵銀米內按名勻給。無額編者，動支地丁銀兩。遇有荒缺，按數撥補，免其攤扣，由州縣官造冊，申送學正查核，移知督撫題銷」〔註 85〕。對於儒學教官的俸祿及儒學生員的廩膳額數，順治四年（1647 年）作規定如下：「教授、學正、教諭、訓導俱照從九品支給俸薪。廩膳生每名歲給膳夫銀六十兩，廩生每名歲給廩糧銀十二兩，師生每人日給廩米一升，俱於存留項下支銷」〔註 86〕。此後數年間，多次更改和調整發給生員的廩膳款數，如順治十三年（1656 年），將生員的廩膳銀裁掉三分之二，順治十七年（1660 年），則令「廩糧銀仍舊全給」〔註87〕，即繼續遵行順治四年的做法。康熙元年（1662 年），再次裁減生員廩餼，下令取消膳夫銀，至於

〔註84〕　《明太祖實錄》卷 144，「洪武十五年四月丙戌」條。
〔註85〕　（嘉慶朝）《欽定大清會典》卷 12，戶部，尚書侍郎職掌三。
〔註86〕　（康熙）《大清會典》卷 36，戶部，廩祿、雜支。
〔註87〕　（康熙）《大清會典》卷 36，戶部，廩祿、雜支。

廩糧銀，也只給生員發放原來的三分之一，即四兩廩糧銀。康熙二十四年，又規定「廩生餼糧復給三分之一」〔註88〕。儘管政府撥發給儒學的經費款數時有變動，但它作為儒學經費主要來源的事實並未改變。

至於儒學經費的第二個主要來源——捐款，由於它無關乎政府的行為，完全是民間的個人行為，所以沒有政令或規律可循，捐款的群體和數量等因素也會因各地區具體生態環境的不同而各不相同。具體到天津地區而言，向儒學捐款的主要群體，在明代主要是官員和鄉紳耆老，在清代主要是官員、鹽商和鄉紳等。這些特殊群體對儒學的捐助數量，已不可考，但捐助的作用卻不可小視，它成為儒學修建和發展的重要保障，對整個天津地區教育的發展和文化的傳播起到了至關重要的作用。

4.1.5.2 經費用項

從上面的敘述中可得知，明清兩代儒學經費的主要來源有三個，那麼儒學經費具體用在哪些方面呢？首先，是發放學官的俸祿、廩膳生員的廩膳銀以及齋夫、膳夫、門斗、掌教、分教、學書等人的報酬。其次，是用於儒學的歲試和科試。再次，用於文廟、武廟的春秋兩祭。此外，貢生的盤費、花紅、旗扁銀；科舉文武生員的賓興、盤費、花紅、酒席銀；會試舉人的車駕銀；新中舉人、進士的牌坊銀；新中武舉人、武進士的旗扁銀等也是儒學經費的用度之一。

據《天津衛志》記載，明清兩代，天津儒學經費的具體分配數額如下：

> 教授，俸銀每年十九兩五錢二分，薪銀每年十二兩。以上二項共銀三十一兩五錢二分，順治十三年會議，俱作俸銀支領。

> 訓導，俸銀每年十九兩五錢二分，薪銀每年十二兩。以上二項共銀三十一兩五錢二分，順治十三年會議，俱作俸銀支領。康熙三年奉文裁汰訓導。

> 齋夫六名，每名歲支工食銀十二兩，共銀七十二兩。康熙三年奉文裁訓導齋夫三名，工食銀三十六兩。

> 廩膳生員三十名，每名月錢糧銀八錢六分，共銀三百九十兩六錢。順治十三年會議裁三分之二，銀二百六兩四錢解部存，支銀一百三兩二錢。康熙二年奉文裁廩不裁膳，又裁廩糧銀八十三兩二錢解部存，支膳夫銀二十兩。

〔註88〕（康熙）《大清會典》卷36，戶部，廩祿、雜支。

膳夫二名，每名歲支工食銀二十兩，共銀四十兩。順治十三年會議裁三分之二，銀二十六兩六錢六分七釐，未領，存；支銀十三兩三錢三分三釐。康熙三年奉文，訓導膳夫一名裁工食銀六兩六錢六釐五毫存，支銀六兩六錢六釐五毫。

門斗五名，掌教三名，分教二名，每名歲支工食銀六兩，共銀三十兩。康熙三年奉文裁訓導門斗二名，工食銀十二兩。

學書一名，歲支工食銀六兩。康熙元年會議全裁。

教官二員餵馬草料，每員歲支銀十二兩，共銀二十四兩。康熙三年奉文裁訓導餵馬草料銀十二兩。

以上教授俸銀、薪銀，齋夫、膳夫、門斗工食、餵馬草料等銀，俱係按季支領。

學院科、歲兩考，文武生童試卷、花紅等項，銀一百二十七兩四錢七分。順治十三年會議，裁花紅銀十三兩五錢五分，康熙六年奉部駁又裁半，銀五十六兩九錢六分解部存。支銀五十六兩九錢六分，三年一辦。

文廟春秋二大祭，銀四十三兩五錢。

武廟春秋二大祭，銀十八兩。

……

二年一辦：貢生盤費、花紅、旗扁銀四十兩，每年徵銀二十兩。

三年一辦：科舉文武生員賓興、盤費、花紅、酒席銀二百五十一兩，每年徵銀八十三兩六錢六分六釐七毫。康熙六年奉部駁，裁銀五十三兩五錢解部存，支銀三十兩一錢六分六釐七毫。三年一辦會試舉人每名車駕銀十兩，每年徵銀三兩三錢三分三釐三毫。

新中舉人，每名牌坊銀八十兩，每年徵銀二十六兩六錢六分六釐七毫。

新中進士，每名牌坊銀一百兩，每年徵銀三十三兩三錢三分三釐四毫。

新中武舉人，每名旗扁銀五兩，每年徵銀一兩六錢六分六釐六毫。

新中武進士，旗扁銀十兩，每年徵銀三兩三錢三分三釐三毫。

三年一辦，共銀四百五十六兩，每年徵銀一百五十二兩。〔註89〕

〔註89〕　（康熙）《天津衛志》卷2，賦役，官俸役食，第32、33頁。

　　根據現有史料，明清時期，天津儒學的經費支出情況大抵如此，而且這部分經費支出基本上是由官府直接支給的，用於儒學的正常運行。此外，在上述史料中尚未顯現出的一部分經費開支則是用於明清兩代歷次儒學的重新修葺，因為儒學重修的費用多來源於官員、鄉紳及商人、民眾的捐助，所以只能在零星的重修儒學的碑文記載中可以看到，雖捐助的具體數額大多模糊不清，但這部分捐助經費的獲得和使用，對天津儒學的發展來說是功不可沒的。具體捐學的人員、捐款的數量等情況詳見下表：

表 4.5　明清時期天津儒學捐學狀況表

時　間	捐款人及捐款數額	捐款用項
正統元年	衛指揮使朱勝捐出住宅一所	改建天津衛學宮
天順二年	戶部員外郎解延年首捐己俸為倡，又集三衛官僚各出俸有差，於是耆老若高仲良、蔣英、高冕輩聞之，遞相播告，以樂助之。	創建天津衛學兩廡。
萬曆二十九年	巡撫汪應蛟，首事學宮，估值捐俸而下之檄，為文武倡。	重修儒學
崇禎元年	天津道石聲諧，節縮八百餘金，不以自用而用以修學，更以俸贖佐之。	重修天津衛學宮
順治十年	巡鹽御史張中元，捐俸一百金，並前柱史楊公義二百金，為重修津學宮費，時總戎管公效忠、甘公應詳，計使君蘇公霖、陳公襄，鹽憲使徐公來麟，兵憲李公呈祥，鹽使者牛君藩、劉君進禮，各捐俸數百什金，又有顯人大賈暨本庠諸博士弟子員輩，俱各仰承上之德意，亦皆欣然輸助。	重修天津衛學宮
順治十六年	鹽運使盧絃倡捐重修	重修儒學
康熙八年	巡鹽御史李棠，首捐薄俸，自運使以下，聞風樂趨，諸紳士與慕義之民交相鼓勸。	重修儒學
康熙十二年	天津道薛柱斗，捐俸百金，先付匠石，後請以告諸郡邑長吏，相與協力。	重修儒學
雍正十一年	巡鹽御史鄂禮倡捐修葺	重修儒學
乾隆三年	知府程鳳文，急割俸錢若干，而益以廩膳羨賚	重修儒學
乾隆十六年	長蘆鹽運使盧見曾倡修，按察司副使董君承勳、知府熊君繹祖聞之，交贊其事……計財用之費，為金一千一百有奇。	重修儒學

資料來源：康熙《天津衛志》卷一《建置》、卷四《藝文》、乾隆《天津府志》卷九《學校志》、光緒《重修天津府志》卷三十五《學校》、嘉慶《長蘆鹽法志》卷十八《文藝》及卷十九《營建》、雍正《畿輔通志》卷二十八《學校》。

　　歷次捐學之見諸志書者，雖僅只見上表所示，但實際的捐學狀況應不止如此。

4.1.6 學田

　　明清兩代的地方儒學，經費來源除主要依靠政府撥款及官民等人的捐款之外，另一大來源即學田收入。至於學田的來源，也大抵分為官撥和民捐兩種類型。而學田的用途，無非是增加儒學經費，資助辦學，賑濟寒生、補貼膏火等等。清代時，政府還下令將學田租銀用在修學上，命「凡府州縣文廟、學宮，有應行修理之處，該地方官據實確估、詳明。巡撫、學正交與地方官，於學租銀內動支修理」〔註90〕。地方儒學的學田，屬府州縣官田的一部分，由州縣徵租，歸學政支配。其田與賦即在州縣田、賦之中，惟佃耕收租，以待學政檄發。間有山塘園屋，統名曰田，所收有銀有錢有糧，統名曰租。田之多寡，租之輕重，各學不一，舊無定額。地方儒學的學田，相當一部分是繼承了前代府州縣學的遺產，也有一部分是清朝地方添置的。順治元年（1644年），清朝剛剛定鼎燕京，便下令各直省置學田，賑濟各地方儒學的貧生，此後地方儒學的學田又陸續有所增置〔註91〕。各朝統治者也頗重視學田的作用，多次下令「額設學租，賑給廩生貧生」〔註92〕。康熙四十九年（1710年），再次復准：「各省額設學租，養贍貧士，遇蠲免之年，將積穀內，暫行支給」〔註93〕。可見，此時學田已成為保障各地方儒學順利興辦和發展的一項重要制度與措施。

　　史載，天津衛學（州學、府學）之學田有兩處：從《重修天津衛學宮碑記》的記載中，我們可以得知，崇禎元年（1628年），天津道石聲諧在捐資重修天津衛儒學後，「復捐十萬餘緡錢，為津創置雍陽邑腴田二百畝，用資寒生之弗能舉火婚葬者」〔註94〕。此即為天津儒學的第一處學田，其「坐落天津河北，共地八十一畝六分」〔註95〕；天津儒學的第二處學田，「坐落尖山莊，共地二十二頃五十畝」〔註96〕。上述兩處學田，只有位於尖山莊的學田可在

〔註90〕　（乾隆）《欽定大清會典則例》卷68，禮部，儀制清吏司，學校一。
〔註91〕　馬鏞：《中國教育制度通史》第5卷，第194頁。
〔註92〕　（嘉慶）《欽定大清會典》卷12，戶部，尚書侍郎職掌三。
〔註93〕　（雍正）《大清會典》卷54，戶部，廩祿，雜支。
〔註94〕　（康熙）《天津衛志》卷4，藝文上，重修天津衛學宮舊碑記，第80頁。
〔註95〕　（乾隆）《天津縣志》卷8，學校志，第83頁。
〔註96〕　（乾隆）《天津縣志》卷8，學校志，第83頁。

史籍上找到詳細記載，另一處學田的具體情況不可考。所以，下面僅將《天津衛志》中的《尖山學田記》附於後，以供參詳。

> 津學舊無田，有之自故明天啓年間，衛學生員侯倬置買靜海尖山莊小地二十六頃捐入本學，立爲學田。至本朝定鼎，經理無人，地多拋荒，順治三年間，網戶鄭和等圈去熟地三頃五十畝，下剩荒地二十二頃五十畝被民人劉官朦朧耕種。後於康熙五年間，衛學生員孫弼清等具控，撫學兩院批、津道毛（壽登）行、軍廳章（國佐）斷歸孫弼清等承種，嗣因孫弼清等又無力耕種，榛荒日久，康熙十四年三月間，本學教授張國寯同闔學生員陳曰俞等呈明，督學王批、津道薛行、軍廳顧斷歸儒學督理，闔學生員公中墾種；因係縣地，隨於康熙十五年五月內，用莊頭於文學之名赴靜海縣認墾小地十頃，轉報各衙門，蒙守道董批准歸入靜海縣十五年墾荒冊內彙報，應於康熙十八年起科，又於十五年十月二十七日蒙學院吳批該津道胡呈詳前事，蒙批開荒美政，取具佃戶領種，遵依免租之議姑如所請，上完國課，下賑貧生，查有侵漏，追奪充餉。康熙十六年七月內，本學教授張國寯同闔學生員又因奉旨清丈，不許隱漏，准開荒納糧，隨具通墾學田荒地情詞，將尖山莊下剩小地十二頃五十畝情願首報各憲通行認墾，現年起科，隨於十七年間已蒙靜海縣入冊徵糧訖。以上二項共小地二十二頃五十畝，內經本縣查明中地二頃，每畝徵銀七釐八毫，下地二十頃零五十畝，每畝徵銀五釐八毫，一應呈詳批查卷案俱存本學衙內，學田內分收籽粒每年除完納靜海正項錢糧外，遵奉撫學兩院憲批，修理文廟、賑濟貧生，務期有濟公務，以無負義捐辯歸諸人及各上臺培植至意。是爲記。[註97]

上述記載，較清晰的呈現了天津儒學學田的演變狀況及經營狀況，並明確指出，學田的作用是「上完國課，下賑貧生」，「修理文廟，有濟公務」。而此作用的最終目的無非是爲儒學培養人才，即「無負義捐辯歸諸人及各上臺培植至意」。

天津衛學（州學、府學），作爲官辦儒學，是天津最重要的教育機構，更是天津人才培養的最主要形式。以上文字，便是對明清兩代天津儒學狀況的一個綜述，分別從殿廡、學署的設置及重修、教官的任用及考核、生員的來

〔註97〕 （康熙）《天津衛志》，附錄，第88頁。

源、學額及管理、主要教學內容及考課、經費來源及用途、學田等方面來展現天津儒學的全貌。不論哪個方面，都是依據兩代各朝的政令，來決定和調整天津儒學的開辦和發展，正如其他類型的學校一樣，也是在政府政令的指導下來舉辦的，所以，上述如教官的任用、考核；生員的管理；教學內容；經費來源及用途等方面的政令和內容對武學、商學、屯學、書院等也同樣適用，因此，下文在介紹其他類型學校時，與儒學有所不同的地方筆者會詳述，與儒學相同的地方，筆者便不再贅述。

第二節　武　學

4.2.1 明清武學的興廢

　　《明史·選舉志》記載，洪武年間，始「置大寧等衛儒學，教武官子弟」。但此時的衛所儒學，雖然主要任務是教導武職子弟，但由於其屬於儒學教育體系，且學生也不僅僅限於武官子弟，故衛所儒學與武學有著根本區別。正統六年（1441 年），明英宗下令設立京衛武學，訓誨由成國公朱勇奏選的「驍勇都指揮等官五十一員，熟嫻騎射幼官一百員」，並且命令「都司、衛所應襲子弟年十歲以上者，提學官選送武學讀書，無武學者送衛學或附近儒學」〔註98〕。正統八年（1443 年），又「命建南京武學」〔註99〕。兩京京衛武學建立後，各地武學陸續設置，武學漸具規模。但「景泰間廢武學」〔註100〕，由於邊防多戰事，武學的學生因襲職或被調取徵操，實際在學肄業的學生所剩無幾，因此武學名存實亡，在這種情況下，京衛武學被革罷，此時，各地方武學，實際上也同時被廢止。停辦的武學至天順年間才得以復開。成化十三年（1477 年）八月，因武學廢弛，教官、生員缺員等問題，兵部右侍郎馬文升上奏並提出一系列建議，自此，武學教育漸入佳境，無論從武學建制上或是考核制度上，都漸趨正規化。崇禎十年（1637 年），再次命「天下府、州、縣學皆設武學生員，提學官一體考取……有不次擢用、黜退、送操、獎罰、激厲之法」〔註101〕。這或許是戰時重武的一個表現，但此時明代大勢已

〔註98〕《明史》卷 69，選舉一。
〔註99〕《明英宗實錄》卷 105，正統八年六月乙酉。
〔註100〕顧炎武：《日知錄》卷 17，清乾隆刻本。
〔註101〕《明史》卷 69，選舉一。

去，儘管如此強調武學教育，強調對武將的培養，但對於拯救明王朝來說已
是回天乏術。

　　清朝統治者崇尚文治，體現在教育上，具體表現爲採取了一系列偃武修
文的政策和措施。所以，終清一代，武學並沒有得到太大發展，而是在儒學
蓬勃發展的勢頭下，漸漸成爲依附於儒學的微不足道的教育形式。至雍正年
間，下令裁汰武學教官，「以儒學教官兼理武學」〔註102〕開始，武學實際上便
已名存實亡。除武生學習及考試內容與儒生略有不同外，在教官的考核任用、
生員的管理等方面與儒學已無顯著區別。

4.2.2 教官

　　明代武學中的教官設置，基本與府學相同，設有教授和訓導，但具體到
各邊衛武學，教官設置情況並不明朗。至於教官的選擇，也未見特別詳細的
規定，推想應該是明習兵書戰法的文職人員。〔註103〕

　　由於明代統治者對武學較爲重視，所以在武學教官的選拔、任用及考核
上也較爲嚴格。成化十三年（1477年），兵部右侍郎馬文升的奏議分別就選取
生員、選拔教官、考校等問題一一提出建議，憲宗對於這些建議多數採納，
惟對教官的選用問題上，駁回了馬文升「請選京官以公罪罷黜爲民而諳練武
事者，爲武學教官」的建議，特別強調吏部要「愼擇教官，其罰黜爲民者不
必用」〔註104〕。

　　從兵部尙書余子俊於成化十三年（1477年）的奏言中，我們可以看出
明代對武學教官進行考核的最基本標準是：「以所教出身多寡論功升降」
〔註105〕。即考核與科舉掛鉤，科舉考試中式生員的多寡，決定了教官的職位
升降。成化二十二年（1486年），兵部再次上奏：「教授等官，須下所司擇頗
通武經者用之。果教養有效，量加陞用，否則或降或黜。如此，庶教學者知
所懲勸，將來將才不至乏人」〔註106〕。雖然史料對武學教官的具體考核標準
沒有明確的記載，但通過上述奏言可知，武學教官的考核與儒學教官的考核
是極其相似的。

〔註102〕（雍正）《大清會典》卷75，禮部，儀制清吏司，學校一，提督學政。
〔註103〕吳宣德：《中國教育制度通史》第4卷，第420頁。
〔註104〕《明憲宗實錄》卷169，成化十三年八月戊申。
〔註105〕《明憲宗實錄》卷173，成化十三年十二月庚申。
〔註106〕《明憲宗實錄》卷281，成化二十二年八月丁亥。

清初，武學教官設置沿襲明代，設有教授和訓導。順治二年（1645 年），
「裁武學訓導二人」〔註107〕；康熙十五年，「復設武學訓導一人」〔註108〕；
至雍正四年，徹底「裁武學教授、訓導」〔註109〕。具體政令如下：「府州縣衛，
俱以儒學教官兼理武學……原設武學官役，概行裁去，其現任武學教授、訓
導，俱令離任，各照原品，另行補用」〔註110〕。所以說，清代武學教官，尤
其在雍正後，教官的選用、考核與地方儒學基本相同，此處不再贅述。

4.2.3 生員

　　關於武學生員的來源、考試、學額、管理等方面的內容，史料大都圍繞
京衛武學展開，對地方武學生員狀況則缺乏詳細記載。

　　因明代武學的主要職能在於使一些已具有一定職銜的軍官獲得進一步的
系統訓練，而並非培養普通士兵或民眾。因此，明代武學的學生來源主要是，
武職官員的應襲子弟。成化十三年（1477 年），兵部尚書余子俊建言，設置武
學乃當務之急，「乞敕總兵提督官選各營武職年二十五以下，無論教指揮、指
揮、千百戶，非係把總管操者及都督指揮、指揮應襲子，俱入武學肄業，不
妨操練。二十五歲以上願入學者聽」，又「請行各處提調學校官，選武官及戎
家子弟三十名入本處學習武藝」，並「專委總兵一人，同本部侍郎一人以朔望
至學考校，以行賞罰」〔註111〕。此奏言中，大概表明了明代武學生員的招收
範圍和資格。至萬曆年間，又規定：武學每年只許招生一次，所招收者，必
須真正屬於幼官、應襲以及捨餘系現任武官的親弟親男〔註112〕，由此可以看
出，明代對武學生員的來源和招收資格的限定是相當嚴格的。

　　武學學生的考核方面，在兵部尚書余子俊的奏章中也有涉及，他認為，
應「於內外文武臣內推文武兼備一員，五日一次詣學教演。每月朔望後一日，
各營總兵輪一員同本部堂上官一員考試。諸生中，某能對策，某能騎射，附
注紀錄，歲終檢閱奏聞。某可以為將，可以坐營，可以守備，待以不次之擢」
〔註113〕。成化二十二年（1486 年），兵部再次上奏，稱：「武學幼官、武生久

〔註107〕（乾隆）《欽定大清會典則例》卷3，吏部，文選清吏司，官制。
〔註108〕（乾隆）《欽定大清會典則例》卷3，吏部，文選清吏司，官制。
〔註109〕（乾隆）《欽定大清會典則例》卷3，吏部，文選清吏司，官制。
〔註110〕（雍正）《大清會典》卷75，禮部，儀制清吏司，學校一，提督學政。
〔註111〕《明憲宗實錄》卷169，成化十三年八月戊申。
〔註112〕吳宣德：《中國教育制度通史》第4卷，第422頁。
〔註113〕《明憲宗實錄》卷173，成化十三年十二月庚申。

未選用，賢否部分，非作養初意。請會各營總兵官，擇其策略、弓馬優者一、二十人送各營各衛，俟有坐營把總及掌印軍政員缺以次補之。其武生候襲代之日，如例補用。餘十年以上不堪作養者，宜悉黜之。又自後，官生累次逃學者，量情究治，仍追已給月廩，依例送操」〔註114〕。而武學學生的管理方面，明政府則規定武學「春、夏、秋月每日辰時初刻入學，至未時末散，冬月申時散」，另「置『紀過簿』一扇，都指揮等官有犯學規者，學官以言訓飭，不從者，明書其過，三次不該，具呈總兵官處，隨宜懲戒。其餘幼官、子弟有犯，量情責罰」〔註115〕。至於明代武學的學額，並無統一規定，各地不一。學生的待遇方面，則爲每人每月廩米 3 斗。

　　清代武學衰頹不興，其學生狀況也大多語焉不詳。關於武生的考較，順治九年議定，「於考較文生童後踵行，無武學處，俱附文學教官管理……其降黜劣行事宜，俱照文生例行」〔註116〕。雍正後，「武生附儒學，通稱武生……學政三年一考，考試分內、外場。先外場騎射，次內場策論。歲試列一、二等，准作科舉。故武生有歲試無科試」〔註117〕。

4.2.4　教學內容

　　明正統六年（1441 年），對武學的教學內容做出了詳細規定，稱「幼官及武職子弟所讀之書，《小學》、《論語》、《孟子》、《大學》內一本；《武經》、《七書》、《百將傳》內一本，每日總授不過二百字。有志者，不拘。必須熟讀，三日一溫，就於所讀書內取一節，誦說大義，使之通曉」〔註118〕。而對於都指揮等官，則由教官講授《武臣大誥》、《歷代臣鑒》、《百將傳》及古今名臣的嘉言善行。除誦習以上規定書本外，武學的另一重要教學內容便是練習騎射、操練武藝。成化元年（1465 年）規定，每月的初二、十六日，武學教官須率幼官子弟在城外空地演習弓馬；又規定幼官武生在肄業外，每五日習演弓馬。以上所講明代武學的教學內容在明代的武學教學中變化不多，即使有變化也均是在此基礎上的細微變化。

　　關於清代武生的學習內容，《清史稿》中這樣敘述：「直省府、州、縣、

〔註114〕《明憲宗實錄》卷281，成化二十二年八月丁亥。
〔註115〕《明英宗實錄》卷81，正統六年七月壬寅。
〔註116〕（康熙）《大清會典》卷106，兵部，武庫清吏司，武舉武生。
〔註117〕《清史稿》卷106，選舉一。
〔註118〕《明英宗實錄》卷81，正統六年七月壬寅。

衛武生，儒學教官兼轄之。騎射外，教以《武經》、《七書》、《百將傳》及《孝經》、《四書》」〔註 119〕。除教授上述書籍，使武生通曉大義外，清政府還令「該管官將各學射圃修葺，置備弓矢。教官率生員、武生較射，以飭武備」〔註 120〕。由此看來，清代武學的教學內容和形式大體沿革明代。

4.2.5 天津衛武學〔註 121〕

　　明代，天津設有武學，武學設在武廟內，而武廟最初設在天津衛城「西南城角樓上」〔註 122〕，「供享春、秋二祭」〔註 123〕，萬曆四十年（1612 年），由「天津道高邦佐移建城內西北隅，三衛掌印指揮張文學、趙如祖、楊大慶監修」〔註 124〕。明清兩代，見諸於史料記載的武廟重修共有五次，具體情況見下表：

表 4.6　明清時期歷次重修天津武廟表

時　間	倡　修　者	修繕資金來源	修繕成果
萬曆四十年	天津道高邦佐	不詳	將武廟移於城內西北隅
順治八年	天津鎮總兵官，管效忠（滿洲人）	管效忠首倡捐俸，兼藉道司鑾儀，各營及鹽商協力輸助。	武廟煥然改色。
康熙二年春三月	天津整飭道副使，楊廷錦、天津鎮總兵官，李克德（滿洲人）	楊廷錦、李克德與同事諸君咸捐俸共向厥舉。	重修後，堂廡廠然，廟貌儼矗。
雍正十一年	鹽院鄂禮、知府李梅賓重修	不詳	不詳
乾隆十七年	長蘆鹽運使，盧見曾	不詳（此番重修始於乾隆十七年四月庚子，竣於七月庚午，計費白金九百五十有奇。）	不詳

資料來源：（康熙）《天津衛志》卷 4《藝文》；（民國）《天津縣新志》卷 24《碑刻（二）》；盧見曾《雅雨堂集》文集卷 3《重修天津府武廟碑記》。

　　天津武學的存在時間並不長，乾隆年間長蘆鹽運使盧見曾重修武廟之時，武廟內已無武學之設。因為天津武學在雍正年間就已被裁撤，並歸於

〔註 119〕《清史稿》卷 106，選舉一。
〔註 120〕（康熙）《大清會典》卷 106，兵部，武庫清吏司，武舉武生。
〔註 121〕（明）佚名：《大明官制》卷 1，京師，明萬曆刻皇明制書本。
〔註 122〕王守恂：《天津政俗沿革記》卷 10，文化，儒學二，第 44 頁。
〔註 123〕（康熙）《天津衛志》卷 3，崇祀，第 51 頁。
〔註 124〕王守恂：《天津政俗沿革記》，第 44 頁；（乾隆）《天津縣志》，第 83 頁。

儒學，自此，文武生童皆隸於儒學管理，武學退出了天津古代教育的歷史舞臺。

天津武學殿廡及學署的建築如下：武成王殿三間、東廡三間、西廡三間、仰聖門三間、東名宦祠三間（康熙年間已廢）、西鄉祠三間（康熙年間已廢）、腳門二座、櫺星門三間、啓聖祠三間（康熙年間已廢）、明倫堂三間、儲英毓秀齋三間、進德修業齋三間、涼亭一座、更衣廳三間、大門三間、二門三間、照壁一座、牌坊二間〔註125〕。以上建築在武學裁歸儒學後，俱廢。

天津武學初設時，「每三歲試騎射、論策，選數十人入學，選舉武舉一員訓之，名曰科正，試事專董於兵備，不隸學使者，武生能文，中學院試者，復得進儒學，此武學之初制也。後裁科正，武生試事改隸於學院，中式者改進儒學」〔註126〕。從此段敘述中我們可對天津武學的武生額數、教官的選擇和任用、武生的考試等狀況有個大致的瞭解。天津武學的教官為「科正」，從武舉人中選取，人數為一名，職責是訓導、訓練武生。見諸天津史志的明代天津武學科正共有四位，分別是李際陽（一作李際楊）、孫炎龍、楊雲龍、吳道昌，其具體任職年份失載，此外，在《餉撫疏草》中，還提及另一位，稱：「天津三衛武學科正、所鎮撫方應聘，飲冰茹蘗，敦禮說詩，談兵氣凜風霜，造士門盈桃李」〔註127〕。清代武學教官亦不可考。裁撤武學後，科正相應被裁退，武生歸儒學教官統一管理。武生的學額沒有明確記載，僅言「數十人」，據此說法推斷，天津武學的武生人數至少應有二十名。至於武生考試，內容分為騎射和策論兩部分，武學初設時，考試歸「兵備」管理，後來才「改隸於學院」管理。此外，值得一提的是，武生中成績優異，且通過「學院試」者，可進入儒學學習。這一規定的提出，充分顯示了統治者文武並重，尤其重文的特點。

以上便是史料中對天津武學的記載，從寥寥文字中，我們能獲知的武學狀況極為有限，其他若干與武學相關的情況，如教官考核與管理，生員的來源、待遇、管理，具體教學內容等狀況的獲得，只能依靠本節開始對明清兩代武學整體狀況的敘述來推斷。雖然天津武學在明清天津歷史中存在的時間

〔註125〕（康熙）《天津衛志》，第51頁；（乾隆）《天津縣志》，第84頁。
〔註126〕王守恂：《天津政俗沿革記》，第44頁。
〔註127〕（明）畢自嚴：《餉撫疏草》卷7，《薦舉將材疏》，明天啓刻本。

並不長，但作爲一種專門培養軍事人才的教育機構，它的存在豐富了天津古代教育形式，使得天津人才的培養更加多樣化，爲天津地區的人才培養和天津的古代教育做出了不可磨滅的貢獻。

第三節　商　學

4.3.1 天津商學的由來及發展

　　明清時期，工商業獲得了極大發展，由於商業、鹽業本身的運作特點等諸多原因，使得各地「商人多非土著，籍不隸於有司」〔註128〕，而「灶戶辦課急公，尤宜優恤」〔註129〕，故「特另編商灶籍」〔註130〕。由此看見，商籍其實是爲在外經商的商人及其子弟而設；而灶籍，顧名思義，是專爲從事煮鹽的人戶及其子弟而設。

　　由於天津獨特而優越的地理位置，天津商業在明清時期蓬勃發展，外來的商業人口也逐漸增多；天津鹽業更是成爲天津經濟發展最重要的支柱之一，鹽商增加、鹽業擴張的狀況下，灶戶勢必增加。在此情形下，爲了保障外來商人之子弟及灶戶之子弟接受教育的權利，且避免佔用天津本地生童的學額，專「爲商灶兩籍而設」〔註131〕的商學應運而生，目的在於「俾商灶子弟得與考試，蓋作養人才之意」〔註132〕。

　　明萬曆二十年（1592 年），長蘆御史黃卷據運司俞嘉言詳議奏請，設立長蘆運學，即爲專門接收商灶兩籍子弟入學的商學。但此學設立時間並不長，隨即被廢止。因此明代長蘆運學的狀況大多無史料可考，以下對商學的介紹多以清代爲主。且據舊志，其地大約在滄州，恐與天津沒有太大的關係。縱觀明代天津考取功名有名可查者，非官生即軍生（即官籍與軍籍），沒有一個是出身商、灶兩籍者。但天津既爲小直沽批驗所所在地，附近又有三叉沽鹽場，是否就與天津毫無關係也未可知〔註133〕。

　　清順治十一年（1654），首次確立商學之制，下令「商籍生員，長蘆鹽運

〔註128〕王守恂：《天津政俗沿革記》，第 44 頁。
〔註129〕（乾隆）《天津縣志》，第 84 頁。
〔註130〕王守恂：《天津政俗沿革記》，第 44 頁。
〔註131〕王守恂：《天津政俗沿革記》，第 44 頁。
〔註132〕（乾隆）《天津縣志》，第 84 頁。
〔註133〕《天津通志・基礎教育志》，第 95、96 頁。

使司所屬，在直隸者附河間府學」〔註134〕。雍正十年（1732年），直隸總督劉於義奏稱：「天津滄州等處，商灶兩籍童生，……曩因滄津二州，爲河間所屬，是以寄於河間府學。今滄津二州縣俱改隸天津府，所有商灶二籍應請另設商學」〔註135〕，奏請得以獲准，清政府下令：「直隸天津、滄州二州縣，改隸天津府，其商灶二籍另立商學……其現在河間府學之商灶籍生員，悉行改歸天津府學」〔註136〕，商學自此「改附天津府學考課」〔註137〕。

4.3.2 教官、生員

因明代長蘆運學的存在時間較短，所以相關記載並不多見。對於學校教官，只知道有「教、職二員」〔註138〕，其他情況均已無從考察。清代，商學先是附於河間府學，後又改附於天津府學，其本身並未另設教官，只是先後歸兩所府學管轄，府學的教官同時負責商灶兩籍生員的教育與考課等。

設立之初，商學學額爲文、武生各十二名，其中商、灶兩籍名額均分，各占六名。康熙四十年（1701年），巡鹽御史劉灝提請增加商學學額，未獲准。康熙五十二年（1713年），逢皇帝六十大壽，特開鄉會恩科，長蘆商學學額變爲文生十四名，商、灶兩籍各占七名，武生學額不變，仍爲十二名。在雍正十年（1732年）直隸總督劉於義的奏請中，也涉及了商學學額，稱「天津滄州等處，商灶兩籍童生，曩繫考入河間府學額，進文童二十三名，內商灶二籍共取一十五名。武童二十名，連裁京衛，分加十五名，共三十五名，內商灶二籍共取一十三名」〔註139〕。商學改歸天津府學後，亦應「照例取商籍文童八名、灶籍文童七名，商籍武童七名、灶籍武童六名，不必另設教官，即令天津府學就近管轄督率。其現在河間府學，商灶二籍生員悉行改歸商學，其廩增闕各該二十名」〔註140〕。上述獲准的奏議中敘述的情況說明，康熙五十二年後，商學學額又有所增加，文武生童較之以前各增加一名，分別爲：文生十五名，商籍八名、灶籍七名；武生十三名，商籍七名，灶籍六名。乾嘉時期，高宗與仁宗多次巡幸天津，在召見並賞賜鹽商的同時，又屢次增加

〔註134〕（乾隆）《欽定大清會典則例》卷68，禮部，儀制清吏司，學校一。
〔註135〕（嘉慶）《長蘆鹽法志》卷17，清嘉慶刻本。
〔註136〕（清）素爾訥：《學政全書》卷62，商籍學額，清乾隆三十九年武英殿刻本。
〔註137〕（乾隆）《欽定大清會典則例》卷68，禮部，儀制清吏司，學校一。
〔註138〕（乾隆）《天津縣志》，第84頁。
〔註139〕（嘉慶）《長蘆鹽法志》卷17，清嘉慶刻本。
〔註140〕（嘉慶）《長蘆鹽法志》卷17，清嘉慶刻本。

天津商學的學額，具體如下表：

表 4.7 清乾嘉時期增商學學額情況表

時　　　間	增加學額數
乾隆二十七年正月	廣入學額五名
乾隆三十五年三月	廣入學額五名
乾隆四十一年二月	廣入學額五名
乾隆五十三年二月	廣入學額五名
乾隆五十五年四月	廣入學額五名
嘉慶十三年三月	廣入學額五名

資料來源：(民國)《天津縣新志》卷首，《巡幸》。

關於商灶兩籍生童考試，史料稱，最初「其試由鹽道考試，不經地方官」〔註141〕。雍正七年（1729 年），學院楊超曾因「商灶童生每試有借給納課印票」〔註142〕等問題上奏後，「改由地方官查明收考，錄送鹽道，再送學政匯考」〔註143〕。商灶兩籍生員在學期間的考試，歸府學教官負責，規定教官應：「月課互結……照民籍生員之例，一體稽查考課」〔註144〕。

商灶子弟的待遇問題，清雍正十年（1732 年）題准，「其廩生膏火有資，無庸給與廩餼，仍盡先補者各留二十名，餘俱改為候廩、候增，歲科二試考居優等者，准其照例補實。遇出貢之年，仍准照例出貢」〔註145〕。可見，商學的教育經費以及發放給生員的廩餼，主要來自於鹽運署自身籌措的資金以及商學自有的學田。

4.3.3 學田

據史載，商學學田有二。

其一在青縣守禦所地方彭家莊，共計田畝一頃九十九畝三分五釐六毫。

〔註141〕王守恂：《天津政俗沿革記》，第 44 頁。
〔註142〕（嘉慶）《長蘆鹽法志》卷 17，清嘉慶刻本。
〔註143〕王守恂：《天津政俗沿革記》，第 44 頁。
〔註144〕（嘉慶）《長蘆鹽法志》卷 17，清嘉慶刻本。
〔註145〕（清）素爾訥：《學政全書》卷 62，商籍學額，清乾隆三十九年武英殿刻本；（嘉慶）《欽定大清會典事例，卷 305，禮部，學校，商籍學額。

此學田為長蘆巡鹽御史余懋衡、運同馮學易、滄州知州何應彪於明萬曆三十三年（1605 年）十一月置買，「以周士之貧不能自給者」〔註146〕。此田東至滄州河西岸，西至高家莊，南至揚州莊，北至八里莊，「原田價銀九十四兩九錢五分」〔註147〕。

其二在滄州塞里莊，共計學田二頃五十畝。順治三年（1646 年）置。由佃戶王鑽承種，每歲交納租銀「一十二兩到州，申解鹽院，仍發州轉發該學」〔註148〕。然後，再由學校將學生劃分為極貧生、次貧生，並據此頒發膏火。因為「此學田年代久遠，無案可查，不知係何人置買」〔註149〕。

此外，據《滄州續志》載，順治九年（1652 年），巡鹽御史張中元「發坨租銀二百五十兩買塞里莊腴田二頃五十畝」〔註150〕，以資商學。其學田地、田畝數與上述所講位於青縣的學田相同，有志書誤載的嫌疑，但因年份不同，故特此記之，以待考證。

以上即為明清兩代天津地區商學（運學）的概況，它興起於明代，發展於清代。其主要依附於府學，教學、管理、考核等內容應與儒學並無大異，但因招收的群體僅限於商灶兩籍，而成為教育史上極具特色的教育形式之一。而這種教育形式在天津興起並不意外，因為明清時期，尤其是清朝時期，天津是長蘆鹽的運銷中心，商業飛躍發展。不斷增加的商學學額，也足以表明清代天津地區鹽商、灶戶勢力的壯大。而且，商學的設立，無疑對商灶兩籍文化素質的提高大有裨益。

第四節 屯 學

4.4.1 屯學的由來及發展

所謂屯學，是一種比較特殊的教育形式，是指由屯田活動而組織起來的一種學校教育，主要為供屯農子弟學習而設，目的在於「以耕讀之令名，成教養之實事」〔註151〕。明朝末年，國庫空虛，北方連年戰事不斷，為了籌措

〔註146〕（乾隆）《天津縣志》，第 84 頁。
〔註147〕（乾隆）《天津縣志》，第 84 頁。
〔註148〕（乾隆）《天津縣志》，第 84 頁。
〔註149〕（乾隆）《天津縣志》，第 84 頁。
〔註150〕（乾隆）《天津府志》，第 187 頁。
〔註151〕左光斗：《左忠毅公集》卷 2，奏疏，地方興化有機疏，清康熙刻本。

軍餉、恢復經濟，在大臣的建議下，政府採取政策，通過在北方興修屯田來緩解各方壓力。一時間，北方屯田大興。此時，天津作爲京畿重地以及通往遼東的要道，在軍事上的地位日益突出，駐守的軍人也不斷增加。所以，爲了解決天津駐軍糧餉及防務等等的需要，在天津實行了廣泛的屯田，天津屯田自此興起。其中影響較大的是萬曆年間汪應蛟興辦的屯田以及天啓年間左光斗、董應舉等人主持的屯田活動。但由於初創艱難、招徠無人等原因，這兩次屯田均表現出了時興時廢的特徵，儘管如此，這兩次屯田活動無疑爲以後天津土地開發及教育發展帶來了重大影響。而對教育發展的影響則主要表現在屯學的興建上，屯學的設立則又主要歸功於左光斗。

　　天啓初年，明政府委派左光斗出任御史，負責天津屯政。隨後，左光斗即上奏，建議在北方興修水利、推廣屯田。認爲「屯之廢在北人不知力田，不力田在不知水利，不知水利在不知勸相之方」〔註152〕，並針對屯政提出「三因十四議」，其中之一爲「四民之業，迭相爲用，南方士子，不得志有司，則棄爲胥史，舞文犯科往往此輩。若仿漢世力田之科，令墾田若干畝，許令占籍，而又不礙地方本額，且令官司與之講明水學。如胡瑗之教授門人，不猶愈於白鏹而鬻青衿者乎，蓋先師與后稷並位，勝與猗頓爭坐也，則力田之科當議也」〔註153〕。此條建議充分顯示了左光斗「以屯占籍」的思想，用「占籍」之法吸引不得志的南方士子至北方進行屯田，既可以「積粟」，又可以「儲材」，實爲一舉兩得之法。之後，又恐「零星開墾，其制不能久」〔註154〕，遂又上奏，復請設屯學，認爲「欲闢永久之利，莫若開功名之途。國家衛有學，是軍之子得爲士；運司有學，是商之子得爲士。今誠仿漢力田科，以田爲殿最，俾火耕水耨之子，亦得與圜橋觀聽之榮」〔註155〕。可見，興辦屯學、開科取士在左光斗看來是解決屯農子弟讀書問題，保障屯田順利進行的關鍵和重要方法。於是，在左光斗的奏請下，經明朝政府批准，由盧觀象主持在天津創立了「屯學」。〔註156〕

〔註152〕左光斗：《左忠毅公集》卷5，明都察院左僉都御使贈太子少保都察院右副都御使諡忠毅左公神道碑。

〔註153〕左光斗：《左忠毅公集》卷2，奏疏，足餉無過屯田疏。

〔註154〕馬其昶：《左忠毅公年譜定本》卷下，清光緒集虛草堂叢書本。

〔註155〕馬其昶：《左忠毅公年譜定本》卷下，清光緒集虛草堂叢書本。

〔註156〕《明史》卷77，志第53；（清）王頌蔚：《明史考證攟逸》卷24，《左光斗傳》，民國嘉業堂叢書本；（清）嵇璜：《續通典》卷6，食貨，清文淵閣四庫全書本；（清）嵇璜：《續文獻通考》卷5，田賦考，清文淵閣四庫全書本。

　　天津屯學之設，目標明確，即爲「儲材積粟，以廣文教，以訓武備」
〔註157〕。對於辦學方法，左光斗也有很明確的設計。大體爲：「先授以田百
畝，給以武生衣巾，使之且耕、且讀、且射。寄學之後，文藝有長、力田有
加，收之庠，業益進而不已，土益闢而功多，即就田之入餼之庠。從此而開
貢，從此而登科。總以耕讀之令名，成教養之實事。使業傳之無窮，而利收
於未艾。做法日廣、教訓歲深。即不盡爲操弧射策之名儒。久之必多馳驅禦
侮之材士矣」〔註158〕。其具體的做法如下：

　　其一，屯學生員入學之前，要接受考試，考試內容有二，其一試其文理、
其二試其騎射，若果堪作養，便上報收錄。屯童入學後，即免除「雜泛差役」，
並「給武生衣巾，授田百畝使自耕之，每畝歲納租一石」〔註159〕，若有屯童
不習慣種水田，可暫時給與水田五十畝、白田五十畝，各收租五十石，共計
一百石。其後，「隨年之豐儉，官生兩分之，歲以爲常」〔註160〕。

　　其二，屯學武生中，若有「文藝優長」、「願赴文試者」，在科考之年，可
免其縣試和府試，「造冊徑送」。其卷面注明「屯」字號，武生之文理考試參
照文童考試進行，「資質可進者，准與入學」〔註161〕，充附學生。

　　其三、屯學生員亦分爲廩膳生、增廣生和附學生。生員入學後，「補附、
補增、補廩一視衛學例」〔註162〕。廩膳生與增廣生的額數俱照衛學設置。如
前所述，明初天津衛學的廩增額數分別爲 20 名，至萬曆四十六年（1618 年），
經多次呈請，衛學學額分別增加至 30 名，據此，屯學的學額即爲廩膳生 30
名、增廣生 30 名。廩膳生廩糧的發放，參照衛學，廩糧的來源爲屯田田租之
收入，「月糧給以本色，每月稻穀二石」。遇考試之年，照衛學之例補廩補增，
即附學生考居一等者，補廩膳生；考居二等者，補增廣生。食廩二十年以上
者，可以出貢，「俟其人文漸盛，挨次出序」〔註163〕。

　　其四、屯學生員，可參加科舉。「每生員十名，准作科舉一名，以勵其
進」。由屯學的學額可推斷，科考之年，應有三人參加科舉考試，至於取中的

〔註157〕左光斗：《左忠毅公集》卷 2，奏疏，地方興化有機疏。
〔註158〕左光斗：《左忠毅公集》卷 2，奏疏，地方興化有機疏。
〔註159〕《明熹宗實錄》卷 26，天啓二年九月甲午。
〔註160〕左光斗：《左忠毅公集》卷 2，奏疏，地方興化有機疏。
〔註161〕左光斗：《左忠毅公集》卷 2，奏疏，地方興化有機疏。
〔註162〕《明熹宗實錄》卷 26，天啓二年九月甲午。
〔註163〕左光斗：《左忠毅公集》卷 2，奏疏，地方興化有機疏。

額數，「是在上裁……尤未可輕議」〔註164〕。

其五、屯學武生，遇武科之年，願就武試者，免其府試。若中試後，「如再加墾水田，聽屯院咨部給箚聽用」〔註165〕。

其六、因屯田而組織起來的屯學，對南北之人無所限制，即所謂「不必拘南北遠近」〔註166〕。全國各地，但凡有願意入屯學占籍之人，均可「令收試入學附籍」。入籍後，即爲「土著」之人，萬萬不可「加重以苦遠人……以冒籍啓爭」〔註167〕。

其七、設立屯學所用之經費，俱由屯官籌措，「不必動官糈」〔註168〕。屯學學舍也不必另建，其可附於天津衛學，「視衛學運學一體舉行」〔註169〕。至於教官，亦「不必更添教職」〔註170〕，屯學的一切管理，可交由儒學教官一併負責。由此看見，所謂天津屯學，實「有立學之名」，而「無添學之實」，這樣，既節省了辦學經費，又不耽誤對屯農子弟的培養，可謂一舉兩得。

以上七條便是左光斗創辦屯學的思路，分別從生員考試、應舉；生員來源、額數、待遇；屯學學舍、經費、教官等眾多方面爲屯學之創立做出了明確的規劃，而天津屯學也正是在這些規劃的指導下按部就班的舉行，因此，上述內容也可視爲是天津屯學的具體興辦狀況。此外，天津屯學，雖名爲屯學，教育的對象也是屯農子弟，但屯學生員的學習內容跟儒學生員大體相同，以讀經、論策爲主要內容，兼習騎射。

入清，政府繼續推行了一系列的屯田政策。清乾隆年間，也有興辦屯田的相關政策，因考慮到「屯丁多散勇游民，必皆強悍」，爲防止有內亂發生，乾隆下令「屯丁就居成堡……守望相資、每歲就試。於官善操者給之頂戴，臨戰別立爲屯軍，屯規既定，家室能安，即宜按堡以興屯學，勸令子弟讀書考試，化其獷悍，而戢其邪心，亦屯政中之急務也」〔註171〕。可見，清代對屯田、屯學的作用是相當重視的。天津屯務在上述政策的促進下也有所發展，如康熙年間，藍理在天津城南海光寺附近舉辦屯田，時稱「藍田」；雍正年間，

〔註164〕左光斗：《左忠毅公集》卷2，奏疏，地方興化有機疏。

〔註165〕左光斗：《左忠毅公集》卷2，奏疏，地方興化有機疏。

〔註166〕《明熹宗實錄》卷26，天啓二年九月甲午。

〔註167〕左光斗：《左忠毅公集》卷2，奏疏，地方興化有機疏。

〔註168〕《明熹宗實錄》卷26，天啓二年九月甲午。

〔註169〕左光斗：《左忠毅公集》卷2，奏疏，地方興化有機疏。

〔註170〕《明熹宗實錄》卷26，天啓二年九月甲午。

〔註171〕陳澹然：《權制》卷5，軍餉述，清光緒二十六年刻本。

設立水利營田府天津局，天津屯務得到較大發展。但在相關史料中，均未見有清代天津屯學的相關記載，可以推斷，由明至清，天津由軍事衛所向商業城市的轉變，促使了這種屯學形式的消失。

4.4.2 屯學的意義

左光斗在其上奏的《地方興化有機疏》中，還詳細闡述了在天津建立屯學的七大意義。具體如下：

> 臣去歲科試，各州縣告開荒入籍者所至遮訴，且本道俱已考送，而臣不敢收，一恐以客雜主，起目前土著之爭；二恐有人無田，開他日冒濫之路。屯學設而地方無爭矣。且田必在天津，每田百畝入籍一名，人孰肯捐重貲劈草萊，而為他人入籍者，田既為清楚之田、人亦為實在之人，其便一。

> 海防營田每畝收租二石，士與兵宜有異，恐其多而難繼也。每田一畝入租一石，每試百人得租萬石，試千人則十萬石矣。日計不足，歲計有餘，其便二。

> 且既以屯占籍矣，世其學不得不世其田，田蕪者黜、負租者黜、告改學者黜，顧名思義，何說之辭。是士子世世守其業，國家亦世世收其利也。其視鬻爵納粟，如日中之市，交易而退，各不相顧者何如，而況乎詐偽公行，半鍰顆粒，未入大倉者哉，其便三。

> 久荒之後，地力有餘，故其多收如此，不足為準，不然則丈量寬於江南也。去年天津初立官莊六伯畝，秋獲三千石，以示民榜樣耳。然牛力子種車梁盧舍工作顧覓為費不貲。有其人則田存，無其人則田廢。安得常如盧觀象其人者，而任之哉。屯學行而聽人自耕，不見金錢之出，但見籽粒之入，所謂少少許亦勝多多許也，其便四。

> 平居無事，天津一鍾足敵五鍾。今庚癸之呼，既迫山海；而咽喉之斷，又虞東南。以附近之田養附近之兵，一鍾足敵十鍾矣，其便五。

> 頃妖賊為梗，白糧不時至，百官常祿，至不能支，業已見端矣，若歲益米數萬斛，即不敢作尚方之供，亦可望果朝官之腹，其便六。

> 且此力田者，大率殷實而俊秀者也，行之而三年後，耰鋤之眾

　　即為干城；橫槊之儒即為露布。通人於所已倦，而轉人於所不知，

　　則其便七。〔註172〕

　　總結上述意義，不外乎此，屯學之設，雖附於衛學，未另建學宮、未另設教官，亦未投入額外的教育經費，但成效和作用卻不可小覷，它在使眾多屯農子弟接受教育、習文練武的同時，解決了駐軍的糧餉，不僅對天津有利，更對京師有利，對遼東戰場有利。每試百人，便可收租萬石，對於明政府而言，不過是「增博士弟子員數名而已」，但收穫卻是實實在在的，「增舉一名」則意味著「增穀已數十萬石矣」。

　　天津屯學，作為一種專供屯農子弟讀書兼訓練武生騎射的教育組織形式，是在明代天津特殊地位和形勢下的一種教育創舉，雖然它是在政府財政空虛，軍費缺乏的情況下想出的權宜之計，但卻客觀上吸納了外來人口，促進了天津屯墾，補充了天津軍餉，更重要的是，屯學的創建，使得天津受教育者增加，更使得受教育者的人群由官籍、軍籍、商籍，延伸至屯籍，使「火耕水耨之子」也能接受學校教育，參加科舉，這從一定意義上說，是教育公平的體現。儘管明末，隨著天津「屯政廢弛，學籍亦罷」〔註173〕，屯學隨即消失，但屯學的創立，無疑是天津教育史上一個不可磨滅的閃光點。

第五節　書　院

4.5.1 明清書院發展概況

　　張正藩在其《中國書院制度考略》中闡述說：「書院始於唐，盛於宋元，衰於明，復盛於清」。寥寥幾言，描繪了書院在各朝各代的發展概況。

　　明初，朝廷歷興官學，提倡科舉，致使書院沈寂了百年。直至成化以後，書院才又得以復興，至嘉靖年間達到極盛。明代還曾出現過三次禁燬書院的情況，尤以第三次最為嚴重。明末，由於書院積極參與當時政治活動，裁量人物，諷議朝政，受到統治者迫害，天啟五年（1625 年）太監魏忠賢下令拆毀天下書院，造成了中國歷史上有名的迫害東林黨人的大案「東林書院事件」。清初，朝廷對書院也實行了抑制政策；直到雍正十年（1733 年）才令各省會設書院，屬官辦。後發展到二千餘所，由於當時書院沒有獨立自主的權

〔註172〕左光斗：《左忠毅公集》卷2，奏疏，地方興化有機疏。

〔註173〕高凌雯：《志餘隨筆》卷6，第七條，第730頁。

力，因而也沒有開展過多活動。乾隆、嘉慶年間漢學興起，創辦了詁經精舍、學海堂等書院，專課經史詞賦〔註174〕。書院遂在清代達到鼎盛。

書院的教官稱山長，山長是書院的核心人物，既是教師，又是管理者。所以明清對山長的選擇都很注重其學識。山長的稱謂，在清乾隆年間被改稱院長，但眾人仍習慣稱山長。書院是講學之地，講學之法，大體有以下幾種，或官吏延師，或山長親自講授，或別請名家教授。

明清兩代雖然書院眾多，但大多數書院的學生來源都沒有明確記載，因此，很難對書院學生的來源作出正確的分析。但從當代學者對書院的眾多研究中，我們可得知，不管是明代或是清代，書院學生的一個重要來源是各級學校的學生，甚至有些書院還通過考試選拔其中的優秀者進入書院學習。〔註175〕

明代書院講學，多重性理之學。而清代書院，講學則多重漢學。而且，由明至清，在書院的發展過程中，主要教學活動逐漸從講學轉換為考課。凡遇考課，諸生必定黎明登堂，首先向山長揖坐，然後封門，分發考題。具體考試內容以清代為例，有對策、疏、論及詞賦等，但主要仍以四書文為主，所謂代聖賢立言，以清、真、雅為宗。

書院之設立，最初目的是為了彌補各級官學教育在教育內容與目標上的缺失。因為各級官學教育均以科舉考試馬首是瞻，可以說學校的一切教學活動和管理都圍繞科舉考試來進行。官學學生讀書的目的也是在於求取功名，走上仕途。而書院的設置，則將「義理之學，修養之道」作為教育的中心目標。強調其設立是「教育的而非科舉預備的」。雖然書院發展至清代出現了多種類型，既有講求理學的書院，又有考試時文的書院，還有學習經史詞章的書院，但總體來看，理學的宗旨是未變的。清雍、乾之際，始有提倡古文之書院，然其精神尚容納理學。乾、嘉之際，始有提倡樸學之書院，教材以經史為主。雖然書院有上述所講之變遷，但這些變遷一般只徒具形式，而未能成為代表時代之書院〔註176〕。所以說，即便是在清乾、嘉之際，書院開始多樣化，其仍以理學為基本宗旨。但由於書院學生不像官學學生一樣，享有升貢等待遇，所以他們的出路也僅剩科舉，因此，書院發展到後來，難免與科

〔註174〕程勉中：《中國書院書齋》，重慶：重慶出版社，2002 年，第 6 頁。
〔註175〕吳宣德：《中國教育制度通史》第 4 卷，第 401 頁。
〔註176〕張正藩：《中國書院制度考略》，南京：江蘇教育出版社，1985 年，第 36、37頁。

舉聯繫越來越密切，書院在人格教育宗旨下，也向科舉慢慢靠攏。

學規是一學之規範，是對學生進行管理的關鍵。書院的學規即是書院用以規範生徒學習、生活行為的規矩章法。其內容包括書院的教育方針、培養目標、修身治學的準則、日常生活及為人處世的通則等。有的書院還有用以集中表達院風學風要求的院訓。學規院訓，相輔相成，互為聯繫。院訓往往是學規的精髓，學規則是院訓的具體體現。書院的學規，最早的是朱熹的《書院教條》，在白鹿洞所訂，後在此基礎上各書院逐步發展。經過屢加擴充和修訂，形成各自特色，並對其他書院相互影響。書院院訓，一般都是源於朱熹的「忠、孝、廉、節」的思想。〔註177〕

經費是興辦學校所需的財力物力等，包括維持正常教學的費用，如山長的束脩、學生的膏火以及祭祀費用、修繕費用等。作為維持書院發展的基礎，經費籌措及獲得就顯得尤為重要。由於書院辦學類型的多樣化，使得其資金來源也趨向多樣化。明代，書院不受統治者重視，所以基本上無法享受由政府提供的經費，其經費的獲得，主要依靠書院自身的籌措。而籌措經費的來源主要則是捐贈，包括官吏捐贈和民眾捐贈兩種。可以說，明代的書院主要是依靠社會力量辦學。至清代，政府對書院的態度也有所轉變，導致書院大興，在書院種類多樣化的同時，書院經費來源也是多渠道，多形式。除朝廷向少數知名大書院撥款，給予經濟支持外，絕大多數書院是由地方官員和士紳等創辦，或是官民合辦，或是士民獨資捐辦。經費則主要來源於地方官撥款、捐款以及士紳、民眾的捐款。在捐款的人群中，需要特別指出的是商人，因為商人捐資興建書院的情況在明清，尤其是清代書院的建設中，尤為顯著。縱觀商人捐資書院的形式，又是多樣的：有捐地建房的，如接下來將要重點介紹的天津問津書院，就是由鹽商查為義捐建的。也有直接興辦書院或是捐資增加學生額數的等等。這些商人的捐資行為，對整個明清書院的建設和發展起到了至關重要的作用。

目前中國學界普遍將古代書院的功能歸結為三大類，即教學、藏書和供祀，與此相對應，書院的建築也基本上包括講堂、藏書閣、祭祀祠堂等。唐代時，書院本為藏書、修書機構，後來才演變為講學、授徒之所，但書院的藏書刻書功能卻保留下來。其藏書一般由以下來源：朝廷賜書，地方官捐贈，亦或其他社會人士捐贈等。至於刊刻的書籍，則主要是書院師生研究所得或

〔註177〕程勉中：《中國書院書齋》，第119頁。

是閱讀參考書籍，包括課藝、學規、先賢遺著等。

以上是明清兩代書院發展的大體概況，下面重點就明清天津書院展開詳細介紹。

4.5.2 清代天津書院

由於天津建置較晚，且明代書院衰弱，所以，終明一代，天津未建立書院。直至清代，隨著書院在全國的崛起和興盛，天津書院也開始創建。天津一地，「故有書院三，曰問津、曰三取，隸於運司；而輔仁書院則創始於道光中葉，自山長講肄之外，道府丞令按月而分試之者也」〔註178〕。接下來，筆者就將分別敘述這三大書院的教育狀況。

4.5.2.1 三取書院

三取書院原在三岔河口南岸，後「移於東浮橋之東」，即在天津城的東北角，三岔河口東岸，是天津第一所私人創立的書院，也是天津第一所書院。它的創辦，開啓了天津創辦書院的新篇章，也開創了天津創辦私人書院的新風氣。三取書院所處的地點「舊爲趙公祠」〔註179〕。趙公祠原爲趙良棟、趙弘燮、趙之璧祖孫三代之祠堂。趙良棟曾在康熙十一年（1672 年）出任天津鎮總兵，其子趙弘燮則分別於康熙三十四年（1695 年）和康熙四十年（1701年）兩次出任天津道，其孫趙之璧曾於乾隆三十五年（1770 年）至天津出任鹽運使。三人任職期間，「建義學，減徭役，杜行帖，修堤防，興利除弊，善政不可枚舉」〔註180〕。津人爲頌揚他們的政績，建立祠堂。康熙五十八年（1719 年），「邑商修築瞿黃口岸（三岔河口南岸）」〔註181〕，趙公祠即處在堤尾。眾商士遂於此創建書院，收徒授課，「名曰三取」，取其鄉試、會試、殿試皆能中式之意。可見，三取書院自建立之始，就將自身定位成一個供士子聚集學習的科舉預備機構。自此，三取書院就成爲教書育人的場所，爲天津的文化教育事業添磚加瓦。乾隆二十年（1755 年），在津邑士紳王又樸的倡導下，天津商士又共同捐資建造學舍十二間，延請教師，教授生徒。「每歲掌教束脩，生童膏獎等費，皆由商捐領款項內支給」〔註182〕。乾隆四十四年

〔註178〕（民國）《天津縣新志》卷24，碑刻（二），第1026頁。
〔註179〕（同治）《續天津縣志》卷4，學校，第294頁。
〔註180〕（光緒）《重修天津府志》卷40，宦績（二）國朝，第1260頁。
〔註181〕（同治）《續天津縣志》卷4，學校，第294頁。
〔註182〕（同治）《續天津縣志》卷4，學校，第294頁。

（1779 年），天津知府孫泳再次「重修三取書院」〔註 183〕。嘉慶六年（1801 年），「眾商重修」〔註 184〕，此後，書院經費一概由長蘆鹽運司支付。

至於生童額數及膏獎等狀況，乾隆年間，知府孫泳重修三取書院之時，始「加生童膏獎一如問津，士人德之」〔註 185〕。張燾在其《津門雜記》中記述，三取書院「生童課與問津同，額數稍次」〔註 186〕。依據現有史料，雖然書院的生童額數以及生童膏獎具體數目尚不清楚，但從上述兩段記載中，我們可以看出，直至乾隆後期，經官員經營，三取書院的生童膏火才增加至與問津同等水平，課期等也同樣參照問津書院舉行，即便如此，其生童額數依然不及問津。據此推斷，儘管三取書院為天津第一所書院，但其發展和影響力等卻遠不及問津書院。

史料所載，曾經在三取書院做過主講的主要有以下兩人：楊懌曾，字介坪，安徽六安州人，「乾隆壬子舉人，寓天津，主講三取書院，課士以經術，人才日盛」〔註 187〕，除此，他還樂於資助貧寒士人。嘉慶六年（1801 年）考中進士，仕至湖北巡撫。高喆，天津人，字濬谷，號琅村。乾隆二十五年舉於鄉，翌年成進士，官宣化府教授。「好讀書，目眇，瀏覽絕速，過輒不忘，受知於仁和趙祐、青浦王昶，文名大著。晚主三取書院，裁成後進，必以法度，學者宗仰」〔註 188〕。

4.5.2.2 問津書院

問津書院建「在城內鼓樓南」〔註 189〕，係乾隆十六年（1751 年），鹽商查為義捐出鹽運署西南隅的廢宅一處，鹽運使盧見曾捐資興建。至於書院為何取名為「問津」，盧見曾在《問津書院碑記》中這樣敘述：

> 越翼日，諸生踵門謁請所以名是書院者，爰進而詔之曰：「若濱海亦知夫海乎？孔子之道，猶海也。學者蘄至乎道而止，今之制義，其津筏也。學者因文見道，譬如泛海者正趨鼓楫候勁風，揭百尺維，長綃掛帆席，然後望濤遠決，乘蹻絕往以徐臻乎員嶠、方壺、蓬島

〔註 183〕 （光緒）《重修天津府志》卷 40，宦績（二）國朝，第 1267 頁。
〔註 184〕 （同治）《續天津縣志》卷 4，學校，第 294 頁。
〔註 185〕 （光緒）《重修天津府志》卷 40，宦績（二）國朝，第 1267 頁。
〔註 186〕 張燾：《津門雜記》卷上，書院，第 8 頁。
〔註 187〕 （同治）《續天津縣志》卷 13，人物，第 387 頁。
〔註 188〕 （民國）《天津縣新志》卷 21，人物（二），第 774 頁。
〔註 189〕 （同治）《續天津縣志》卷 4，學校，第 293 頁。

之勝，若自崖而返，與終身於斷港絕潢而不能達者，皆不得其津者也。餘姑導使問焉，毋致眩惑於沙汭之雲錦，遭忤於暫曉之蜃象，則庶乎其不迷於所往矣。」諸生再拜曰：「有是哉！夫子之詔我也，敢不顧名思義，以勉承教思！」於是伐石紀言，述事所緣起，而名之以問津雲。〔註190〕

　　從此段記載中，我們可獲知「問津」之名來歷和緣由，即因孔子之道若大海，制義若津筏，則習業者就像乘舟泛海，其問難請教，就是所謂「訊海問津」，故取書院名為「問津」。其寓意在於勉勵學院生童勤奮讀書，以使學業精進。書院講堂由直隸學政、尚書錢陳群題名曰「學海」，自此，問津書院講堂被稱作學海堂，有時人們也常用學海堂借指問津書院。而「學海」二字之來歷，在《學海堂碑記》（舊有學海堂碑，碑在問津書院內，連額高一丈，廣三尺。共有字十六行，每行四十一個字，為楷書；額題「學海堂碑」四字，為篆書。）中也有記載，謂「夫百川以海為宗，雖支分派別，不至氾濫無歸，學古而不宗經，何異一池一沼取悅目前，試與之遊長江大河，已色然駭矣，又烏知所謂『沐日浴月』為『百谷王』者以極其大觀哉」〔註191〕。也就是說，「學海」取「百川匯於大海」「海納百川」之意。對此，有華鼎元之詩可為證：「儒家衣缽孰傳薪，學海堂前教誨頻。不薄程朱尊馬鄭，先生只合作調人」〔註192〕，即是對問津書院海納百川教學方式的贊許和頌揚。

　　問津書院籌建之時，正當清世宗頒下聖諭，「飭天下省會各立書院」，認為「教授等官部選拘於年例，不必盡賢且文，又弟子員散處，無由朝夕相見，一一端其德行而課其材藝」，所以下令「於學宮庠校之外，別建一肄業之所，禮聘名儒掌其教，拔庠士之優秀者資以膏火之費，使朝夕與居，以授經而講藝」〔註193〕，並以此作為興德育才之計。此時恰逢鹽商查為義捐出廢宅一所，稱「其地高阜而面陽，形家以為利建學」，運使盧見曾隨即上報直隸總督方觀承與長蘆鹽政高恒，得到批准後，即刻鳩工庀材，工程始於乾隆十六年（1751年）八月，落成於乾隆十七年（1752年）二月，雖然用時不長，但建成的書

〔註190〕盧見曾：《雅雨堂集》文集卷3，清乾隆七年賀克章刻本；（民國）《天津縣新志》卷24，碑刻（二），第1010頁。

〔註191〕（民國）《天津縣新志》卷24，碑刻（二），第1031頁。

〔註192〕華鼎元：《津門徵跡詩》，第176頁。

〔註193〕（民國）《天津縣新志》卷24，碑刻（二），第1010頁。

院卻規模宏大，史稱「位其中爲講堂，堂三間；前爲門；後爲山長書室；而環之以學舍，凡六十有四間。計費白金二千四百有奇」〔註194〕。可見，問津書院的建成，鹽官和鹽商功不可沒，其中，書院創建時由他們捐建的房屋就有「五十九間」〔註195〕，而且，掌教束脩、饌金及課藝諸生膏獎、供役工食等費，皆由「運庫支發，年終報部」〔註196〕。問津書院自建立後，也多次有鹽官及商人修葺，乾隆五十七年（1792年），鹽運使嵇承志重修書院；嘉慶六年（1801年），天津眾商再次重修，使問津書院的教學環境得以改善，可以說，沒有鹽官和鹽商的貢獻，就沒有問津書院的建立和發展。

書院落成後，「適吉公慶來視鹽政，爲延名師，立教條……賓燕禮成，容止有秩」〔註197〕，此後，問津書院成爲天津著名的肄業講學之所，「日集諸生課之」〔註198〕。問津書院有「掌院山長二位，分官齋兩課，每月考生童二次」〔註199〕，考試時間定在每月的初二和十六。生童大體分爲四類，即所謂「院中生員分內課、外課、附課、列附課」〔註200〕，內課是寄宿學生；外課是走讀學生；附課相當於試讀生；列附課則相當於旁聽生。書院的主講人，有史可考的有以下幾位，分別是盧見曾、管椒軒、伍實生、葉筠潭、楊慰農等。他們幾位在書院「肄業之士專攻帖括」的狀況下，「兼課以詩賦樂府」，對問津書院教育水平的提高大有裨益。崔旭有詩云：「書院初傳學海名，問津三取課諸生。休將朱陸分同異，鹿洞鵝湖不世情」〔註201〕。足見問津書院海納百川的胸懷及「士先器識後文藝」的辦學宗旨和教育目標。此外，於乾隆十六年（1751年）出任天津道的董承勳，在任期間，曾聘請名士吳聯株主講問津書院，史稱，二人每課士，並「同席講貫」，以致問津書院「文風蒸蒸日上，登賢書、捷南宮者接踵」〔註202〕。再有，乾隆二十八年（1763年）曾出任天津知府的金文諄，他是浙江錢塘人，字質夫。乾隆四年（1739年）考中進士，在任天津知府期間就優待文士，多有惠政。後降職，再次來到天

〔註194〕（民國）《天津縣新志》卷24，碑刻（二），第1010頁。
〔註195〕（同治）《續天津縣志》卷4，學校，第293頁。
〔註196〕張燾：《津門雜記》卷上，第7、8頁。
〔註197〕（民國）《天津縣新志》卷24，碑刻（二），第1010頁。
〔註198〕（光緒）《重修天津府志》卷40，宦績（二），第1267頁。
〔註199〕張燾：《津門雜記》卷上，第7頁。
〔註200〕李慈銘：《越縵堂日記》，光緒十年四月十六日，廣陵書社，2004年。
〔註201〕崔旭：《津門百詠》，第136頁。
〔註202〕（同治）《續天津縣志》卷13，人物，第350頁。

津，主講問津書院，「課生童如子弟，凡所識拔者，無不騰達」〔註203〕。另外，清人范當世所著之《范伯子詩集》中，有詩《天津問津書院姜塢先生主講於此者八年，外舅重遊其地，感欲爲詩，乃約當世同用山谷〈武昌松風閣〉韻》〔註204〕，除對問津書院在其時的地位和作用等作了闡釋外，還對書院主講人姜塢先生的貢獻作出了很高的評價。而詩中的姜塢先生，即指姚範。他是安徽桐城人，乾隆年間進士，爲清代著名的文人，曾主講問津書院〔註205〕長達八年，對天津教育的影響力不言自明。再有宛平人張模，字元禮，號晴溪，乾隆十七年（1752年）進士，後也曾主講天津問津書院，史稱他：「教士讀書務爲根柢之學，生平精鑒古商周彝器，偏傍款識均能辨晰，書法南宮嘗摹刻，貫經堂米帖行世，亦來禽戲鴻之亞也，詩琅然清圓，不失雅音」〔註206〕。據清人王昶所撰《春融堂集》中的相關記載，我們還可以得知另一位曾被聘爲天津問津書院院長的主講人——周升桓。周升桓，字稚圭，號山茨，浙江嘉善人。乾隆十九年（1754年）進士，聞名遠播，多家書院聘其爲主講人，史稱他所到之處，「諸生雲集，人人自以爲得師」〔註207〕。天津問津書院的主講人，除上述之外，還有如下史料記載，姚文田所著之《邃雅堂集》中有長詩一首，名曰《偕友人劉大嗣綰同年吳大文照戴大聰赴天津，寄居問津書院，同年呂二兆麟時主講席，招食江珧柱即席賦》〔註208〕，從中我們可獲知，呂兆麟爲當時書院的主講人。同時我們也可以推斷，清代，問津書院已成爲天津地區非常知名、非常重要的教育文化中心，它吸引著全國各地的文人名士聚集到此，這些人的到來，自然會對天津教育產生深遠影響。

問津書院是天津較有影響力的書院之一，這從眾多文人留下的詩文中即可獲悉。樊彬在其《津門小令》中稱：「津門好，禮樂化偏隆。榜揭問津開講

〔註203〕（光緒）《重修天津府志》卷40，宦績（二），第1270頁。

〔註204〕（清）范當世：《范伯子詩集》卷7，《天津問津書院姜塢先生主講於此者八年外舅重遊其地感欲爲詩乃約當世同用山谷〈武昌松風閣〉韻》，清末本。

〔註205〕（清）姚瑩：《東溟文集》卷2，《援鶉堂集後序》，清中復堂全集本。

〔註206〕（光緒）《順天府志》卷126，藝文志5；陶樑：《國朝畿輔詩傳》卷40，張模，清道光十九年紅豆樹館刻本。

〔註207〕（清）王昶：《春融堂集》卷55，墓誌，《廣西蒼梧道周君墓誌銘》，清嘉慶十二年塾南書舍刻本。

〔註208〕（清）姚文田：《邃雅堂集》卷8，《偕友人劉大嗣綰同年吳大文照戴大聰赴天津，寄居問津書院，同年呂二兆麟時主講席，招食江珧柱即席賦》，清道光元年江陰學使署刻本。

院，門臨鎮海聳黌宮，遠近慕文風」〔註209〕。此外，張正藩在其《中國書院制度考略》一書中論述清代中國著名書院時，將「天津之學海堂」算作其中之一，所以，可以說問津書院的設立不僅在天津一地影響力巨大，在全國也具有一定的影響力。作爲私人創辦的書院，問津的成功成爲了民間辦學的典範。時隔兩百多年後的今天，隨著天津市場經濟的發展，這座民辦的古老書院，又變成了具有民辦性質的現代中學——津源中學。應該說這種巧合既有歷史的偶然，又有時代的必然〔註210〕。

4.5.2.3 輔仁書院

輔仁書院建在城西北隅文昌宮之西，舊爲海潮庵（今爲紅橋區西北角回民小學）。道光七年（1827年），金洙「自保陽奉命觀察天津」，正值津邑人士重修之文昌宮落成，主要負責人邑紳侯肇安、進士王天錫、舉人梅成棟向金洙建言：「廟宇既成，擬將遂將聚士林會文其中，以立月課」〔註211〕。金洙欣然同意，並「課士其中」〔註212〕。舉辦一年後，「人數絡繹加贈，其中二三翹楚，學有進境，轉歲列優等者七，遊泮者九」〔註213〕，成效顯著。遂於道光八年（1827年），將文昌宮旁的海潮庵改建爲輔仁書院。「關於「輔仁」之來歷和意義，《輔仁書院碑記》中金洙有自己的解釋：

> ……議甫定，郡人士請記於余，以示將來。余曰顧名思義，貴實效而黜浮文，輔仁者，望其相輔以仁，而以去僞爲急耳。夫國家之興文教，即所以培元氣，津俗華縟有餘，誠篤不足，其可以作模楷而挽風氣者惟士爲先，諸生等稟經酌雅，稽古綜今，當知氣識爲先，文藝爲後，品行爲本，才技爲末。蓋倫常者，士之根柢也；敬恕者，學之本源也；根本固則枝葉榮，然後出其所學，足爲世用。諸生爾其行毋佻薄，言毋躁妄，植躬毋華而不實，勵學毋銳而易退；即爾司事人等，亦書院興廢之所繫也，宜廉慎、宜公平，毋謬執己見，勿誤引匪人，勿勤始而怠終，勿喜功而好大，謹守余言，庶幾宏造就而綿久遠，於輔仁之義乃無負焉。〔註214〕

〔註209〕樊彬：《津門小令》，第104頁。
〔註210〕趙寶琪、張鳳民：《天津教育史》，第56頁。
〔註211〕（民國）《天津縣新志》卷24，碑刻（三），第1015頁。
〔註212〕（民國）《天津縣新志》卷24，碑刻（三），第1026頁。
〔註213〕（民國）《天津縣新志》卷24，碑刻（三），第1015頁。
〔註214〕（民國）《天津縣新志》卷24，碑刻（三），第1015、1016頁。

　　從上述記載中，我們可清楚的看到「輔仁」背後的含義，也能看出輔仁書院的辦學宗旨和目標，即「崇實黜虛」，以器識、品行爲先、爲本；以文藝、才技爲後、爲末，認爲只有這樣才是書院教育的根本，也只有這樣才能無負於「輔仁」之義。

　　輔仁書院建立後，「甄定生童額數八十名，酌議條規八則，學規十六則，交執事人等遵照辦理」〔註215〕。並確定「每月二次課生童文藝」〔註216〕，課士生童的固定時間爲每月的初一日和十五日，即所謂「朔、望兩課」，「朔日齋課，郡人公捐辦理；望日官課，分道、府、縣三衙門輪流閱文」〔註217〕，期間所需的獎賞及伙食等費用由撥款或捐廉而來，「至官課獎銀一項，由道、府、分府、知縣四衙門輪流備發」〔註218〕。官課的具體考試流程是：「黎明齊集，日暮交卷」〔註219〕。

　　輔仁書院的山長均「由本籍延請」〔註220〕，見諸史冊的書院山長有：賜進士出身，曾任山東萊蕪縣、蓬萊縣知縣的金甌；嘉慶庚申恩科舉人，曾任順義縣訓導的王進翰；還有書院的兩位創立者，賜進士出身，曾任國子監學正的王天錫；以及嘉慶五年（1800 年）中舉的天津名流梅成棟，他免費主講輔仁書院十年，不但不接受修脯，還時而「捐膏火獎勵士子」〔註221〕，「一時文士，多出其門」〔註222〕。此外，天津著名文人沈兆澐、吳士俊、吳惠元、楊光儀等人均做過書院主講人，但因其主講書院大都在鴉片戰爭之後，筆者在此就不一一詳述了。但毫無疑問，這些名流對輔仁書院以及對天津文教事業的貢獻是不可估量的。

　　至於輔仁書院的經費來源，大體有二，其一是籌措庫款生息之錢；其二是學田租金之錢。書院初建時，因經費籌措較難，由天津道金洙「撥借庫款大制錢八千串發質庫生息，每歲息錢半歸庫本，半充課用」〔註223〕；同時，由知府陳彬捐地九頃一十九畝，其地坐落於城南龐家莊；又有縣令沈蓮生，

〔註215〕（民國）《天津縣新志》卷24，碑刻（三），第1015頁。

〔註216〕張燾：《津門雜記》卷上，第8頁。

〔註217〕（民國）《天津縣新志》卷24，碑刻（三），第1015頁。

〔註218〕張燾：《津門雜記》卷上，第8頁。

〔註219〕（民國）《天津縣新志》卷24，碑刻（三），第1015頁。

〔註220〕張燾：《津門雜記》卷上，第8頁。

〔註221〕（民國）《天津縣新志》卷21，人物（三），第787頁。

〔註222〕（同治）《續天津縣志》卷13，人物，第374頁。

〔註223〕（民國）《天津縣新志》卷24，碑刻（三），第1015頁。

捐出位於城北雙口村的土地二頃六十四畝九分，兩處學田皆依靠收租作爲書院歲用經費，「用助膏火」〔註224〕。即便如此，書院發展到後來，經費依然出現了捉襟見肘的狀況，最終導致「齋課乏經費，山長無薪水」〔註225〕的尷尬境地。爲此，道光十六年（1836年），時任天津兵備道的王允中採取措施爲書院籌措經費，以改變書院經費缺乏的狀況。《輔仁書院立山長薪水並籌齋課經費碑記》中記載：「爰籌庫款大制錢三千千文發質庫一分生息，以百五十千歸款，以五十千擬添經費，而以百千作山長薪水，雖爲數無幾，於諸生束脩自行之義庶有當乎」？可見，正是熱心的官員和邑紳傾囊相助，輔仁書院才得以發展。

中國古代書院作爲一種文化教育組織，滿足了不同時期、不同地區、不同層次的讀書人的各不相同的文化需求，形成了各種各樣的類型和層次有別的等級，其辦學形式和籌資方法也是多種多樣，這些類型和特色既展示了書院文化的豐富內涵，也告訴我們不斷滿足時代的文化教育需求而發展教育，正是書院制度賴以存在千餘年的重要原因之一〔註226〕。明清是古代書院的大發展時期，也是天津崛起和發展的時期，尤其是清代，在天津的政治、經濟地位不斷上升，外來人口大量湧入，教育需求不斷增加的情況下，書院應運而生，成爲了官辦儒學的重要補充，成爲了天津教育的重要組成部分，對天津人口素質的提高、對天津文化教育的發展均起到了至關重要的作用。

第六節　蒙養教育

蒙養教育是指針對兒童進行的啓蒙教育，就其教育程度來講，屬於初等的基礎教育。明清兩代，實施蒙養教育的機構有很多，大致可分爲社學、義學和私塾。

4.6.1 社學

社學是我國古代教育史上的一種特殊教育機構。其特殊性之一體現在社學一般不以科舉入仕爲指歸，也不以學術宣講爲目標，而以承擔民間子弟的啓蒙教育，使之掌握日常知識、倫理規範、行爲習慣及法律常識爲主

〔註224〕（民國）《天津縣新志》卷24，碑刻（三），第1015頁。
〔註225〕（民國）《天津縣新志》卷24，碑刻（三），第1016頁。
〔註226〕程勉中：《中國書院書齋》，重慶：重慶出版社，2002年。

要任務〔註227〕。關於社學的性質，學界向來有眾多分歧，筆者認爲，社學雖爲政府下令創辦，但具體到社學的興建及教育的實施過程，有時則是民間力量的支持較大，又因各地各社學的狀況千差萬別，所以，不可簡單的將之劃分爲官辦或民辦，應具體狀況具體分析。

明洪武八年（1375年），明太祖朱元璋對中書省大臣傳達了自己關於建立社學的想法，他認爲「昔成周之世，家有塾，黨有庠，故民無不知學，是以教化行而風俗美。今京師及郡縣皆有學而鄉社之民未睹教化，宜令有司更置社學，延師儒以教民間子弟，庶可導民善俗」〔註228〕。逐明代社學始立。後因社學之設衍生出的弊端，明太祖曾一度下令停罷社學，但不久便又復設。正統年間，規定社學學生中的成績優異者，可以「補儒學生員」〔註229〕，可見隨著社學的不斷發展壯大，其受重視程度也逐步增加。弘治十七年（1504年），再次下令各府、州、縣建立社學，要求各地延選明師，將「民間幼童十五以下者送入讀書，講習冠、婚、喪、祭之禮」〔註230〕。縱觀整個明代，雖然各朝社學的興建狀況不一，但社學的影響力卻不容忽視，它對教化民眾、提高民眾的文化素養起到了至關重要的作用，更對民間子弟的啓蒙教育產生了巨大影響。

清代社學是在明代社學的基礎上發展起來的。清代統治階級是少數民族，無論是在教育上還是文化上，都遜於人口數量佔據絕對優勢的漢族。因此，爲了鞏固統治，統治者極其重視文治、重視教育的教化作用。統治者皆認爲：「至治之世，不專以法令爲事，而以教化爲先」〔註231〕。在鄉村里舍廣泛創立社學，也成爲教化民眾的重要措施之一。順治九年（1652年），令「每鄉置社學一區，擇其文義通曉、行誼謹厚者，補充社師，免其差役，量給廩饌養贍」〔註232〕。清代社學始設。同時，下令各省提學官，嚴格監督各地社學的建立狀況，並將社學師生名冊上報，以備日後檢查、考核之用。雍正元年（1723年），清政府再次下令，命各地「照順治九年例，州、縣於大鄉巨堡各置社學，擇生員學優行端者，補充社師，免其差役，量給廩

〔註227〕施克燦：《中國古代社學教化職能初探》，《教育學報》，2010年第1期。
〔註228〕《明太祖實錄》卷96，洪武八年正月丁亥。
〔註229〕《明史》卷69，選舉一。
〔註230〕《明史》卷69，選舉一。
〔註231〕（嘉慶）《欽定大清會典事例》卷397，禮部，風教。
〔註232〕（嘉慶）《欽定大清會典事例》卷396，禮部，學校。

饟」〔註233〕。使得年齡在 12 歲至 20 歲之間，且有志於學者，均能夠入社學讀書。從史料記載來看，清代雍正朝以後，社學在各地普遍建立。

社學教師的選用上，明代對被選用教師的才、德要求較高。因明代對教師的選拔任用、人數及待遇等方面都沒有統一的規定，所以，不同地區不同社學選用教師的方式也有很大不同。總的來看，大體有以下幾種方式：第一是官員聘任；第二是民眾推選；第三是自薦。在社學中，教師被學生稱作「先生」或「師訓」，被官員稱作「秀才」或「秀士」，可見，社師的地位並不高，也不像府州縣學的教師一樣可以享有學官官銜，享有政府給予的俸祿和津貼〔註234〕。清代社學教師，比起明代的社師，待遇有所提高。他們一般由「文義通曉、行誼謹厚」的所謂「文理兼優之士」擔任。地方政府出資聘任，在官府造冊，免除其差役，並可享受生員待遇，從官府領取廩饟，但同時要接受地方官的考核與監督。

社學是啟蒙教育，大體以識字讀文為基本內容。除此之外，明清兩代各有自己的規定。如洪武二十年（1387 年），命民間子弟讀《御製大誥》，「欲其自幼知所循守」〔註235〕。洪武二十四年（1391 年）又下令犒賞民間子弟能誦大誥者，並「視其所誦多寡次第賞之」〔註236〕。可以看出，明初社學除重視忠孝禮義、敦化風俗、傳授經史內容外，還將皇帝的御製法令和法律條文作為社學的基本學習內容，這體現了專制主義集權政治下的學校教育政治化色彩。同時，社學最基本的教學內容還有《百家姓》、《千字文》、《三字經》，以及經、史、律、算之類。清代社學中設置的課程，大抵包括四項內容，一是識字，「訓以官音，學為文字」；二是學習《聖諭廣訓》；三是誦讀儒經，即《論語》、《大學》、《中庸》、《孟子》、《孝經》、《性理大全》等；四是撰寫八股文、學做試帖詩等〔註237〕。

社學的辦學經費，主要用於修建學舍，聘請教師，但也有一部分要用於購置書籍、補貼部分學生膏火等等。為維持社學的順利舉辦，經費的獲得是

〔註233〕（嘉慶）《欽定大清會典事例》卷 396，禮部，學校。
〔註234〕王云：《明代社學與明代基層教育》，《聊城師範學院學報》（哲學社會科學版），1993 年第 2 期。
〔註235〕《明太祖實錄》卷 214，洪武二十四年己亥。
〔註236〕《明太祖實錄》卷 214，洪武二十四年己亥。
〔註237〕陳剩勇：《清代社學與中國古代官辦初等教育體制》，《歷史研究》，1995 年第 6 期。

關鍵。社學的經費來源，可以說是相對複雜的。據王蘭蔭先生統計，明代社學經費大抵有四種來源：撥用義倉穀或支附餘息糧；學田學廛之租值；學生納費；官民捐助。其中第一項基本屬於地方財政之支持，後兩項則爲民間資金的自籌。而「學田學廛之租值」卻要相對複雜一些，其中既有由官方劃撥者，也不乏官民私人籌資購建者〔註238〕。清代社學的辦學經費一般由各級地方政府提供。但具體的開支渠道，則因地因校而有不同。具體地說，社學的經費來源主要有以下三個渠道：第一是直接從地方公項中支出，第二是由府、州、縣政府專門撥出一定面積的官地作爲學田，第三是由地方官民捐資〔註239〕。總而言之，無論經費從何種渠道獲得，都對地方社學的興辦起到了保障作用。

　　史稱，明代時，社學之設已是繁盛，「無地而不設之學，無人而不納之教，庠聲序音，重規疊矩，無間與下邑荒徼，山陬海涯」〔註240〕。明代教育之狀已是若此，則清代狀況自不必說。從明清時期社學的興辦狀況以及明清時期天津地區的地位和發展狀況判斷，明代天津衛轄區內以及清代天津州、天津府、天津縣內定有社學之設，但從各種史料中卻未見有關天津一地社學的詳細記載，因此，我們對其時其地社學狀況的瞭解，也只能照上述所言推斷了。

4.6.2 義學

　　義學又稱爲「義塾」，也是啓蒙教育的一種，它是由私人（包括官員、邑紳、商人、民眾等）出資創辦，用於供本族子弟或貧寒幼童讀書識字的教育機構。義學是在家塾的基礎上發展而來的，所以教育對象也從最初的本族子弟轉變爲主要招收本地區的貧寒子弟，它的一個重要特點就是免費招收適齡貧寒兒童入學就讀，以作養人才。義學作爲專爲貧民子弟而設的一種教育機構，「凡附近貧民子弟，無力延師者，俱准其附入讀書」〔註241〕。這在當時的封建社會大背景下，是具有進步意義的，因爲貧寒子弟有了更多受教育的機

〔註238〕趙毅、劉曉東：《明代「社學」之社會屬性辨析》，《東北師大學報》（哲學社會科學版），2007 年第 1 期。
〔註239〕陳剩勇：《清代社學與中國古代官辦初等教育體制》，《歷史研究》，1995 年第 6 期。
〔註240〕《明史》卷 66，選舉志。
〔註241〕（嘉慶）《長蘆鹽法志》卷 19，營建，《續修四庫全書》本。

會，這對教育公平而言是巨大的推動。

　　明初，社學盛行，義學只能作爲啓蒙教育的適當補充。明代中期之後，社學日漸衰弱，但民眾教育的需求卻在不斷增加，因此，義學便擔當起蒙養教育的大任，與社學平分秋色，至清代更是如此。縱觀明清兩代政府，尤其是清政府，對於民間興辦義學曾給予大力支持，如康熙五十二年（1713年），清聖祖就下令「各省府州縣多立義學，延請名師，聚集孤寒生童，勵志讀書」〔註242〕。對於教有所成的義學教師，政府也進行獎賞和表彰。康熙五十四年（1715年），再次「令窮僻鄉壤廣設義學，勸令讀書」〔註243〕。雍正元年（1723年）又諭：「各直省現任官員，自立生祠書院，令改爲義學，延師授徒，以廣文教」〔註244〕。這些政府的倡導，無疑會給私人興辦義學帶來極大支持。

　　明清兩代對義學教師的選用都十分重視。與其他類型教育機構的教師一樣，義學教師的選拔也通常以才學和德行爲重要標準。教師主要由各級官學的學生和散居民間的儒士以及去職在家賦閒的官員來充當，因爲他們大多受過長期正規的學校教育，熟悉經史，在社會上有一定的聲譽和地位，所以自然成爲義學教師的候選者〔註245〕。在選拔過程中，義學教師一般先由鄉民推舉，然後經地方官考試，合格後方可上任，上任後也要定期接受上級部門的考核。

　　義學的招收對象主要是貧寒的俊秀子弟，入學年齡一般在六歲至十五歲之間，當然也有例外。因義學與社學同屬於蒙養教育，所以在教學內容上有相似之處。義學學生的基本教材也是《百家姓》、《千字文》、《三字經》、《孝經》、《小學》一類，此外，皇帝的詔令和政府的律令等也是他們的必修課，如明太祖朱元璋制定的《御製大誥》以及清康熙帝所制定的《聖諭廣訓》、《聖諭十六條》等。除了讀書、識字、學習算術之外，義學學生還要學習一些日常的基本禮儀。至於學期及學制設置，則是千差萬別，沒有統一的規定和標準。

　　因爲義學多爲私人創辦，且帶有公益性，所以辦學經費的來源也是多種多樣。例如地方政府撥款，私人捐贈或學田租金等等，正是這些資金來源保

〔註242〕（雍正）《大清會典》卷76，學校二，《近代中國史料‧三編‧第七十七輯》本，文海出版社有限公司印行。

〔註243〕（民國）《清史稿》卷8，聖祖本紀三，北京：中華書局，1998年。

〔註244〕（雍正）《大清會典》卷76，學校二，《近代中國史料》本。

〔註245〕陳建國：《論明清時期義學的辦學機制》，《西北大學學報》（哲學社會科學版），2008年第6期。

證了義學的大規模創立和持續性發展。

在這種大背景下，天津的義學也得到了發展。張燾在《津門雜記》中用一段話概述了天津興辦義學的狀況：

> 天津義學，向不多見。即有之，亦如晨星落落。貧家子弟，大率以賣糖豆為生，日賺數十文。或沿途爬草拾柴，以供炊爨，無以讀書為當務之急者。近自鄉約盛行，敬謹宣講《聖諭廣訓》，津人始以不識字為愧。當道因勢利導，各捐廉俸，設立義學，城廂內外共有三十餘處。由長蘆運司設者九處〔註246〕，經費由鹽務中籌措，塾中各事由綱總主持，而聘請塾師，尤其專責也。由津海關道設者十三處，由府設者兩處，由縣設者四處。定例一館教育寒畯子弟十六人。塾中書、紙、筆、墨、茶水及塾師修脯、冬日爐火、夏日涼棚一切支銷，皆由公項撥給。又津海關道，設有正副稽查義學委員，月給薪水，覈其功課，法至善也……〔註247〕

由長蘆運司及天津縣知縣設立的義學，分別分佈於各個廟宇之中，並無定所。此外，上述記載中雖對天津義學的概況作了大致介紹，但卻過於概括，使我們無法過多瞭解天津義學的具體興建狀況。因此，特將史志中有詳細記載的 13 所天津義學，列於下表：

表4.8　清代天津義學一覽表

創辦時間	義學地點	義學名稱	創　建　人
康熙四十七年	西門內城隍廟東	不詳	天津道李發甲
	河東		
	東門內		
	北門內大儀門口		
雍正七年	城內東北隅	不詳	巡鹽御史鄭禪寶
雍正九年	東門外南斜街	不詳	鹽運使彭家屛
	總鎮署前	不詳	總兵袁宏相
雍正十一年	城內西街	不詳	不詳

〔註246〕（同治）《續天津縣志》中載「長蘆運司設八處」，與此不同，具體為幾處，有待考證。
〔註247〕張燾：《津門雜記》卷上，第45、46頁。

乾隆五十七年	東門內	蒙童義學	由舉人楊一昆、謝道倬呈請鹽運使嵇承志修建
乾隆六十年	北門內	蒙童義學	不詳
嘉慶二年	東門內	成童課文義學	舉人王用享等呈請鹽運使同興修建
嘉慶八年	城西南	蒙童義學	舉人周大矗等呈請鹽運使索諾木棻木楚修建
	北關外	成童課文義學	不詳

資料來源：光緒《重修天津府志》卷三十五《學校》、同治《續天津縣志》卷四《學校》、嘉慶《長蘆鹽法志》卷十八《文藝》及卷十九《營建》、王守恂《天津政俗沿革記》卷十《文化》。

　　表中所載，大多為鹽官創辦，經費也均來自鹽院或商人捐助，所以，從一定意義上來說也可以算作官辦義學，但除此，也有較純粹的民辦義學。如，乾隆五十七年（1792 年），天津「邑紳呈請增設義學，凡附近貧民，無力為子弟延師者，俱准送學讀書」〔註248〕。雖呈請後建立義學的具體數量並無記載，但各處義學的經費款項及管理卻有據可查。史載，義學教師的束脩及房租雜費等，每處義學一年需要的一百五十兩銀子，都「由商捐領款項內支給」，並「責成府學學官實力稽查，照官學例，比較成效」。此後，又有「生員龐友聲、舉人黃志章、生員李嘉善、敏人王璋、楊源、吳大超等」〔註249〕均在天津設有義學。終清一代，天津義學可謂是綿延不斷。

　　在天津某義學的章程中，明確規定「凡富厚及小康之家子弟，概不收教。委係寒素，無論遠近盡可送塾。觀察給各童四季衣服，俾隨時更換。又日給麵十二兩，以充口腹。月之朔望，又躬詣各塾面加考試，與以獎賞。洵可謂恩周童孺者矣」。足可見義學乃專為貧寒子弟所設之性質，亦足可見義學之設給貧寒子弟帶來的實際恩惠，幼童入義學後，不僅可以讀書識字，還可享有伙食、衣物等優待。關於義學額數，史料中說法不一，據《證學編》載為 20人，據《津門雜記》載則為 16 人〔註250〕。

　　既然義學是免費招收貧寒子弟，那麼義學靠什麼來維持就成了一個問題。就天津而言，義學的經費來源主要有兩個：其一，由鹽院支給或鹽商捐助。例如，雍正七年（1729 年）由巡演御史鄭禪寶於城內東北隅建立的義學，

〔註248〕（同治）《續天津縣志》卷 4，學校，第 293 頁。
〔註249〕（同治）《續天津縣志》卷 4，學校，第 293 頁。
〔註250〕天津市地方志編修委員會：《天津通志・基礎教育志》，第 110 頁。

「每歲束脩六十兩,由鹽道公費項下支給」〔註251〕。雍正九年（1731年）由鹽運使彭家屏建立於東門外南斜街的義學,每歲「束脩六十兩,鹽道公費項下支銀二十兩,商人金義「泰來號」捐銀四十兩」〔註252〕。乾隆五十七年（1792年）,由紳士呈請,經運使嵇承志詳定設立的天津義學,「每歲束脩、房租、雜費,核計其銀一百五十兩,由商捐領,款項內支給。……續經增設四所,俱仍照七年運使嵇承志重修。嘉慶六年,眾商重加修葺」〔註253〕。可見,天津義學的興建與日常開支,大多依靠鹽官的積極興學與鹽商的大力捐助。其二,義學學田之收入。據（乾隆）《天津縣志》及（光緒）《重修天津府志》載,天津義學田有二,具體情況如下:

> 一在葛沽,共地五頃十一畝七分二釐。內房身、場圍地七十二畝三分六釐,除建屋外,淨圍地五十四畝五分,再除莊頭劉岐山撥去工食地三畝,實起租圍地五十一畝五分,共納租銀二十二兩三錢二分。莊房八十二間,除倒壞房及官房、碾房、空房、莊頭住房不起租外,實起租房五十八間,每間租銀六錢,內撥莊頭每間工食銀五分,並完地糧銀四兩八錢二分,每年實收租銀二十七兩八分。水稻地四頃十三畝九分六釐,內除無租埂地四十五畝六釐,又撥莊頭工食地三十畝,實起租稻地三頃三十八畝九分,每年納租米九十三石二斗五升。雍正四年,天津道每畝減租米五升,每年實收租米七十六石二斗五升二合五勺。〔註254〕（以上租銀租米四館支給）

> 一在總鎮署前。（雍正九年,天津總兵袁宏相捐建,乾隆年間廢。）〔註255〕

義學是明清天津地區蒙學教育的重要組成部分,它雖然名義上屬於民辦學校,但在經費等形式上又帶有濃重的官辦色彩。義學的廣泛創辦,雖然是在經濟獲得大發展的前提下,為了滿足日益增長的教育需求而舉辦的,但卻同時在很大程度上體現了封建社會教育公平的進步,為提高天津民眾的整體素質做出了極大貢獻。

〔註251〕（乾隆）《天津縣志》卷8,學校志,第83頁。
〔註252〕（乾隆）《天津縣志》卷8,學校志,第83頁。
〔註253〕（嘉慶）《長蘆鹽法志》卷19,營建,清嘉慶刻本。
〔註254〕（乾隆）《天津縣志》,第83頁;（光緒）《重修天津府志》,第1135頁。
〔註255〕（乾隆）《天津縣志》,第83頁。

4.6.3 私塾

　　相對於官辦色彩的社學和義學，私塾可以說是比較純粹的民辦教育機構，是私學的一種。因社學、義學的興廢無常，招收學生有限，因此，私塾就成為明清時期最普遍的蒙學教育形式，民間子弟讀書、識字、學算大多依賴私塾教育。也正是因為此種教育方式的普遍性，造成了其在具體組織方式上的多樣性。而它的多樣性也是表現在各個方面的，比如稱謂的多樣性（不同地域不同類型的私塾稱謂各異，但不論是塾館、學館、家塾、家館、書館、村塾、鄉塾等均為私塾），類型的多樣性（私塾類型的不同往往根據辦學經費來源的不同等來區分）等等。

　　那麼，根據私塾辦學經費來源的不同，可將私塾劃分為以下幾種：

　　第一，由塾師自己在其家或另行擇地設立起私塾，然後招收學童入學。私塾招收名額不定，學生的年齡、文化程度等也沒有具體限制。塾師依靠學費獲取報酬，學費多少一般按私塾學生的就讀程度確定。

　　第二，由地主、商人、大家族或邑紳出資建立的私塾，用於供自家子弟或本族子弟讀書，因為這個群體的經濟實力較強，所以延請的塾師都是較有名氣和聲望之人，塾師的薪酬也比其他私塾的塾師高。

　　第三，由村民共同出資，在祠堂、廟宇等公共場所創辦私塾，再延請塾師傳授知識，凡村民之子弟均可入學接受教育。

　　一般而言，每個私塾只有一個塾師，其採用的教材、講授的內容、運用的教學方法以及具體的學習年限都沒有統一的標準，但因為私塾是啟蒙教育，所以教學內容和教學方法等，也是有跡可循的。

　　因我國古代學前教育欠缺，所以私塾教育基本上可以說是幼童接受教育的開始，因此私塾教育主要從識字開始，其課程主要是讀書、習字以及打算盤等。教材與社學、義學的教材相似，大多是《三字經》、《百家姓》、《千字文》、《四書》一類。女生則讀《女兒經》。此外，歷史知識類如《歷代國號總括歌》、《五字鑒》、《歷代蒙求》等；生活常識類如《名物求蒙》、《訓蒙駢句》等；詩詞作文類如《聲律求蒙》、《笠翁對韻》、《神童詩》等；倫常道德類如《小學詩禮》、《小學韻語》、《蒙童須知韻語》等〔註256〕，也是私塾中常用的教材。塾師一般只教學生識字、讀句，至多解釋其大意，但並不深入講解、

〔註256〕蔡娜：《中國傳統私塾教育的特點及其對現代初等教育的啟示》，《新課程研究》，2010 年總第 173 期。

剖析其內涵。

　　私塾的課程設置也各有不同，拿天津的私塾來說，習字和寫作是兩門重要課程。習字是私塾的一項基本訓練，學生從入學起，每天要用毛筆寫字。字分大楷和小楷，先寫大楷，後寫小楷。寫大楷前先「描紅」（天津稱「描紅模子」），當時天津坊間出售以紅字字模印製而成的習字貼，這種字範直到今天在市面上仍存。描紅之後，再進行臨帖，對學童所書之字，教師當天批改，寫得好的字，老師加以紅圈兒，對錯字或寫的不好的字則打上紅叉。寫作又稱「開筆」，一般先從「對課」開始，即對年齡較大的學生，進行習作對偶聯語練習，從造句聯詞直至成篇。準備進入科舉的則從《四書》、《五經》書中選題，習作八股文章。當時，坊間有各種範文或成書供研習選用〔註257〕。

　　因私塾對學生的人數、年齡及文化程度等沒有具體限制，所以私塾的學生往往在年齡、文化程度、學習能力等各個方面存在很大差異。為此，塾師通常採取「因材施教」的教學方法，即對不同的學生傳授不同的內容、知識。年齡較小的學生主要學習《三字經》、《百家姓》、《千字文》等；年齡稍大、程度較高，且以進入士族階層為目標的，加讀《四書》、《五經》及《千家詩》；年齡稍大程度較高，但不預備進入士族階層的加讀《幼學瓊林》及各種實用雜字。

　　對初入私塾的學生，塾師通常採取封建教育的固有方式，即誦讀、背誦、書寫等方式來教授，學生每天要自己到塾師面前，請塾師用紅筆點書教讀，塾師根據學生的接受能力，來確定讀書進度。而後學生回位進行自讀，至能夠背誦為止，再到塾師面前，掩書背誦，塾師以其背書的數量和熟練程度衡量學生的學習效果〔註258〕。但對進入私塾已有一段時間的學生，在他們將所學之書背誦熟練之後，塾師的教學則開始注重對課文的講解，先是給學生開講，逐字逐句進行講解，開講之後，綜述其文章或段落大意，然後學生必須回講，即復述塾師所講授的內容，以便在此過程中充分理解和學習。

　　私塾與各級官學相同，也有嚴格的學規。眾所周知，我國古代私塾教育大多通過「體罰」來管理學生。常見的處罰有訓斥、責罵、罰站、罰跪、

〔註257〕天津市地方志編修委員會：《天津通志・基礎教育志》，第111、112頁。
〔註258〕天津市地方志編修委員會：《天津通志・基礎教育志》，第112頁。

用戒尺打手心等。儘管如此，私塾仍為封建社會培養出了不少人才。在私塾肄業的很多學生，在讀過幾年書之後，就能寫會算，不再從事純體力勞動，而是被商號聘為司賬等；一些富家子弟更是通過塾師的精心栽培，一步一步踏入仕途。可以說，天津的私塾及塾師對天津地區啓蒙教育的貢獻是非常大的。

天津的蒙養教育除依靠社學和義學外，主要由天津城鄉的塾館來承擔。但由於統治階級對私塾教育缺乏足夠的重視，所以關於私塾的相關記載很少，我們從極其有限的史料中所能獲知的天津私塾並不多，如邑人陳璋，因考慮到官辦義塾的興辦有限，所以於「僻巷闢室延師，課其鄰家子弟」，從明清邑紳、官員對天津教育的重視程度來說，像陳璋這樣興辦私塾供邑人讀書的情況應該不在少數。其中，天津較有名氣的私塾及塾師要當屬楊一崑以及他創辦的鳳樓書社。楊一崑，字二愚，號無怪，乾隆五十三年（1788 年）考中舉人。因見「城東鹽坨濱河樸陋，其人民逐末食力，不習詩書」〔註259〕，楊一崑便在此地創立鳳樓書社，「續學授徒」〔註260〕，鳳樓書社舉辦十年，「門徒日盛，遂使絃歌比戶，由野而文，人謂一崑為鹽坨開山之人」〔註261〕。雖然楊一崑積極興教，並自己擔任教師，傳授他人知識，但在他著作的《天津論》中，卻是這樣描繪教師職業的：「最可悲的是教書匠，命苦作何商？既不肯調詞架訟，又不會說地說房，更不能爭行奪市把光棍創，只好把館商量。大館六十金，小館三十兩，不夠吃飯，只可吃糠，半饑半飽度時光。家有三擔糧，不作孩兒王。如蟲進羅網，如驢在磨坊。偶然有點事，人說工不長。學生不用心，就與先生來算帳。幾個銅錢事，一年一更章，一交東至把心慌，定了館，方才坦坦蕩蕩。如何是長方？如何是長方？」〔註262〕這樣的描述，讓我們體會到，清代塾師的辛苦和辛酸，他們的社會地位很低，酬勞也並不高，這在一定程度上或許也會影響塾師授徒的積極性，間接導致私塾教育的敗落。

總而言之，因私塾是一種民間的由私人創辦的教育形式，所以在辦學制度和辦學經費等方面可能欠缺保障，也因此會導致私塾教育出現持續性和穩定性較差的問題。但在明清時期，在封建國家無力興辦民間教育的情況下，

〔註259〕（民國）《天津縣新志》，第 780 頁。
〔註260〕（民國）《天津縣新志》，第 780 頁。
〔註261〕（民國）《天津縣新志》，第 780 頁。
〔註262〕張燾：《津門雜記》卷下，第 104 頁。

私塾的興盛，對大範圍推廣蒙養教育起到了關鍵作用。尤其對於天津這個由明至清，由重軍事向重經濟轉變的城市，文化教育的欠缺單靠官辦儒學的支撐顯然是不夠的，這時，私塾的廣泛建立，對於天津地區風氣的轉變以及文化教育的普及來說都是不可或缺的。

第五章　天津其他地區教育發展狀況

我們在第四章已對天津現行行政區劃內市區的教育狀況作了系統的介紹，那麼接下來的第五章即是對天津現行行政區劃內的各區縣教育狀況進行探討。各區縣的教育類型和教育機構相比起市區較為簡單，大體有儒學教育、書院教育及各類蒙養教育。因在第四章筆者介紹上述相應的教育模式時，已對各類教育在明清兩代的整體狀況作了詳解，所以在本章只集中介紹天津各區縣的教育具體狀況，其他不再贅述。

第一節　儒　學

5.1.1 靜海縣學

靜海縣學，位於縣署東南，明洪武初年興建，「內有禮部原降學校格式碑，並元大德十年，加號先師碑在焉」〔註1〕。擁有殿廡：大成殿五間、東廡五間、西廡五間、大門三間、名宦祠三間、鄉賢祠三間、櫺星門三間、東牌坊、西牌坊、崇聖祠三間、忠孝祠、節義祠、明倫堂五間、進德齋、修業齋、泮池、教諭署（舊署原在文廟後方，後被毀，租賃民房作為教諭署）、訓導署（在南門內迤西）、射圃〔註2〕。歷世重修狀況，詳見下表：

〔註1〕　（嘉靖）《河間府志》卷5，宮室志，學校，明嘉靖刻本。
〔註2〕　（乾隆）《天津府志》，第183頁；（同治）《靜海縣志》卷2，建置，學校。

表 5.1　明清時期靜海縣學歷次重修表

時　間	倡　修　人	修葺成果
永樂初	知縣崔衍	不詳
成化中	知縣劉照	不詳
嘉靖中	知縣普濟時	不詳
天啓五年	知縣張懋德	修泮池
康熙三年	訓導辛起尹	修兩廡
康熙十一年	訓導馬方伸	修兩廡

資料來源：（光緒）《重修天津府志》卷三十五《經政》（九）《學校》。

　　靜海縣學初建時，分科、歲兩考，每次入學的文武生童有二十四五名不等。順治十五年（1658 年），奉旨減少生童學額，科、歲兩考並爲一考，「三年考試進文童十二名，武童十二名」〔註3〕。康熙十一年（1672 年），再次奉旨，將合併的科歲考試分爲兩考，歲科試各取文童十八名，歲試取武童十八名，「廩生二十名，增生二十名，二年一貢」〔註4〕，且「每考文童或多進一二名，撥入天津府學，又或進一二名佾生〔註5〕」〔註6〕。

　　靜海縣學有兩處學田，一處位於灘子頭村，共地六頃十五畝；另一處位於王家莊，共地二頃二十一畝，「歲租均歸儒學經理」〔註7〕。

　　雖然史料中關於靜海縣學的記載並不是很多，但縣學教育使得靜海縣文風頗盛，它的影響力及所取得的成績是不可小覷的。

5.1.2　武清縣學

　　武清縣學，建立於明代之前，確切時間無從考證。舊址在白河西十七里之邱家莊（舊時武清縣縣治所在地）。明代洪武初年，因避水患，遷至縣治東北隅之元帥府家廟地。嘉靖十六年（1537 年），「本縣耆民張璟捐地一區，兵備副使邵旌其門曰『尚義』」〔註8〕，知縣趙公輔再次遷校址至縣治南，此後，

〔註3〕（同治）《靜海縣志》卷2，建置，學校。
〔註4〕（清）素爾訥《學政全書》卷45，直隸學額。
〔註5〕佾生是指佾舞生、樂舞生。清代孔廟中擔任祭祀樂舞的人員。文的執羽旄，武的執干戚。
〔註6〕（同治）《靜海縣志》卷2，建置，學校。
〔註7〕（光緒）《重修天津府志》，第1137頁。
〔註8〕（乾隆）《武清縣志》，學校，天津通志舊志點校本。

縣學一直處在其地。明清兩代在官員、邑紳等人的倡導下經歷了多次重修，使武清縣學的規模不斷擴大，講堂、學舍得以保持完整、不斷更新，爲武清一地的教育繁榮奠定了基礎。歷次重修情況，見下表：

表 5.2　明清時期武清縣學歷次重修表

時　　間	倡修人	修學經費來源	修學成果
隆慶三年	巡撫劉應傑	張璟之孫張允中捐地一區	不詳
萬曆二年	知縣李蕢	不詳	徙明倫堂於文廟西北，立名宦鄉賢祠。
萬曆九年	知縣宋蘭	不詳	不詳
萬曆十二年	知縣陶允光	不詳	於戟門前修泮池一區，東建聚奎樓，高五丈許。
萬曆四十六年	巡按御史毛堪；知縣胡平表	不詳	創魁星樓於南
天啓三年	屯田院董應舉	不詳	修泮池，建三橋，修聚奎樓。
崇禎五年	知縣姚擇揚	司理曹化淳佐金三百，庠生耿錫胤、王時化董工。	遷明倫堂於北，復於堂後建尊經閣五間。
康熙九年	邑人、給諫趙之符	趙之符捐俸，爲邑人倡，教諭李衷繡、貢士李可楨及邑之諸紳士均有贊助。	復新魁星樓及櫺星門、明倫堂、啓聖祠、鄉賢祠。重修戟門。
康熙十二年	知縣鄧欽楨、貢士李可楨	知縣鄧欽楨捐俸、貢士李可楨出資。	重修聚奎樓
康熙十八年	訓導陳際隆	訓導陳際隆勸捐	地震牆圮，後修葺一新。
康熙二十七年	知縣孔元祚	不詳	重修兩廡，邑人李煒爲文勒石。
康熙三十八年	邑人、山東巡撫李煒	李煒率先捐俸，屬兩學博董其事，而丞以下各輸金有差。	重修大成殿、尊經閣、明倫堂及戟門、泮池。重修影牆一座，東西建坊二座。
雍正十年	教諭張純、訓導王隆	教諭張純、訓導王隆勸捐，知縣趙日瑛；邑紳趙方頤、王璽出資首倡，紳衿共襄厥成。	重修大成殿、兩廡、崇聖祠、明倫堂、以及兩齋、名宦祠、鄉賢祠、櫺星門、泮池，聚奎樓加高丈許。
道光九年	知縣劉體仁	不詳	重修宮牆禮器

資料來源：（光緒）《順天府志》卷 61，《經政志》（八）《學校上》；（乾隆）《武清縣志》，《學校》。

　　經過歷次修葺後，武清縣學「前後殿、廡、堂、齋，整齊嚴肅」。縣學的殿廡及沿革見下表：

表5.3　明清時期武清縣學殿廡之沿革狀況表

殿廡、學署等建築	興建、修葺及沿革
大成殿三間	圮一隅，教諭李衷繡修葺，後竟頹，都察院僉都御使趙之符重修。
東廡五間、西廡五間	知縣孔元祚重修
戟門三間	都察院僉都御使趙之符重修，巡撫都御使李煒再修。
泮橋三座	久廢，訓導陳際隆勸修。
欞星門三間	屢次重修
影牆一座	全圮，山東巡撫李煒捐資重修，東西建坊二座。
崇聖祠三間	地震圮，進士趙珣、貢士李可槙捐資，教諭楊毓先、訓導陳際隆重修。
名宦祠三間	知縣李蕡建，後圮，僉都御使趙之符重修。
鄉賢祠三間	僉都御使趙之符重修。
明倫堂五間	地震傾圮，山東巡撫李煒重建。
進德齋五間、修業齋五間	傾圮，雍正十年重修各三間。
聚奎樓一座	在文廟神路之東，區列歷科科第姓名。萬曆十三年，知縣陶允光建。先是知縣李蕡建此樓於縣治南，知縣陶允光，看得朱雀昂首，且無益於文風，乃改建於此，為儒學巽方，高聳秀麗。後圮，知縣鄧欽楨捐俸、貢士李可槙出資重修。後地震，四維牆頹，訓導陳際隆勸輸修葺。
尊經閣五間	知縣姚擇揚建閣。後空地丈餘，有路五尺寬，東西通街。後圮，武舉沙瑾重修。地震後，僉都御使趙之符重修。復圮，巡撫都御使李煒重修。乾隆年間又圮。
魁星樓一座	北拱欞星門，臺基地九弓，闊九弓。明巡按御史毛堪建。康熙十八年，地震圮，邑人候選州同李煒重修，武舉孫聖琦塑像。
忠義祠三間	雍正二年建。
教育衙一所	前廳圮，教育李衷繡修，地震復圮，教育楊毓先重修，吳一德再修。
訓導衙一所	全圮，訓導陳際隆建三間，王日新全建，李毓梣復修葺。
敬一亭三間	乾隆年間圮。
射圃亭一所	舊社學，明萬曆十五年，知縣陶允光建，後圮，為地鄰侵佔。

資料來源：（乾隆）《武清縣志》，《學校》。

據史記載，武清縣學的學額爲廩膳生員二十名，增廣生員二十名〔註9〕。「歲科二考，每考入學十八名。歲科入武學十五名」〔註10〕。

武清縣學有學田四十畝，其地位於「乂光邨南王家鋪」〔註11〕。

武清縣學教育除得到了當地邑紳及歷任官員的重視外，還得到了清朝政府的關注。康熙二十一年（1682年），聖祖仁皇帝頒發御書「萬世師表」匾額給武清縣學；康熙三十一年（1692年），鎮海將軍張思恭，奏請設立下馬牌；雍正三年（1725年），世宗憲皇帝爲武清縣學頒發御書「生民未有」匾額；乾隆三年（1738年），再次向武清縣學特頒御書「與天地參」匾額。在清廷的重視和褒獎下，武清教育日漸繁盛，培養出的人才不勝枚舉。

5.1.3　寶坻縣學

寶坻縣之設始於金大定年間，但終金一代未建學，直至元至正二年（1341年）〔註12〕，才由「邑人劉深、朱斌、普顏即榷鹽院故基建學」〔註13〕。後於至正十一年（1351年），由「監縣事黑斯彥明重修，教諭毛柔克董其役，雷州經歷鄭德作記」〔註14〕。具體狀況在第二章已做過闡述，此處不再贅言。下僅就明清兩代寶坻縣學的發展做系統介紹。明代洪武元年（1368年），將寶坻縣縣治遷至城之西南隅，而寶坻縣學就位於「縣治東北」〔註15〕。明清時期，寶坻縣學歷次重修，見於下表：

表5.4　明清時期寶坻縣學歷次重修狀況表

時　間	倡修人	修學經費來源	修學成果
洪武三年	知縣荊志	不詳	不詳
洪武七年	知縣何文信	何文信與邑人王原、王守道等各捐地。	闢射圃、築亭三楹，周繚以垣，縱七十五步，橫一十四步。

〔註9〕　（清）素爾訥《學政全書》卷45，直隸學額。
〔註10〕　（乾隆）《武清縣志》，學校，天津通志舊本點校本。
〔註11〕　（光緒）《順天府志》卷62，經政志九，學校下，清光緒十二年刻本。
〔註12〕　此時間據（光緒）《順天府志》及（康熙）《寶坻縣志》、（民國）《寶坻縣志》獲知，但（嘉慶）《大清一統志》與李賢撰寫的《明一統志》載，寶坻縣學建於元大德年間。
〔註13〕　（光緒）《順天府志》卷61，經政志八，學校上，清光緒十二年刻本。
〔註14〕　（光緒）《順天府志》卷61，經政志八，學校上，清光緒十二年刻本。
〔註15〕　（萬曆）《順天府志》卷2，營建志，學校，明萬曆刻本。

成化元年	知縣陳讓	不詳	不詳
弘治九年	知縣武尚信	武尚信與其民好義者有助	重修後，縣學內飾精麗，外隅完密。「凡今之新者，舉加於故，故所無者，乃今有之。」
嘉靖十四年	知縣武德智	邑人芮元介施隙地一畝二分，武德智捐俸，及諸助義又得民地一畝四分。	增新儒學路橋，於欞星門前關路，曰雲路橋，曰升仙橋，復建坊三，以木修屏一，以覽觀者，謂規模宏麗，風氣宣越，人才之盛端兆是矣。
不詳	知縣劉不息	劉不息捐俸	正殿巍然，兩廡翼然，戟門、欞星門森然，祠先啓聖暨於名宦、鄉賢，敬一有亭，明倫有堂，暨於東西之齋，學宮之舍，若庫、若廚、若垣牆、若坊、若橋，罔不以次修。
不詳	張元相	不詳	建崇聖祠、敬一亭。
康熙年間	邑人	邑人鳩資	不詳
乾隆七年	知縣洪肇懋	不詳	不詳
乾隆十九年	知縣吳克明	吳克明倡捐金，而芮氏杜氏南北王暨邑之紳士咸黽勉以襄。	殿基高舊制一尺，階級基址俱易，以石名宦鄉賢。改兩楹而為三，垣墉周六十一丈，原高五尺有奇，增高四尺，加厚二寸，局度邃密，氣象靚深。
嘉慶二十一年	知縣關實秀	關實秀捐廉，為縉紳士民倡，邑中大姓與殷富之家，靡不歡忭具貲，慷慨受事。	首正殿、次兩廡、次戟門欞星門，而崇聖以及名宦、鄉賢、忠義、節孝諸祠宇，或眾擎或獨任，咸煥然；且濬池穿渠除道，視昔尤為周備，其舊跡已湮，今複重建者為土神祠、為義路禮門、為奎星樓。後屏坊曰雲津、曰雲路橋、曰雲津、曰漱潤、曰階升，皆次第俱舉。落成後，學宮金碧流輝，雲霞生色。觀瞻肅穆，氣象清華，赫然以成大觀。

資料來源：（光緒）《順天府志》卷61，《經政志》（八）《學校上》。

　　寶坻縣學自興建始，經過歷次增修後，規制已是非常完備。其中有大成殿五間，康熙三十年特賜的「萬世師表」匾額、雍正四年特賜的「生民未有」匾額以及乾隆三年特賜的「興天地參」匾額均懸掛在殿內；大成殿東面有啓聖祠三間，「雍正四年加封五代」〔註16〕後，更名為崇聖祠；大成殿前有東廡和西廡各五間、戟門三間；戟門之左為名宦祠，之右為鄉賢祠，之前為泮池；再前有欞星門，門外有大壁；壁之左為忠義祠，右為節孝祠；壁外有大

〔註16〕　（民國）《寶坻縣志》卷3，建置，學宮。

池，周垣數畝；池之南有雲津橋；橋南曰雲津坊，取晉張茂先「龍躍雲津」之意；南一百二十步有大坊曰「雲路」；大成殿後有明倫堂三間；明倫堂後有成美堂三間，東西側房各一間；明倫堂之左爲進德齋三間、之右爲修業齋三間；兩齋之南即爲大成殿後壁；壁西盡處爲義路；路西有土地祠、禮門，這也是明倫堂的出入口；禮門以南八十步，其上爲魁星樓，其下爲學宮大門；教諭宅居於成美堂之後，爲偏宅兩所；訓導署則在明倫堂西，偏宅一所；土地祠傾圮後，與乾隆十年，由訓導賈念祖捐資重建；原先存在於戟門內的露臺、居於學宮西北的尊經閣、明倫堂後的敬一亭以及學宮後面的射圃，其後俱廢。

關於寶坻縣學的學額，在《大清一統志》中有隻言片語的記載，稱寶坻縣學「入學額數十二名」〔註17〕。《學政全書》中的記載要詳細一些，稱「寶坻縣學，額進十二名，廩生二十名，增生二十名，二年一貢」〔註18〕。

據（光緒）《順天府志》記載，寶坻縣原有學田四十七頃二十八畝二分，其中包括學院田一頃二十一畝，儒學田四十三頃三畝三分，學田地所在已無可考，後這些學田「多所迷失」。康熙年間，開荒地三頃三畝九分作爲學田，又有知縣張兆元爲縣學置地六頃作爲學田。此外，據《寶坻縣志》載，寶坻縣學還有以下幾處學田，分別爲：蔡家鋪地三頃十三畝，工部莊地二頃三十畝三分，邊家莊地四頃，邢家莊地六畝共九頃四十三畝三分，每歲納糧銀四兩四錢三分三釐，爲縣學的辦學經費。

綜上所述，寶坻縣學之建築可謂雄偉、學校規模可謂宏大，這恰恰體現了寶坻縣官員和邑紳對教育重視帶來的教育興盛景象。

5.1.4 薊州學

薊州學位於縣城西北，即今城關小學院內。據（萬曆）《順天府志》載：「自唐以來，亦既有址。金天會關崇其堂申。元至順間、至元間，知州相繼修葺。至正間，益增大之。國朝，洪武初，重建」〔註19〕。自建立始，重修及發展狀況如下表：

〔註17〕（嘉慶）《大清一統志》卷6，順天府，學校，四部叢刊續編景舊鈔本。
〔註18〕（清）素爾訥《學政全書》卷45，直隸學額。
〔註19〕（萬曆）《順天府志》卷2，營建志，學校，明萬曆刻本。

表 5.5　明清時期薊州學歷次重修狀況表

時　間	倡修人	修學經費來源	修學結果
正統九年	不詳	不詳	不詳
崇禎年間	知縣王宏祚	遼左胡公出養廉之需爲首倡，茂材蔡君之芬復輪若干緡，而士民遂相率，翕然助成之。	向之鞠爲園蔬者，今則有殿巍然，有廡翼然。齋祭之室、講讀之廬、休息庖湢之所、俎豆燕享之器，無不備具。
順治七年	知州於際清	於際清首捐俸，募化於人，聚流成海。	修大成殿及東西兩廡等，重修後，堂陛鳥革翬飛也，門庭美輪美奐。
康熙六年	知州胡國佐、董廷恩	不詳	重修大成殿及東西兩廡、戟門。
康熙十四年	知州余時進	不詳	將舊址在戟門之西的名宦祠移於戟門之東（其地原爲敬一箴亭）；修泮池橋、櫺星門、照壁、崇聖祠、明倫堂
康熙三十四年	知州張朝琮	不詳	修戟門、詩書禮樂坊
康熙年間	學正魯斯	魯斯出資	原學正署在明倫堂後，久廢，魯斯蓋草房於大門東齋基之上，後來者俱居於此，之後，又移於明倫堂後。
康熙三十九年	訓導馮嵒	馮嵒捐資	訓導舊無署可居，馮嵒捐資蓋茅屋數間於明倫堂北，後移於明倫堂東。
康熙四十一年	知州陳廷柏	不詳	重修大成殿及東西兩廡等。
乾隆三十七年	知州梁肯堂	梁肯堂率紳士李呈顏、崔鈺、何希閔、張瑋、王之烈捐募。	重修大成殿及東西兩廡等。
乾隆三十八年	學正李實生	李實生率紳士李呈顏、崔鈺等捐募。	重修明倫堂等。
乾隆五十年	知州王若常	不詳	移奉奎星像於城東南角樓上。
乾隆六十年	學正李吉人	李吉人率紳士崔鈺、金文基捐募。	重修崇聖祠，將原先的五間改作三間；修大門。
嘉慶十三年	知州趙錫蒲	趙錫蒲率郡紳王友夔、王維垣、王維祺、李增、王友甫、張占鼎、蒙國舉等捐募。	修東廡、戟門、櫺星門、照壁。
道光十六年	知州楊夔生	不詳	不詳

資料來源：（光緒）《順天府志》卷61，《經政志》（八）《學校上》；（民國）《薊縣志》卷6，《建置》《學宮》。

從上表看，在薊州學見諸史冊的十五次重修中，明代僅有兩次，清代卻有十三次。這除了表明由明至清薊州一地職能的變化外，還表明了清朝統治者對薊州教育的重視。清康熙二十七年（1688年），御書「萬世師表」四字，頒於薊州學，懸掛于大成殿。此後歷朝，都有皇帝御賜匾額於薊州學，分別是：雍正二年之御書「生民未有」四字；乾隆三年之御書「與天地參」四字；嘉慶三年之御書「聖集大成」四字；道光元年之御書「道協時中」四字，均「敬製匾額，懸掛正殿」〔註20〕。

薊州學興起較早，所以，規制較完備。擁有正殿（大成殿）五間；東廡五間；西廡五間；戟門三間；泮池石橋三座；欞星門；照壁；名宦祠；鄉賢祠；崇聖祠五間（乾隆六十年，改作三間）；忠孝祠；節義祠；敬一箴亭（康熙十四年改作名宦祠）；尊經閣五間（在崇聖祠後）；奎星樓，樓北有三齋（後改爲學正宅），分別是正誼齋、修業齋、進德齋；明倫堂三間；詩書禮樂坊一座；大門；學正署及訓導署等。

史載：「薊州學田，糧地一頃二十畝，坐落關廂里密河，莊河荒地六十五畝，坐落桑園莊」〔註21〕。薊州州學的入學額數爲十八名，「廩生三十名，增生三十名，三年兩貢」〔註22〕。

5.1.5 寧河縣學

明代，寧河爲寶坻縣地。清雍正九年（1731年），始由寶坻縣析出單獨置縣。故至雍正十二年（1734年）寧河縣學才得以建立。學宮在縣治正南〔註23〕，前臨潮河。由知縣沈濬創建。在《敕建學宮碑記》中，沈濬記錄了寧河縣學初創時的景象：「秩然中隆者爲大成殿，其北爲啓聖祠，其傍爲配享從祀，諸廡門垣池橋之類，舉而崇深畢備，繪藻輝煌。廟之西爲明倫堂，齋舍庖廩，以次咸列，計爲楹六十有四……」，工程始於「雍正十二年春，越九月而落成」，共計花費「銀六千二百五十三兩有奇」〔註24〕。此後，寧河縣學歷經修葺，不斷發展，具體狀況如下：

〔註20〕　（民國）《薊縣志》卷6，建置，學宮。
〔註21〕　（光緒）《順天府志》卷62，經政志九，學校下。
〔註22〕　（清）素爾訥《學政全書》卷45，直隸學額。
〔註23〕　此處據（光緒）《寧河縣志》，而（嘉慶）《大清一統志》則爲縣治西南隅。
〔註24〕　（光緒）《寧河縣志》卷13，記載，敕建學宮碑記。

表5.6　明清時期寧河縣學歷次重修狀況表

時　　間	倡修人	修學經費來源	修學成果
乾隆二十四年	知縣謝洪恩	捐俸銀一百兩，另合眾紳士共捐銀一千六百六十五兩三錢。	由大成殿、崇聖祠，至兩廡兩門、名宦、鄉賢、櫺門、泮水，煥然一新。又於櫺星門東西增建忠義祠、節孝祠；更建義路、禮門兩坊，以肅出入。
乾隆年間	訓導魏泰（乾隆二十七年十一月任）	魏泰與眾邑紳，捐俸出資。	頹蔽者引之整齊，剝落者加以黝堊；且因前基逼窄，河近宮牆，故修學時，挑土平鋪，引至數丈。
乾隆三十二年	不詳	乾隆二十四年修學經費餘銀及其生息銀兩中支取。	修明倫堂學宅
乾隆三十三年	不詳	乾隆二十四年修學經費餘銀及其生息銀兩中支取。	補文廟、修學宅。
乾隆三十八年	不詳	乾隆二十四年修學經費餘銀及其生息銀兩中支取；並孟家莊學田收入中支取。	修補文廟
乾隆四十二年	知縣關廷牧	關廷牧倡捐，計費一百四十金。	修大成殿、頭門照壁及明倫堂門樓照壁等。
道光十六年	知縣周震青、教諭陳來德、訓導高繼第等	知縣周震青、教諭陳來德、訓導高繼第等倡捐，共得銀六千三百九十餘兩。	大成殿舊基平塌，培築堅厚，視舊基升高二尺；泮橋舊有一座，今又增二為三；明倫堂等均以次重修，復設垣牆映壁，並立土地祠於大門之右。其他廊廡齋舍，也一一修葺一新。

資料來源：（光緒）《寧河縣志》卷3，《建置志》《學宮》；卷13，《記載》。

　　縱觀寧河縣學之殿廡及學署，雖建成較晚，但卻是相當完備的。中為大成殿，殿前為東、西兩廡各三間；再前為戟門；戟門之左為名宦祠，右為鄉賢祠，泮池在其前；又前為櫺星門，門之左為忠義祠，右為節孝祠；其外為照壁，壁之左盡處為義路門；崇聖祠在大成殿後；明倫堂在大成殿西，中間隔一夾道；明倫堂之前為大門，大門之西為土地祠；教諭宅在明倫堂之後；訓導宅則在教諭宅之後。

　　寧河縣學的辦學經費，主要有以下來源：其一，乾隆二十四年（1759年）重修寧河縣學宮時，共得各方捐助之銀兩一千六百六十五兩三錢，其中用於修學之費共計一千五百一十四兩九錢二兩，尚餘銀一百五十兩三錢九分八

鰲。知縣謝洪恩認爲，應將此「所餘之數，存邑之各紳，權子母而累生焉。月什二爲率，三年當得二百八十兩有奇，又度支年修學宮銀每年十兩，亦累計其子，三年得四十兩有奇，總其數得三百兩有奇，至癸未年多，即得生子七十兩有奇矣。以給歲修之費，約計尚可贏什之四五，以所贏者，仍存各紳而銖積之，循環掌之，歲終，則核歲修之用及所餘……如是則其源不窮，其流有節」〔註25〕。此方法後得以實施。乾隆二十九年（1764年），「各典商以此項銀兩日多，難於兼權」，故將其「呈繳徐前縣，得子母銀四百九十兩」。之後，徐前縣升任延慶州知州，杜懋綸等人於乾隆三十三年（1768年），親自趕赴延慶，將銀兩如數領回並交與杜前縣，「嗣據生員杜嶧、貢生張廣基等九人復行領出，除歸三十二年修理明倫堂學宅欠項銀五十兩八錢二分，又本年苦補文廟支銷銀九十二兩一錢八分，又修學宅支銀十兩」〔註26〕。其二，學田收入。乾隆三十三年（1768年），置孟家莊地八十七畝，園地七畝，房兩間，價銀二百六十二兩五錢，契據由貢生張廣基收執。乾隆三十八年（1773年）修補文廟時，支取三十七兩五錢，後尚存銀四十兩，仍由張廣基存貯，資生二分行息，其生息銀兩，用於每年「掃殿工食之用」〔註27〕。

　　據（嘉慶）《大清一統志》記載，寧河縣學的學額爲十二名。但《學政全書》中的記載與此略有不同，稱：「寧河縣學額進十一名，廩生二十名，增生二十名，二年一貢」〔註28〕。

　　天津各郊縣儒學的發展情況大致如此，雖然建立時間先後不一，存在時間長短不一，但都得到了明清政府，尤其是當地官員和邑紳的重視。雖然官員的重視可能與明清兩代對官員的考核與興修學校狀況相掛鉤有關，但卻在客觀上促進了當地的教育繁榮，爲各地科舉的興盛、人才的培養和文化的傳播奠定了良好的基礎。

第二節　書　院

5.2.1 靜海縣書院

　　史載，靜海縣內有書院一所，名曰瀛海書院。據考察，因靜海縣在明代

〔註25〕（光緒）《寧河縣志》卷13，記載，學宮善後碑記。
〔註26〕（光緒）《寧河縣志》卷3，建置志，學宮。
〔註27〕（光緒）《寧河縣志》卷3，建置志，學宮。
〔註28〕（清）素爾訥《學政全書》卷45，直隸學額。

時曾屬河間府管轄，所以瀛海之名乃源於府縣之合稱。關於瀛海書院的創建年代，說法不一。（同治）《靜海縣志》載，書院的創建年代無可考；而（嘉慶）《大清一統志》中載，瀛海書院創建於清乾隆二十一年（1756 年）。書院地址位於「北門外永豐街」〔註29〕。嘉慶元年（1796 年）知縣莫墓重修書院〔註30〕。

　　瀛海書院經費大體由縣署籌集。史載，瀛海書院創建之時所用經費，「於洋芬港十七頃地之入價銀三千兩、道縣共捐一千、縣又勸捐二千」〔註31〕，始得集腋成裘，建立起這所供靜海縣子弟讀書習業的書院。書院「財物歸公」，「每年出納皆署中司之，逐年開列出入清單」〔註32〕，經費用於整修學舍講堂等。除此，也有官員邑紳等出資置辦學田，例如曾任靜海縣學教諭的石汝諧就「捐資爲書院置義田」〔註33〕，另有曾任靜海縣學訓導的計肇忠，亦「捐資助添書院義田」〔註34〕，以所得充當書院經費。

　　書院「每歲立齋長二人，由縣遴選」〔註35〕，負責書院的日常管理等。肄業學生分爲秀才及童生，即俗稱之儒童、文童。學生入書院學習，當日不能回家者，可留宿。書院負責膳食。每月初二日進行「官課」，十六日舉行「師課」，「官課」「師課」統稱爲「月課」。月課內容主要是由學院出題，作八股文、策論，或作詩、詞、歌、賦。月考作業由書院修改評閱，優秀者會給予一定的獎勵。負責縣學教育的儒學教官，教諭、訓導會定期爲書院學生講學〔註36〕。除此之外，也會延請品行學識較好的文士來講學，在瀛海書院中講學的著名人士主要有：牛廣士，靜海縣人，字國賓，一字蹟堂。幼時聰敏，嗜古善悟。「弱冠遊庠食餼」，中嘉慶九年（1804 年）舉人。曾任邱縣訓導、宣化府教授，在任期間，「勤拳課士，能耐冷官」。晚年歸鄉，被延請主講「瀛海書院」，其「與鄉人敦品勵學，一時英俊多出」。他的門生子弟生平有許多著作，但因兵燹，大多散失。眾人「得其寸紙隻字者，以爲吉光片羽」，可見他培養出的人才之多，教育成就之顯著。此外，曾任靜海縣學教諭的連國奇，

〔註29〕　（同治）《靜海縣志》卷2，建置志，學校。
〔註30〕　（嘉慶）《大清一統志》卷24，天津府，學校。
〔註31〕　（同治）《靜海縣志》卷2，建置志，學校。
〔註32〕　（同治）《靜海縣志》卷2，建置志，學校。
〔註33〕　（民國）《靜海縣志》，官師志，教職。
〔註34〕　（民國）《靜海縣志》，官師志，教職。
〔註35〕　（同治）《靜海縣志》卷2，建置志，學校。
〔註36〕　趙寶琪、張鳳民：《天津教育史》，第68頁。

也主講過瀛海書院，史稱他「訓誨不倦，文藝頗佳，生徒傳誦」〔註37〕。

舉人郭光庭在其《瀛海書院勸學說》中認為，府州縣儒學教育的弊端大都在於：其「志功名不志道德；務詞藻不務躬行；求便安不求刻苦；氣以不養而暴，心以多蔽而昏。銷歲月於時藝之中，馳神魂於富貴之境」〔註38〕，所以，勸說書院諸生應摒棄浮躁的學風，不可將時間消磨於制藝之中，不可僅將入仕做官當做學習的目的。由此，瀛海書院的教育宗旨和教學目的可窺一斑。

5.2.2　武清縣書院

明清時期武清縣內的書院共有三所，分別是奎文書院、慶成書院與白河講院。

奎文書院位於武清縣南大街，最初為元衛帥府家廟，至明嘉靖十六年（1538年），才由知縣趙公輔遷於城南。書院經費主要由武清縣政府來籌措，道光五年（1825年），知縣劉體仁再次移建奎文書院，並為書院添置膏火地畝。史載，劉體仁認為奎文書院因年代久遠，時已破舊，「規模不廣無以備藏修，經費不充無以宏獎勸」〔註39〕，而改善這種現狀，無疑是知縣的責任。恰「城南有官房一所廿餘間」，遂「移學舍於茲，以廣其規模。復撥出大士廟焚獻餘地計六頃五十九畝有奇，添設膏火，以充其經費」。如此一來，才使得「邑人士藏修有所，獎勸有資，相漸相摩，蒸蒸日上」〔註40〕。

慶成書院（光緒年間更名為萃文書院）在王慶坨，清雍正二年（1724年），「封太史曹傳建」〔註41〕。曹氏家族為武清之名門望族，世代居王慶坨。封太史公曹傳「尤樂善好施，亹亹不倦，邑人咸頌之」，因考慮到「財貨以資其身，不若學問以資其心」，「遂慨然捐資建立書院，延訪名宿，下逮薪米薑鹽之費，靡不措置周詳」。故而「邑之文教駸駸日上」〔註42〕。書院初建，曹傳捐「三百金付人營運，冀生息以充費」〔註43〕。乾隆五年（1740年），曹傳之子曹涵，以終養請假，邀恩抵家，遵照其父的囑託，收取學田逋負，但「僅

〔註37〕　（民國）《靜海縣志》，官師志，教職。
〔註38〕　（民國）《靜海縣志》，文藝志（上），《雜記》，《瀛海書院勸學說》。
〔註39〕　（光緒）《順天府志》卷62，經政志九，學校下。
〔註40〕　（光緒）《順天府志》卷62，經政志九，學校下。
〔註41〕　（光緒）《順天府志》卷62，經政志九；（乾隆）《武清縣志》，學校。
〔註42〕　（乾隆）《武清縣志》，藝文，慶成書院條約序。
〔註43〕　（乾隆）《武清縣志》，藝文，慶成書院序。

得十之四五」。原本認爲購置田產能成爲贊助書院經費的長久之計，但經營一段時間後，竟發現「數已不敷」，於是曹涵復「買地一百八十畝」，與之前其父捐出的學田合計共三頃，以資書院膏火，「取給繕修」〔註44〕。另於乾隆五年（1740年），正式「造冊申詳學憲」錢文端，順天府學憲錢文端親自爲書院題寫「慶成書院」的匾額。慶成書院有學則條規一十八則，「教約有方，大都務崇實學，俾一時炳蔚之士，悉琢磨以成其材，陶冶以成其器」。因此，在慶成書院肄業的學生，皆「彬彬鬱鬱」、「敦樸醇謹，卓然遠浮囂之習」〔註45〕。書院學額爲廩膳生二十名、增廣生二十名。日常學習期間，有歲、課二考，每考招收十八名生童入學，逢歲考招收五名武生童入學。

白河講院在河西務城內，至乾隆年間，「城廢院存」〔註46〕。其餘信息，史料均無詳細記載。

5.2.3 寶坻縣書院

縱觀明清寶坻縣書院，主要有兩所：登瀛書院、泉州書院。

登瀛書院，由李景登創建於明萬曆年間。李景登，廣寧人，字瀛洲，萬曆二十年（1592年）進士。因「治猗氏有聲」，移任寶坻知縣。他在任期間，非常重視教育，「以七義月試諸生，丹黃甲乙，雖良師之課其弟子不是過也。於學宮創尊經閣，開登瀛書院，一時才俊畢出」〔註47〕。又爲書院「捐俸購書」〔註48〕，對寶坻一縣之教育貢獻可謂不小。

泉州書院創建於清嘉慶元年（1796年）〔註49〕，由知縣陳鳳翔創建。據史料記載，陳鳳翔初購置「孝廉王君敏樹鬻城東舊居六十餘間」，然後鳩工庀材，進行修葺，落成後，規模宏敞，人文鵲起。書院建立後，不斷得到發展，「道光十五年（1835年），知縣許浣；咸豐六年（1856年），武生白龍田，輸捐置田畝，歲收息租制錢一千七百二十八緡銀二十兩」〔註50〕，以作書院辦學經費。書院的教學內容與儒學相仿，均爲儒家經典。因此，可以說明清兩代寶坻書院仍然是爲科舉考試做準備的場所。書院學生大致分爲兩種，其一

〔註44〕　（乾隆）《武清縣志》，藝文，慶成書院序。
〔註45〕　（乾隆）《武清縣志》，藝文，慶成書院條約序。
〔註46〕　（乾隆）《武清縣志》，學校。
〔註47〕　（民國）《寶坻縣志》卷11，人物（上），名宦。
〔註48〕　（光緒）《順天府志》卷73，官師志三。
〔註49〕　（嘉慶）《大清一統志》卷6，順天府。
〔註50〕　（光緒）《順天府志》卷62，經政志九，學校下。

為秀才出身，準備鄉試應考，編入「文生月課」，每月定期到書院聽講，並提交文章、詩詞等請先生批閱；其二是經童試合格或相當程度，以備應考，編入「生童常課」，常年在書院攻讀學習〔註51〕。

5.2.4 寧河縣書院

寧河縣內有書院一所，名曰「渠梁」。渠梁書院位於寧河縣治東、文昌祠之後，清乾隆四十四年（1779年）建〔註52〕，創建人是知縣關廷牧。史稱，寧河舊無書院，直至乾隆己亥，恭遇皇上萬壽恩科，「都人士歡忭鼓舞，因即文昌祠後殿，捐俸修葺，增建廂房數楹，講堂、書舍、齋廚，次第就理，名曰渠梁書院」〔註53〕。書院建成後，隨即「延碩儒而為之師，諸生以時講習於其中」〔註54〕。書院考試分為月課和季考，並於其中選拔優秀之人，進行獎勵。

渠梁書院擁有正屋五間，中間供奉文昌神座，左為講堂；東廂正房兩間，披屋三間；西廂披屋兩間，東西為兩個側門；文昌臺一座；大門三間，面向河渠，其中一個西角門為院門；門外東南為魁星閣。乾隆五十六年（1791年）、乾隆六十年（1795年）及嘉慶元年（1796年），知縣夏蘭三次修葺書院。道光十七年（1837年），又有邑紳廉如鈺、邵雙和、陳棠、李德全、李中齡、馬匯徵等人稟請倡捐重修書院，經知縣周振青批准後，捐俸修補渠梁書院。

書院初建之時，經費不多，遂勸「商人吳公肇元，每歲捐金，以助膏火，延師主講，育秀儲材」〔註55〕。經費為二百兩，延師歲修之費出自吳肇元的捐贈，但考課之獎賞等各費，「一切取自內署」〔註56〕。至於在書院肄業的學生，則「自具膏火」〔註57〕。後世因吳家衰落，「無人更囊義舉，遂使數十年來，文運就衰。歷任王公蘭桂、朱公以升、喬公邦哲、吳公夢曾，皆捐廉興教，實意栽培。然旋舉旋輟，迄無成章」〔註58〕。史料雖是如此記載，但渠

〔註51〕趙寶琪、張鳳民：《天津教育史》，第69頁。
〔註52〕此處根據（光緒）《順天府志》與（民國）《寧河縣志》；而在（嘉慶）《大清一統志》中記載為乾隆二十三年建立。
〔註53〕（民國）《寧河縣志》卷3，建置志，書院。
〔註54〕（民國）《寧河縣志》卷13，《記載》，《渠梁書院記》。
〔註55〕（民國）《寧河縣志》卷13，《記載》，《重修渠梁書院記》。
〔註56〕（民國）《寧河縣志》卷3，建置志，書院。
〔註57〕（民國）《寧河縣志》卷3，建置志，書院。
〔註58〕（民國）《寧河縣志》卷13，《記載》，《重修渠梁書院記》。

梁書院的經費來源卻不止如此。書院的另一重要經費來源是大學士杜立德捐出的三段香火園地〔註 59〕，共計二十七畝五分三釐五毫。它們分別是：祠外左園地一段，南寬三十弓，北寬三十九弓，西長八十二弓，東長八十六弓，計一十二畝零七釐五毫；祠後窪園地一段，南寬五十四弓，北寬五十一弓，東長二十二弓，西長三十四弓，計六畝一分二釐五毫；東窪園地一段，西長三十一弓，東長二十三弓，南寬五十六弓，北寬六十六弓，中長五十二弓，中寬五十八弓，計九畝三分三釐五毫。除此之外，渠梁書院的辦學經費還有如下來源：生息銀三百一十六兩七錢五分；大高泊租銀三十二兩；淮漁澱租銀十六兩；李家廠租銀六兩四錢四分；蘆臺鹽商捐輸銀一百兩；楮櫟山租錢五十七弔九百六十文；任士昆租錢七千；小坡澱租錢八十二千四百文及米廠租錢九千七百五十文。

書院學額爲「正課生童各十名，附課生童各十名」〔註 60〕。生童考試分爲官課和師課，分別爲每月進行一次，「其一等及二等前列者，俱官給獎賞」〔註 61〕。有邑侯王朝矩，「親課生徒，獎善而教不能，一時人文蔚起，科名鼎盛，老師宿儒，皆可以教」〔註 62〕。

5.2.5 薊州書院

薊州書院有兩所，其一是漁陽書院〔註 63〕；其二爲洗心書院。

漁陽書院，由薊州知州劉念拔創建，工程始於清乾隆五十六年（1791 年）十月十七日，落成於乾隆五十八月七年（1792 年）正月十五日。在此之前，薊州雖爲北方重鎮，「所在多有」，但唯獨「書院未建，缺典也」〔註 64〕。劉念拔之前任知州梁肯堂，在任期間，多有德政，爲紀念他的功德，劉念拔「捐俸千餘金」，並令邑紳崔鈺、張楊澄督工，令孫明璿、錢縉、胡大文幫辦捐募，爲其在薊州廣福寺修建祠堂。廣福寺西有寬敞空地一塊，熱心於教育的劉念拔便有意在此興建書院，請示於梁肯堂，梁肯堂欣然同意，並捐輸資助，「自節相（梁肯堂）捐金爲倡，好義諸君子咸感慕節相之化，亦各踊躍輸將，釀

〔註 59〕 （光緒）《順天府志》卷 62，經政志九。

〔註 60〕 （民國）《寧河縣志》卷 3，建置志，書院。

〔註 61〕 （民國）《寧河縣志》卷 3，建置志，書院。

〔註 62〕 （民國）《寧河縣志》卷 13，《記載》，《重修渠梁書院記》。

〔註 63〕 （嘉慶）《大清一統志》卷 7，順天府。

〔註 64〕 （民國）《薊縣志》卷 10，藝文志，《漁陽書院碑記》。

五千金」〔註65〕鳩工庀材，建立漁陽書院。書院建成後，「向之鞠爲茂草者，今則霞蒸雲蔚，名勝不磨」〔註66〕，薊州一地人文鵲起。其建築之宏偉、壯觀不言自明，書院正中有講堂五間，堂前有東西廂房各三間，堂後有東西遊廊各八間，後廳三楹（嘉慶十四年州牧胡士連塑劉猛將軍像於此）；廳堂前二門一座，外大門三間。

書院辦學經費來源如下：一爲學田一頃七十五畝二分一釐，每年收取田租「薊錢二百零一千五百三十文」；二爲房產一份，每年收取租金「薊錢六千」，除去應繳納「錢糧用錢十千零一百文」，餘「薊錢一百九十千四百三十文」，此項膏火「後歸入洗心書院」，洗心書院廢止後，所有書院膏火盡歸義學。嘉慶年間，知州趙錫蒲將漁陽書院之「房舍作爲吏目官廨」〔註67〕，改作掌理刑獄及官署事務。

史載，漁陽書院「自乾隆年間梁公肯堂始，其後廢爲尉署，無復課士」〔註68〕，道光十二年（1832年），薊州知州華濬將吏目署移至它處，並「捐資修葺屋宇，以爲諸生誦習之所」〔註69〕。書院修葺完畢，尚餘銀兩千五百兩，遂「發商生息」〔註70〕，每歲可得三百兩，以充膏火之費。此外，還「捐地六頃以充經費」〔註71〕。華濬認爲，即使經費缺乏，學生也不可停止學習，更何況經費充足，除了諸生誦習有膏火之外，若餘資充裕，「則可以延山長，不惟有所資而並有講習之人矣」〔註72〕，原本薊州科第不振已有數年，但興修書院後，諸生習文藝、修德業，士風蒸蒸日上。又科第不斷，且中第者「皆平日肄業書院者」，時人「一時無不以此爲興復書院之效」〔註73〕，薊州文風爲之一振。

漁陽書院考課有定例，且此例一直「沿至清末」。每月初三日、十八日爲課士之期。「衡文者曰山長，聘續學能文之士充之」〔註74〕。考試以文章之優

〔註65〕（民國）《薊縣志》卷10，藝文志，《漁陽書院碑記》。
〔註66〕（民國）《薊縣志》卷10，藝文志，《漁陽書院碑記》。
〔註67〕（民國）《薊縣志》卷8，故事，書院。
〔註68〕（民國）《薊縣志》卷10，藝文志，《重修漁陽書院碑記》。
〔註69〕（民國）《薊縣志》卷8，故事，書院。
〔註70〕（民國）《薊縣志》卷8，故事，書院。
〔註71〕（光緒）《順天府志》卷62，經政志9。
〔註72〕（民國）《薊縣志》卷10，藝文志，《重修漁陽書院碑記》。
〔註73〕（民國）《薊縣志》卷10，藝文志，《重修漁陽書院碑記》。
〔註74〕（民國）《薊縣志》卷8，故事，書院。

劣來分等級，名列前茅者給予膏火獎勵，以示鼓勵。凡境內生童均可按期考課，「有相關而善之義」〔註75〕。

　　洗心書院，在薊州城外東北隅〔註76〕，建立於嘉慶十五年（1810年），由知州趙錫蒲倡建。趙錫蒲非常重視教育發展，認為「治國以得人為本，人材以務學為先」。又見漁陽書院「地接囂塵，在官者往往以為宅，並往來驛使，時息其中，未免以講堂為郵亭矣，擾擾攘攘，實非課士地」〔註77〕。遂於洗心泉之西，購屋數椽，「以課諸生」。書院以洗心亭為講堂，「北接崆峒之秀，南聯翠屏之奇，且泉流回繞，地處幽靜，較向之煩擾者迥異矣」，隨即為之「顏其額曰『洗心書院』」〔註78〕。書院之名的得來，除了地理位置的因素外，還有更深層的意義，稱「以學者學為人也，而人其人者，惟恃無負此心，必使此心與聖人無二，與天地無二」〔註79〕，此即以陸、王心學為指導，將他們的教育思想貫穿於書院的發展之中。書院的膏火之資來自於趙錫蒲劃撥的「地畝並廳北一帶水田」〔註80〕，將此學田的歲中收入，作為書院經費。為了保障學田經費的順利收取和實施，趙錫蒲還下令附近居民要隨時查看學田，「如有復行壙塞作踐之事，即可會同山長、紳士，扭赴當堂懲治」〔註81〕。辦學經費乃是書院持續發展的重要保證，知州趙錫蒲之所以如此重視經費的籌措和獲取，表明了他對書院發展及教育發展的重視。正如史載「書院盛衰關乎州邑之文風，故賢牧莫不兢兢焉，修理書院以為提倡文風之計」〔註82〕。也正是由於這些官員的提倡和關注，才使得歷代為軍事重地的薊州，在明清，尤其是清代，教育獲得了有聲有色的大發展。

第三節　蒙養教育

　　《書·大傳》曰：十歲入小學，見小節，踐小義；十八入大學，見大節，

〔註75〕　（民國）《薊縣志》卷8，故事，書院。

〔註76〕　（光緒）《順天府志》卷62，經政志9。

〔註77〕　（民國）《薊縣志》卷10，藝文志，《新建洗心書院記》。

〔註78〕　（民國）《薊縣志》卷10，藝文志，《新建洗心書院記》。

〔註79〕　（民國）《薊縣志》卷10，藝文志，《新建洗心書院記》。

〔註80〕　（民國）《薊縣志》卷10，藝文志，《洗心書院紀事》。

〔註81〕　（民國）《薊縣志》卷10，藝文志，《洗心書院紀事》。

〔註82〕　（民國）《薊縣志》卷8，故事，書院。

踐大義〔註83〕。說明人在各個年齡階段都應接受相應的教育，才能使教育得到良好的銜接，從而獲得更加良好的效果。但古代因經濟基礎較差、教育資源缺乏等因素，造成了教育實施並不廣泛，且受教群體狹小等狀況；尤其是民間創辦的蒙養教育更是如此，因蒙養教育屬於基礎的啓蒙教育，加之此種教育的興辦大多不屬於官辦，而是民間力量自主辦學，所以教育的興辦狀況要麼失載，要麼就語焉不詳，所以，對天津現行區劃內的各區縣蒙養教育狀況的獲得，只能來自於少量的史料。

　　靜海縣社學「在縣城內西南，久廢」〔註84〕，其他狀況不詳。義學一所在獨流鎮，「初名養源義塾」〔註85〕，建立於清雍正五年（1727年）。

　　武清縣社學由知縣陶允光建立於明萬曆年間。陶允光認爲，古之人之所以行修而飭，有守而不犯，皆得益於最初的蒙養教育。因此，明萬曆十一年（1583年）任武清知縣後，發現武清縣無社學，便訪縣中耆老，盡曰「民貧不能學，抑學之無顓師也」。於是，陶允光購置隙地，建立社學。「月出穀粟，牽總草，敦里之淵德耆老者，使顓爲之師」。陶允光爲此記文曰：「是學者，去文廟西南二百步，厥土剛、厥向午、厥才孔良，餘之創厥事者，爲邑弟子謀，甚殷且遠也」〔註86〕。

　　見諸記載的武清縣義學有四處，其一爲康熙年間由邑人李煒等捐地創立的義學，知縣劉潤爲此作《義學記》，以記其事。劉潤曾感歎因科舉之設導致學者均以應世爲急，蒙養教育與府州縣儒學教育在教法等方面已無明顯區別，這無疑也導致了官員邑紳對蒙養教育的忽視。他在任武清知縣期間，就蒙養教育不興諮詢於鄉大夫，眾人皆曰：「昔比戶而洛誦，今廢書而他徙」，至於緣由，大多是因貧家子弟乏束腱之資。此時恰逢「大中丞於公膺特簡鎮撫三輔，興古教，百爲鼇舉。檄下州邑，尤以修復社學爲急」〔註87〕。劉潤隨即召集武清邑紳籌劃興學，紳士李煒「割其園一隅計畝半有奇，築堂構舍、延師授經其中，俾邑之英秀，貧而向學者，朝夕肄業」〔註88〕。另有僉都御使趙之符「捐資勸事」。義學落成後，告知於李煒之父李可楨，其父大喜，認

〔註83〕　（乾隆）《武清縣志》，藝文，碑記，《義學記》。

〔註84〕　（同治）《靜海縣志》卷2，建置志，學校。

〔註85〕　（光緒）《重修天津府志》卷35，第1137頁。

〔註86〕　（乾隆）《武清縣志》，藝文，碑記，《社學說》。

〔註87〕　（乾隆）《武清縣志》，藝文，碑記，《義學記》。

〔註88〕　（乾隆）《武清縣志》，藝文，碑記，《義學記》。

爲義學之設需有保障，因爲「古之入學必束脩，又群居講習宜有餼廩資饘粥，不然聚而易散」〔註89〕。故而又捐出「田百畝，在縣治東北郭，舊隸邱家莊里三甲」爲「館穀地」，即爲義學田，「凡設教者得其租即輸其課，尤便而永也」〔註90〕。作爲義學辦學經費的重要來源之一，義學田對於義學發展的作用不言而喻。

除此之外的武清縣三處義學，一在縣治前，康熙五十四年（1715年）「以祖公生祠改建」〔註91〕。一在楊村，亦建於康熙五十四年（1715年），久廢。另一所據（乾隆）《武清縣志》記載，名曰「河西務義學」。

寶坻縣義學有三，一爲明代嘉靖年間知縣唐煉所設，免費供貧民子弟讀書，爲明清時期寶坻縣義學之始。一在文昌閣，爲乾隆年間知縣洪肇楙創建。一在縣西街，康熙二十二年（1683年）重建。時任寶坻知縣者爲路坦，他同樣認爲科舉制度的設立令學生只知制藝而忽略其他，蒙童學習也「僅以記書契姓名而已」，從而使「學於今日難矣，義學於今日倍難矣」〔註92〕。時逢學憲倡令各縣設立義學，路坦便首先捐俸以倡，「欲興鄉塾以育俊秀」，鄉之眾紳士，皆樂捐助，尤以邑人趙興治所捐最多，「出田百畝爲延師費」。義學的興建由邑紳方宗璉及劉祚永督工，落成後，「堂室庭廡以墍以塗，有師有儒，髦士愉愉，小子瞿瞿，亦足爲育材發軔之區也哉」〔註93〕。儘管如此，路坦並不滿足，他更高的期望是後世之人能「增修不廢，而循循繼其後」。從而達到「由一學而及於眾學，由小學而進於大學，學道明備，俗美風淳」〔註94〕的盛況。而他的願望也最終得到了實現。義學歷經歲月沖刷，「室宇垣墉頹壞穿敝、泄落風雨，弦誦寂然，門內存一舊碣，屹塵滓中，漫漶磨滅莫可辨，耆叟過之，多欷歔太息，感興廢焉」〔註95〕。乾隆十五年（1750年），鄒魯名儒吳克明「葺學舍復舊模」〔註96〕，重修此義學。邑人王福謙、楊㭪連同創始人趙興治之曾孫趙彩董其事，「凡度材、治基、塗茨、塈澤舉以不侈不陋爲準」〔註97〕。自

〔註89〕（乾隆）《武清縣志》，藝文，碑記，《義學記》。
〔註90〕（乾隆）《武清縣志》，藝文，碑記，《義學記》。
〔註91〕（光緒）《順天府志》卷62，經政志九，學校下。
〔註92〕（民國）《寶坻縣志》卷18，藝文（下），記載，《義學記》。
〔註93〕（民國）《寶坻縣志》卷18，藝文（下），記載，《義學記》。
〔註94〕（民國）《寶坻縣志》卷18，藝文（下），記載，《義學記》。
〔註95〕（光緒）《順天府志》卷62，經政志九，學校下。
〔註96〕（光緒）《順天府志》卷62，經政志九，學校下。
〔註97〕（光緒）《順天府志》卷62，經政志九，學校下。

此，寶坻蒙學教育爲之一振。

　　薊州城內舊有義學，「爲救濟貧苦失學之兒童而設，固不慮子弟之失學矣」〔註98〕，此義學「惟其基無考」。清康熙三十九年（1700 年），知州陳廷柏將義學設在「文化街財神廟西」〔註99〕，佔用官房兩間，設學田一百零八畝，其田坐落於楊相公等莊，每年租銀「八十五千八百八十文」〔註100〕，後不知廢於何時。

　　此外，據（光緒）《順天府志》記載，薊州還有幾處義學，分別是位於城南龍灣的興仁義塾；位於城內別山馬伸橋的三所義學，建於雍正二年（1724年），光緒年間廢。

　　史料中未見有關寧河縣社學或義學的記載。

　　雖然各州縣私塾興辦狀況均無詳細記載，但私塾必定是各州縣蒙養教育的主要形式之一。私塾的組織形式也不外乎以下幾種：第一，塾師設館收徒；第二，富商大賈及巨姓大族或官宦之家延請塾師，教授子弟；第三，民眾集資設館，聘請教師授課。多樣的組織形式使私塾教育具有靈活性和廣泛性的特點，爲各州縣的蒙養教育發揮著關鍵作用。

〔註98〕（民國）《薊縣志》卷8，故事，義學。

〔註99〕（民國）《薊縣志》中記載，文化街財神廟西有義學一所；但（光緒）《順天府志》中記載，文化街財神廟西有義學兩所，具體爲哪兩所，則無詳細記載。

〔註100〕（民國）《薊縣志》卷8，故事，義學。

第六章　教育成就

　　教育作爲一種培養人的社會活動，其成就必然要通過培養出的人才來體現，本章就從此角度，分別通過天津的科舉成果以及培養出的幾類人才來探討天津教育的成就，各類人才大體又可分爲三類：第一類是行政官員，第二類是文士，第三類是其他各界人才。當然，除了培養人才，教育的另一個重大影響和成就還在於對整個地區社會風氣的提升以及對整個地區民眾素質的全面提高。

第一節　天津各州縣科舉成果

　　明代開始，確立了「科舉必由學校」的定制。因此，一個地區教育成就的最直接體現就是科舉成果。

　　筆者根據《畿輔通志》、《順天府志》、《河間府志》、《天津衛志》、《天津府志》、《重修天津府志》、《天津縣志》、《天津縣新志》、《續天津縣志》、《靜海縣志》、《武清縣志》、《寶坻縣志》、《寧河縣志》、《薊縣志》等眾多史料，粗略統計了明清天津各州縣的科舉成果（詳見附錄，表6至表11），此處僅以舉人、進士爲例，統計如下：

　　天津縣，明代舉人數量爲27人，進士數量爲10人；清代舉人數量爲524人，進士數量爲76人。

　　靜海縣，明代舉人數量爲43人，進士數量爲11人；清代舉人數量爲154人，進士數量爲30人。

　　武清縣，明代舉人數量爲31人，進士數量爲9人；清代舉人數量爲102

人，進士數量爲 16 人。

寶坻縣，明代舉人數量爲 65 人，進士數量爲 19 人；清代舉人數量爲 134 人，進士數量爲 27 人。

薊州，明代舉人數量爲 107 人，進士數量爲 33 人；清代舉人數量爲 24 人，進士數量爲 2 人。

寧河縣，清代舉人數量爲 74 人，進士數量爲 9 人。

從以上數據我們可以看出，由明至清，天津一地教育逐漸興盛，表現在科舉上就是科舉成果漸趨豐碩，成爲人文蔚起之地。

清代，天津還出現了很多科舉世家，以靜海縣爲例，《天津靜海舊話》中總結的靜海八大家，無一例外全是科舉世家。其中，靜海牛氏家族中進士的 3 人：分別爲牛天宿、牛思任、牛思凝；舉人 6 人：分別爲牛天曜、牛增慶、牛增受、牛增若、牛增承、牛廣士；貢生、監生 9 人：分別爲牛元顥、牛廣宣、牛積厚、牛昌籙、牛元採、牛元蕙、牛元穎、牛增恕、牛積麟。靜海蕭氏家族中也是人才輩出，文武兼備。僅清朝的康、乾兩世，蕭氏家族就有 5 人考中了武舉人，一人考中了武進士。此外，這個家族的文人也很多，明清時期，不僅一人中進士，還有 8 人中舉人，16 人中貢生〔註1〕。明清天津教育的繁盛由此可窺一斑。

第二節　行政官員

上一節中我們大致瞭解了明清天津各州縣在科舉上取得的成果，因爲科舉是明清時期人們進入仕途的最重要途徑，且自明代始，就有「科舉必由學校」的定制，所以從明清天津科舉的繁榮程度可知，明清天津儒學培養出的各類人才，尤其是官員也是數不勝數的，在本節中，筆者就將那些經由天津教育培養出的在天津乃至全國都較有成就及較有名氣的官員做一下介紹。

6.2.1 明代天津教育培養出的官員

王恭，字克莊，靜海縣人，洪武七年（1374 年）充縣學生，二十九年授五軍稽禮司斷事，剖決詳明。三十一年改大理寺評事。永樂初升任左寺副，又升任右寺正，四任大理，頗有政績。三年，升蘇州知府，在任期間，多有

〔註 1〕 天津市地方志編修委員會：《天津靜海舊話》，第 60、61 頁。

惠政，曾開倉賑濟饑民，也曾修堤防水，治理河道〔註2〕。後歷遷太原府、漢陽府，史稱他「歷練老成，寬和愛物，民多懷之」〔註3〕。致仕歸家，卒年八十七歲。〔註4〕

崔富，字教之。薊州人。以州學生員考中正統六年（1441年）舉人。歷任鄧州知州（史料記載他曾重修鄧州城隍廟）〔註5〕、南通州知州，後又升兩浙運司同知，任職期間，著有《鹽政一覽》〔註6〕。居官清廉，頗有政聲。學識淵博，擅長詞賦，曾增修《家禮集說》，重校《聲律發蒙》，刊有《教民條約》等〔註7〕。

芮釗，字宗遠，寶坻縣人，縣學學生。正統七年（1442年）考中進士，授御史。九年奉命巡按遼東、河南〔註8〕，又由御史歷江西副使〔註9〕，「所至獨持風裁，鋤強擊貪，不少寬縱吏民，惕息畏服，其在江西能聲尤著」〔註10〕。後遷陝西左布政使〔註11〕。天順元年（1457年）奉旨入朝，拜諫議大夫、都察院右副都御使，巡撫甘肅〔註12〕，到任後，「首詢兵民利病而罷行之，其於練士卒、謹斥堠、精器械、廣儲蓄，尤盡心焉」〔註13〕。卒年五十五歲。〔註14〕

鄭氣，字浩然，靜海人，縣學生員，爲正德九年（1514年）進士，正德十一年出任安徽涇縣知縣，民眾爲其修建生祠。史稱他「坦易明敏，吏不敢

〔註2〕（同治）《蘇州府志》卷52，職官，清光緒八年江蘇書局刻本。
〔註3〕（嘉靖）《漢陽府志》卷6，宦跡志，明嘉靖二十五年刻本。
〔註4〕（光緒）《重修天津府志》卷42，人物；（民國）《靜海縣志》午集，仕跡。
〔註5〕（嘉靖）《鄧州志》卷13，祀典志，明嘉靖刻本。
〔註6〕（雍正）《浙江通志》卷264，藝文，崔富《鹽政一覽序》，清文淵閣四庫全書本。
〔註7〕（光緒）《畿輔通志》卷216，列傳24；（萬曆）《順天府志》卷5，人物志；（民國）《薊州志》卷4，人物。
〔註8〕（雍正）《河南通志》卷31，職官2，清文淵閣四庫全書本。
〔註9〕（康熙）《江西通志》卷47，秩官，清文淵閣四庫全書本。
〔註10〕（明）過庭訓：《本朝分省人物考》卷1，明天啓刻本。
〔註11〕（雍正）《陝西通志》卷22，職官三，清文淵閣四庫全書本。
〔註12〕（乾隆）《甘肅通志》卷27，職官，志書中記載爲「正統年間任」，清文淵閣四庫全書本。
〔註13〕（明）過庭訓：《本朝分省人物考》卷1，明天啓刻本。
〔註14〕（民國）《遼陽縣志》卷18，職官志，民國十七年排印本；（光緒）《江西通志》卷12，職官表，清光緒七年刻本；（民國）《寶坻縣志》卷11，人物（上），鄉賢；《畿輔通志》卷216，列傳24。

欺，凡事有大體，不務苛刻」〔註15〕。「十三年（1518年）由武城知縣選山東道御史，十五年（1520年）巡鹽兩淮」〔註16〕，後升監察御史，尋擢河南按察使，升右布政司；又轉陝西左布政司。爲官期間，「所興革多中一時竅會」〔註17〕。任御史時，曾設法收回貴戚侵佔的土地；又因民間爲官府寄養官馬所累，所以將之申告相關官員，使寄養官馬的數量有所減少，從而減輕了百姓的負擔。故去後，祀入鄉賢。〔註18〕

陳耀，字德孚，靜海縣人，縣學學生。嘉靖五年（1526年）考中進士。生性聰穎，十歲工文，日記數千言，且「爲文暢朗有古氣」〔註19〕。歷任刑部員外、郎中。太宰張孚敬重其文學才華，令其編寫《進講語錄》，陳耀多用諷諫語。累升山西督糧參政、河南按察使，因政簡刑清，得到河南民眾的擁護，並爲之編唱歌謠曰：「前有鄭廉，後又陳廉，同起靜海，並清中原」〔註20〕。官至大同巡撫、僉都御使，著有《窮民歎》等詩作。〔註21〕

張愚，天津衛學軍生，考取嘉靖壬辰科（嘉靖十一年，1532年）進士，除戶部主事，歷升都察院右副都御使。「賦性剛方，蒞政明敏」〔註22〕，後巡撫延綏，嚴飭戎務，皇上欽賜其莽玉，五十三歲卒於官，賜諭祭。著有《蘊古書屋詩文集》〔註23〕，卒後被供奉於延綏名宦祠，亦被供奉於天津鄉賢祠。

〔註15〕 （嘉慶）《涇縣志》卷13，職官表；卷16，名宦，中國方志叢書本，據嘉慶十一年刊，光緒十二年重刊本，民國三年重印本影印，成文出版社有限公司印行。
〔註16〕 （清）王定安：《兩淮鹽法志》卷137，職官門，清光緒三十一年刻本。
〔註17〕 （清）王定安：《兩淮鹽法志》卷137。
〔註18〕 （明）凌迪知：《萬姓統譜》卷107，鄭氣，清文淵閣四庫全書本；（明）張朝瑞：《皇明貢舉考》卷6，明萬曆刻本；（明）汪砢玉：《古今鹺略》補卷3，清鈔本；（嘉靖）《寧國府志》卷8，人文紀上，明嘉靖刻本；（嘉靖）《河間府志》卷23，人物志，卷26，選舉志；（雍正）《河南通志》卷31；（雍正）《陝西通志》卷22；（乾隆）《天津府志》，第412頁。
〔註19〕 （乾隆）《天津府志》，第412頁。
〔註20〕 （乾隆）《天津府志》，第412頁。
〔註21〕 （明）雷禮：《國朝列卿紀》卷125，《巡撫大同左右副僉都御史年表》，明萬曆徐鑒刻本；（明）張朝瑞：《皇明貢舉考》卷6；梅成棟：《津門詩鈔》卷21；（嘉靖）《河間府志》卷23，人物志，卷26，選舉志；（光緒）《畿輔通志》卷221，列傳29；（民國）《靜海縣志》午集，仕跡；（雍正）《河南通志》卷31。
〔註22〕 （康熙）《天津衛志》，第54頁；（乾隆）《天津府志》，第412頁；（光緒）《重修天津府志》，第1310頁。
〔註23〕 （民國）《天津縣新志》，第747頁。

此外，其家有懋功祠，在天津鼓樓東大街南。〔註24〕

殷尚質，字仲華，號樸齋。「其先江南合肥人，明初有以軍功仕指揮僉事者，由河南歸德衛調天津左衛，遂占籍焉」〔註25〕。殷尚質弱冠之年補天津衛學生員。嘉靖十四年（1535 年）襲指揮僉事一職，職掌衛事。二十五年守備遼東寧遠，移駐瀋陽，升任山西都指揮僉事。三十一年擢山西太原左參將。三十三年，充任遼陽副總兵，尋升署都督僉事總兵官，「掛征虜前將軍印鎮遼東，璽書諭勉」〔註26〕。後卒於征戰，年僅四十。「上憫悼久之，用禮官言，贈少保、左都督，特進榮祿大夫，仍蔭一子，世襲指揮同知，命禮、工二部祭葬如例，立祠以旌忠烈」〔註27〕。清雍正年間入祀天津忠義祠，諡號忠勇。〔註28〕

劉燾，天津左衛軍生，字丕冒，又字仁甫，號帶川。嘉靖十六年（1537 年）舉人，次年聯捷進士。除游擊推官，擢兵部職方司主事，二十六年擢陝西僉事。三十九年任福建巡撫、四十二年授薊遼總督〔註29〕。隆慶二年，復以侍郎巡撫延綏、寧夏及甘肅。三年，除兩廣總督〔註30〕，平海寇，戰事大捷後，升左都御史兼兵部左侍郎，賜蟒服銀幣。〔註31〕四年，「邊防不靖，召燾經略通灣，提督各鎮兵入援，寇退，以疾辭歸，僑居滄州」。後卒於萬曆二十五年，時年八十七歲，贈太子少保，賜祭葬。著有《浙西海防稿》、《奏

〔註24〕（嘉靖）《隆慶志》卷4，職官，明嘉靖刻本；（明）雷禮：《國朝列卿紀》卷128，《巡撫延綏左右副僉都御史年表》；（明）張朝瑞：《皇明貢舉考》卷6；華鼎元：《津門徵獻詩》卷3，《張撫軍愚》；梅成棟：《津門詩鈔》卷1。

〔註25〕（民國）《天津縣新志》，第747頁。

〔註26〕（民國）《天津縣新志》，第747頁。

〔註27〕（明）焦竑：《國朝獻徵錄》卷106，張天復撰《都督殷公尚賢墓誌銘》，明萬曆四十四年徐象橒曼山館刻本。

〔註28〕平步青：《霞外捃屑》卷5，《豔雪庵雜觚》，《連姓取名》，民國六年刻香雪崦叢書本；（明）劉效祖：《四鎮三關志》卷8，職官考，卷9，才賢考，明萬曆四年刻本；（清）黃掌綸：《長蘆鹽法志》附編援證，《歷代人物》，《忠節》；（嘉慶）《大清一統志》卷26、卷57；華鼎元：《津門徵獻詩》卷2，《殷忠愍尚質》；（雍正）《陝西通志》卷54，名宦5，將弁。

〔註29〕（明）王世貞：《弇山堂別集》卷63，《總督薊遼保定都御使年表》，清文淵閣四庫全書本。

〔註30〕（明）王世貞：《弇山堂別集》卷64，《總督兩廣軍務年表》。

〔註31〕（明）王世貞：《弇山堂別集》卷57，卿貳表，《兵部左右侍郎》；（明）張朝瑞：《皇明貢舉考》卷7；（明）雷禮：《國朝列卿紀》卷52、54、72、106、107、116、125、127；（民國）《天津縣新志》，第747、748頁。

議》、《晴川餘稿》等各若干卷。（康熙）《延綏鎮志》中載有劉燾出任榆林道副使時所作詩一首，名曰《題榆林》：「千里如飛斥堠明，榆陽自古擅強兵，城懸紫塞雲常慘，地擁黃沙草不生；日落邊笳悲牧馬，天空漢月照連營，誰憐套裏中州土，獨向丹墀一請纓。」〔註32〕。子維城，以天津衛學軍生，蔭入太學，官至河東運同；維垣，衛學恩生，蔭入太學；另一子維墉亦爲恩生。〔註33〕

汪來，字君復，號北津，天津衛學軍生，爲嘉靖二十年（1541年）進士。歷任刑部山西司主事，出爲陝西慶陽府知府。三十三年升任山西按察司副使，分巡冀南，備兵寧武關。三十五年因父病告歸。後授山東按察司副使，整飭密雲兵備。遺有《天津整飭副使毛公德政去思舊碑》一文，可見於（康熙）《天津衛志》等志書。另著有《北地記》四卷，其書爲汪來任慶陽府知府時，採集當地詩文、事蹟等所輯成的著作，有關慶陽者得八十一人，此書不分門目，以時代先後爲序，清時被列入《四庫全書總目》，並作了提要〔註34〕。汪來卒後，祀鄉賢祠，並祀密雲名宦祠。〔註35〕

張簡，字易從，靜海人，縣學生員。中隆慶二年（1568年）進士。補大同府推官，升監察御史，先後代巡江西、河南。又擢大理寺丞，晉右少卿。自幼機敏，遍覽星象卜筮諸書，其著作多半失傳。〔註36〕

倪尚志，字勵甫，爲天津衛學官生，萬曆十九年（1591年）舉人，授山東樂陵縣知縣，有惠政，卒後祀於樂陵縣名宦祠〔註37〕，並祀於天津鄉賢祠。子光薦爲恩貢生，官至太僕寺少卿，管戶部郎中事。〔註38〕

〔註32〕 （康熙）《延綏鎮志》卷6，藝文志，清康熙刻乾隆增補本。

〔註33〕 （民國）《天津縣新志》，第747、748頁。

〔註34〕 （清）永瑢：《四庫全書總目》卷74，史部三十，《北地記四卷》，清乾隆武英殿刻本。

〔註35〕 （乾隆）《甘肅通志》卷27，職官；（明）張朝瑞：《皇明貢舉考》卷7；（嘉靖）《河間府志》卷26，選舉志；華鼎元：《津門徵獻詩》卷8；（康熙）《天津衛志》，第78頁；（民國）《天津縣新志》，第748頁。

〔註36〕 （明）雷禮：《國朝列卿紀》卷94，《大理寺左右少卿年表》；（明）張朝瑞：《皇明貢舉考》卷8；（光緒）《畿輔通志》卷221，列傳29；（光緒）《重修天津府志》，第1312頁；（乾隆）《天津府志》，第413頁。

〔註37〕 （乾隆）《樂陵縣志》卷4，秩官志，文職，中國方志叢書本，據乾隆二十七年刊本影印。

〔註38〕 （宣統）《山東通志》卷71，《歷代宦績》，影印民國四年至七年山東通志刊印局排印本；（乾隆）《天津縣志》卷17，選舉；（民國）《天津縣新志》卷21，人物。

玄默，字中象，因避清聖祖諱而改名爲元默。生於明萬曆十年（1582年），爲靜海縣大邀鋪村人。後以縣學生員中明萬曆四十六年（1616年）舉人；翌年，中進士，授河南懷慶府推官，行取吏科給事中，尋以不附當權宦官而失官回到原籍。崇禎元年（1628年），復任懷慶府吏科給事中時，逢當地巨奸陳雲漢假名屯田，增賦害民，眾地方官吏攝於他的淫威，不敢過問。爲拯救百姓，元默冒殺身之禍，接連向朝廷參奏，終於去其害。嗣後，升任河南都察院右副都御史，旋擢河南巡撫。崇禎七年（1634年），曾率官兵與李自成起義軍進行對抗。〔註39〕關於元默的死亡，有兩種說法，其一是各史書中的記載，即元默被李自成的起義軍俘虜，後獲釋歸家，崇禎十六年，聞「莊烈之變」服毒自殺，葬於大邀鋪村西。另一種說法，來自於由玄默後人編寫的《元氏族譜》，其中敘述到：崇禎八年後，玄默仍任河南巡撫。崇禎十一年前後，清軍連續在關外攻城掠地，京城危急，調玄默及所部勤王師，加銜兵部侍郎，圍剿清軍，並將清軍推出長城以外。十二年後，又奉旨收復關外失地，督率各總兵關外作戰。十六年孤軍至熱河，久盼無後援，自刎〔註40〕。

高爾儼，字中孚，明朝萬曆三十三年（1605年）生，靜海縣子牙鎮王二莊人。靜海縣縣學生員。明天啓七年（1627年）中舉人，崇禎十三年（1640年）中探花（一甲第三名）。嗣後，被授翰林院編修。清朝初期，徵補原官，於順治二年（1645年）四月任侍讀學士，七月擢禮部侍郎。順治五年任吏部侍郎，六年加右都御史，八年任吏部尚書，十年晉弘文院大學士。在他任大學士不久，因病回故里調養。順治十一年（1654年）卒。清朝皇帝贈他爲少保，諡號「文端」。葬於王二莊村北。〔註41〕在靜海的高氏家族中，最顯赫的人物應數高爾儼了。他曾做過清朝的大學士（相當於其他朝代的宰相職務）。他

〔註39〕（清）傅恒：《通鑒輯覽》卷114，清文淵閣四庫全書本；（清）佚名：《明季烈臣傳》，清鈔本；（清）張廷玉：《通鑒綱目三編》卷36，清文淵閣四庫全書本；（雍正）《河南通志》卷31、卷32；（清）張廷玉：《明史》卷260，列傳148；梅成棟：《津門詩鈔》卷21；（光緒）《重修天津府志》卷39，宦績。

〔註40〕天津市地方志編修委員會：《天津靜海舊話》，天津：天津古籍出版社，2007年，第52頁。

〔註41〕（清）計六奇：《明季北略》卷22，高爾儼，清活字印本；（清）王正功：《中書典故匯紀》卷7，題名，民國嘉業堂叢書本；徐世昌：《大清畿輔先哲傳》卷29，賢能；趙爾巽：《清史稿》卷238，列傳25；（光緒）《重修天津府志》卷42，人物；（民國）《靜海縣志》午集，人物志，鄉宦。

不僅是高氏家族中官職最高的人，也是靜海歷史上官職最高的人〔註42〕。

　　高爾修（高爾儼之弟），字中寅，號正庵，靜海縣學生員，順治六年（1649年）進士。初授遂安知縣，在任期間，曾先後重建戟門、重修瀛山書院、重修《遂安縣志》〔註43〕。順治十四年（1657年）升任刑部主事，後晉為郎中。再後來，又遷江南道監察御史，轉雲南道，任職時，有《慎重部駁以清案牘疏》〔註44〕上奏朝廷，以抒己見。〔註45〕高爾憲（高爾儼之弟），字中章，靜海縣學生員，崇禎十二年（1639年）中舉，入清後，曾三次督察権政。〔註46〕

　　杜立德，字純一，號敬修，寶坻縣人，縣學諸生，崇禎十六年（1643年）進士。清順治二年（1645年），因直隸巡撫宋權舉薦，授內閣中書，同年七月考選兵科給事中。七年，轉吏科給事中，為清世祖所賞識。九年遷太常寺少卿，歷任工部右侍郎、兵部左侍郎、吏部右侍郎，十六年擢升刑部尚書；康熙元年（1662年）調任戶部尚書，九年拜保和殿大學士兼禮部尚書，二十一年以疾乞歸，卒後諡文端。著有《工部地修堤記》、《間奇集小引》、《抱琴曲》、《文燦靈碑》、《諛同年李光四進士文》等，以上著作於（民國）《寶坻縣志》中均有記載。在陶樑所輯的《國朝畿輔詩傳》中，載有其所著《送客遊天池寺》、《送高念祖還橋李》、《有所思》、《秋日答友人》、《秋興步工部韻》等詩文。〔註47〕

6.2.2 清代天津教育培養出的官員

　　靜海的高氏家族中，較有名氣的還有高恒豫（高爾儼之侄），字子奮，號一齋，十六歲為靜海縣學諸生。順治十一年（1654年）高爾儼卒，高恒豫得

〔註42〕天津市地方志編修委員會：《天津靜海舊話》，第49、50頁。

〔註43〕（雍正）《浙江通志》卷29，學校、卷32，公署。

〔註44〕佚名：《皇清奏議》卷18，高爾修《慎重部駁以清案牘疏》康熙八年，民國景印本。

〔註45〕（光緒）《重修天津府志》卷44，人物；（民國）《靜海縣志》午集，人物志，仕跡。

〔註46〕（光緒）《重修天津府志》卷42，人物；（民國）《靜海縣志》午集，人物志，鄉宦。

〔註47〕沈兆澐：《蓬窗附錄》卷上，清咸豐刻本；李元度：《國朝先正事略》卷3，名臣，清同治刻本；徐世昌：《大清畿輔先哲傳》卷1，名臣；陶樑：《國朝畿輔詩傳》卷6，清道光十九年紅豆樹館刻本；（民國）《寶坻縣志》卷11，人物；卷17，藝文。

蔭中書舍人，升工部都水司主事，督江南蘆課，又督修北河石閘。後又升任為工部屯田司員外郎、禮部精膳司郎中等職，主管崇文稅課，曾清出隱漏額一萬七千有餘。〔註48〕

趙之符，字爾合，號恰齋，清初武清縣人，縣學生。趙完璧（字復環，自幼聰敏好學，與其兄趙連璧常常一起研究經史，由薦舉出任山西榆次縣主簿，在任期間，興學校育人才，多有惠政，後入祀榆次縣名宦祠）之仲子，順治五年選拔貢生，八年舉於鄉，十六年（1659 年）考中進士，被選作庶吉士。後授戶科給事中，補吏科掌印給事中，升鴻臚寺卿，擢都察院左僉都御使。任職共二十年，居諫官十三年，頗有剛直之名〔註49〕。趙之符「生平孝友篤厚……家居獎掖後進，兩修學宮」〔註50〕。著有《奏疏》兩卷，《恰齋文集》若干卷。有子趙璘、趙珣、趙琮、趙瓚，皆有所成就。後輩中，趙珣之仲子趙方頤，字養公，為武清縣學廩膳生，官至四川道監察御史。〔註51〕

李煒，字峻公，號浣盧，清武清縣人，充縣學生員，「少負俊譽，登癸卯賢書」〔註52〕，即康熙二年（1663 年）舉人。二十二年由內閣中書出任饒州府同知，後升戶部員外郎，轉兵部郎中，分巡東兗道。逢清聖祖南巡，特擢為廣東按察使，因多有政績，又被擢為湖北布政使，遷安徽布政使。三十五年，再升山東巡撫〔註53〕，在任期間，「飭綱紀，絕苞苴，振文教，德威兼敷」〔註54〕，頗負盛譽。三十七年春，李煒辭官歸鄉，他熱心於支持家鄉教育事業，先後修文廟，建義塾，修縣志，對武清一地的貢獻頗大。由其所作《重建儒學兩廡記》，今存，成為今人研究天津教育的寶貴文獻資料。〔註55〕

〔註48〕　（乾隆）《江南通志》卷106，職官志，清文淵閣四庫全書本；（清）李元度：《國朝先正事略》卷3；（光緒）《重修天津府志》卷44，人物；（民國）《靜海縣志》午集，人物志。

〔註49〕　（清）范承謨：《忠貞集》卷10，誅章，清文淵閣四庫全書本；（光緒）《順天府志》卷100，人物志10。

〔註50〕　（民國）《天津縣新志》，第751頁。

〔註51〕　徐世昌：《大清畿輔先哲傳》卷8、卷3、卷30；（光緒）《畿輔通志》卷228，列傳36；（乾隆）《武清縣志》卷8，人物。

〔註52〕　（乾隆）《武清縣志》卷8，人物。

〔註53〕　（道光）《濟南府志》卷29，秩官7，清道光二十年刻本。

〔註54〕　（乾隆）《武清縣志》卷8，人物。

〔註55〕　（光緒）《重修安徽通志》卷124，職官志，清光緒四年刻本；（宣統）《山東通志》卷51，職官志；（道光）《廣東通志》卷30，職官表；（乾隆）《武清縣志》卷8，人物。

　　清人平步青所著之《霞外捃屑》中，有「四代翰林」〔註56〕的相關記載。在這屈指可數的幾個家族中，就有靜海的勵氏家族，在大清歷史上顯赫一時的靜海四代翰林即指下文將要介紹的四位：勵杜訥、勵廷儀、勵宗萬、勵守謙。〔註57〕

　　勵氏的第一代，是勵杜訥。他本姓勵名訥，字近公，一字澹園，靜海北五里莊人，生於明崇禎元年（1628年）。勵杜訥原籍浙江，自祖父時遷居北京，他十五歲時因父母雙亡，被靜海人杜依中（字遁公，號致虛，靜海縣學諸生。因上書於崇禎皇帝而名震一時，著有《雨花樓詩集》）收養爲義子，遂更籍靜海，更名杜訥，「爲生員，學問淵，通精楷法」〔註58〕。康熙二年（1663年），朝廷下令徵選善書之士，勵杜訥以第一名得以入選繕寫《世祖實錄》。因書法出眾，受到康熙皇帝的賞識，所以宮內更換匾額，大都出自其手，皇宮中多留有他的墨寶。紀昀在《閱微草堂筆記》中稱：「靜海勵文恪公，剪方寸紙一百片，書一字其上，片片向日，疊映無一筆絲毫出入」〔註59〕。從此記述中我們可以想像他的書法功力之深厚。六年，授福建福寧州同知。後入值南書房。其後又舉博學鴻詞。十九年授編修。康熙二十一年（1682年），經奏請准復勵姓，即改名爲勵杜訥。後歷任光祿少卿、通政司參司、太僕寺卿、宗人府丞等職。三十九年，任左副都御史。四十二年，擢刑部右侍郎，卒於任，葬縣城北五里莊。爲官清廉剛正，期間奏疏眾多，如奏請考察督撫政績；奏請甄別將弁武藝，加強武備等等，大都獲得了採納。四十四年二月，康熙南巡，御舟停泊靜海縣，認爲勵杜訥「向在南書房效力二十餘年，爲人敬愼，積有勤勞，並無過譴」〔註60〕，遂「御書諡故刑部右侍郎勵杜訥『文恪』二字，遣乾清門一等侍衛副都統馬武等賜於其家，並令至其墓奠酒」〔註61〕。雍正元年（1723年），追賜禮部尙書，加贈太子太傅。所著有《杜喬堂集》三卷，並與張英編纂《御批通鑒綱目》、《御批古文淵鑒》等史評著作，並以皇

〔註56〕平步青：《霞外捃屑》卷1，韡汋山房睡記，《四代翰林》，民國六年刻香雪崦叢書本。

〔註57〕（清）英和：《恩福堂筆記》卷下，清道光十七年刻本；（清）陳康祺《郎潛紀聞》卷5，清光緒刻本。

〔註58〕（清）李元度：《國朝先正事略》卷13，《勵文恪公事略》，清同治刻本。

〔註59〕紀昀：《閱微草堂筆記》卷11，槐西雜誌一，清嘉慶五年北平盛氏望益書屋刻本。

〔註60〕《清通志》卷53，諡略，清文淵閣四庫全書本。

〔註61〕《清文獻通考》卷122，群廟考，清文淵閣四庫全書本。

帝的名義頒行。〔註62〕

　　勵廷儀（勵杜訥之子），字會式，又字衣園，號南湖，靜海縣學生員。「工文嗜學，少即有聲，學校貢入太學」〔註63〕，康熙三十九年（1700年）進士，選庶吉士。四十一年入值南書房，四十三年任翰林院編修，四十五年擢右中允〔註64〕。嗣後，曾任侍講學士、內閣學士、掌院學士、兵部右侍郎等職。為康熙皇帝所倚重，曾賜扇子一把，並親筆御書「愛爾獨能清」於扇面。雍正元年（1723年），擢刑部尚書。任職期間，多所建言。七年，加太子少傅銜，欽賜「矜愼平恕」匾額。尋遷吏部尚書，仍專管刑部事。為官期間，政績頗豐，曾奏請加強盤查各地倉儲，至年終立冊上報；又奏請監獄分設內外等等，這些建議後多成為定制。此外，他還奏請「申飭學校優劣，酌定直省倉儲，令地方官及時捕蝗、立法、課最，除畿輔書吏積弊，團練民壯，禁賭博、禁販私、禁販鐵出口」等，所奏皆「關民生大計，悉見施行」〔註65〕。十年卒，諡「文恭」，葬北五里莊。他著述頗多，有《雙清閣集》〔註66〕，並參加編纂《佩文韻府》和《韻府拾遺》，分別名列第五位；參加編纂《康熙字典》，署名第九位；在成書450卷的《淵鑑類函》中，名列校勘官第五位。在成書160卷的《子史精華》中，名列編纂官第三名。〔註67〕

　　勵宗萬（勵廷儀之子），字滋大，號衣圓，又號竹溪，曾為靜海縣學生員。在他的職官生涯中，因直言不諱等原因，曾「前後三次坐事落職」〔註68〕，但後又「均奉特旨起用」〔註69〕。康熙六十年（1721年）進士，尋授編修。雍正二年（1724年）入值南書房，充日講起居注官。六年，遷國子監司業。

〔註62〕　徐世昌：《大清畿輔先哲傳》卷4，名宦；李元度：《國朝先正事略》卷13《勵文恪公事略》；（光緒）《重修天津府志》卷44，人物；（民國）《靜海縣志》酉集，文藝志。

〔註63〕　張廷玉：《澄懷園文存》卷12，《光祿大夫太子少傅吏部尚書專管刑部尚書事諡文恭勵公墓誌銘》，清乾隆間刻澄懷園全集本。

〔註64〕　右中允為太子官屬，負責掌管侍從禮儀，審核太子上呈給皇帝的奏章文書等，並監管用藥等事。

〔註65〕　張廷玉：《澄懷園文存》卷12，《光祿大夫太子少傅吏部尚書專管刑部尚書事諡文恭勵公墓誌銘》。

〔註66〕　沈兆澐：《蓬窗附錄》卷上。

〔註67〕　梅成棟：《津門詩鈔》卷21；徐世昌：《大清畿輔先哲傳》卷4，名宦；李元度：《國朝先正事略》卷13；陶樑：《國朝畿輔詩傳》卷28；（光緒）《重修天津府志》卷44，人物；（民國）《靜海縣志》午集，鄉賢。

〔註68〕　（清）李元度：《國朝先正事略》卷13《勵文恪公事略》，清同治刻本。

〔註69〕　（清）李元度：《國朝先正事略》卷13《勵文恪公事略》，清同治刻本。

尋遷翰林院侍讀。後因過奪官。十年，曾任鴻臚寺少卿、禮部侍郎等職。乾隆元年（1763 年），再次因過被黜。七年，復起爲翰林院侍講學士，累遷通政使，擢工部侍郎。十年，又因過被罷免，命其還鄉里。十六年，再次起用爲侍講學士，累遷光祿寺卿。二十四年卒，葬北五里莊。勵宗萬生平愛好詩詞，尤工書法，但其詩稿等多散佚。曾參於過《子史精華》、《秘殿珠林》的編撰以及《漢書》的考證。〔註 70〕此外，還著有《衣園遺稿》、《青箱堂集》以及《京城古蹟考》等。其中，《京城古蹟考》是奉乾隆皇帝之命，在對北京各處古蹟作了切實的考證和調查後，於乾隆十年（1745 年）十月著作而成。新中國成立後，北京古籍出版社又於 1981 年 10 月重新出版發行。〔註 71〕

勵守謙（勵宗萬之子），字自牧，號雙清老人。靜海縣學生〔註 72〕，乾隆十年（1745 年）進士。歷任翰林院編修、司經局洗馬等職。三十七年，參加編纂《四庫全書》，在 39 名校勘《永樂大典》分校官中名列第四。爲編纂《四庫全書》先後獻書 17 次，共 174 種，其中有不少珍本、善本和海內孤本。乾隆三十九年（1774 年），乾隆皇帝賞其內府初印的《佩文韻府》一部，並頒詔譽爲「藏書舊家」。〔註 73〕

周人龍，字雲上，號躍滄，天津人。其父式度，爲天津衛學諸生，篤學行義，有古代君子之風。人龍幼時便已聰慧過人，「舉業時嘗一夜成七藝，塾師驚異」〔註 74〕，後補衛學生員，康熙四十七年（1708 年）考中舉人，翌年考中進士。初授山西屯留知縣。歷任清源知縣、忻州知州、蒲州知府。後晉升爲江西督糧道，多有善政，聲名遠播。乾隆十年因病告老還鄉，卒於家中，年六十四歲。著有《居易堂三周文稿》。其詩《舟中寄衣亭五弟》最廣爲流傳。〔註 75〕

周人驥（周人龍之弟），字芷囊，號蓮峰。初爲天津州學生員，舉雍正四

〔註 70〕 （光緒）《重修天津府志》卷 44，人物；（民國）《靜海縣志》午集，鄉賢。

〔註 71〕 政協靜海縣委員會編著，邢福志主編：《靜海名人》，武德巍《勵氏四傑》，第135～149 頁，天津：天津市靜海縣長虹印刷有限公司。

〔註 72〕 張廷玉：《澄懷園文存》卷 12，《光祿大夫太子少傅吏部尚書專管刑部尚書事諡文恭勵公墓誌銘》。

〔註 73〕 天津市地方志編修委員會：《天津靜海舊話》，第 56 頁。

〔註 74〕 （民國）《天津縣新志》卷 21，第 761 頁。

〔註 75〕 徐世昌：《晚晴簃詩匯》卷 58，周人龍；陶樑：《國朝畿輔詩傳》卷 29；梅成棟：《津門詩鈔》卷 3；（嘉慶）《長蘆鹽法志》卷 17，人物，文學；（同治）《續天津縣志》卷 13，人物，循吏；（光緒）《重修天津府志》卷 43，人物。

年（1726 年）鄉試，次年聯捷進士，授禮部主事，七年加翰林院編修銜，提督四川學政，補精膳司主事，升儀制司員外郎。乾隆二年（1737 年）授貴州道監察御史，後補廣東道監察御史，遷吏科給事中；七年，授廣西右江道；十年，擢湖南按察使，任職期間，「疏理滯獄，平凡積冤凡二百餘案，編輯成書，曰《臬楚摘案》，刊行之」〔註76〕。十五年遷陝西布政使；十六年調任湖南布政使；十九年調任浙江布政使，多次上奏以書己見，得到皇上贊許。後因過革職，改署廣東巡撫。二十三年，調署貴州巡撫；二十四年實授巡撫；二十七年奪官，二十八年卒，年六十八。周人驥生平善騎射、工詩並精於書法，著有《蓮峰宦稿》、《香遠堂詩鈔》。〔註77〕《蘭亭志》中載其所作之《禊日》〔註78〕，留與今人。他的兒子周企，亦為天津儒學諸生。〔註79〕

金相，字琢章，號勉齋，天津人。十六歲時補天津衛學諸生，雍正四年（1726 年）鄉試第一名，年二十一歲。第二年考中進士。改庶吉士，授編修。十三年出任福建鄉試副考官，累遷翰林院侍讀學士。後因事降補，復又升為內閣侍讀學士。與鄉人周人驥同居京官，並以「清正」見稱。其「早達，端品勵學……所進經義不忘規諫，有古名臣風」〔註80〕有詩《登武昌城》、《泛舟望海寺至香林院觀衛白二水交會處》等流傳至今〔註81〕。子金世熊，字康侯，號歷農，晚號竹坡。為乾隆十五年（1750 年）舉人，初宰河南襄城，後改薊州學正。世熊善書工詩，著有《竹坡存稿》。〔註82〕

俞金鼇，字厚庵，天津人，縣學生員。乾隆三年（1738 年）武舉人，七年成武進士。授藍翎侍衛。十二年補山東守備，歷任高唐營中軍守備；甘肅西寧城守營都司；蘭州營游擊；肅州鎮標中營參將；西寧鎮鎮海營參將；廣東澄海協副將；陝西西鳳協副將；廣西左江鎮總兵；甘肅肅州鎮總兵；三十

〔註76〕（民國）《天津縣新志》卷21，第762頁。

〔註77〕（清）法式善：《清秘述聞》卷11，學政類3，清嘉慶四年刻本；（民國）《杭州府志》卷18，民國十一年本；（清）延豐《重修兩淮鹽法志》卷22，職官二，清同治刻本；（雍正）《四川通志》卷31，皇清職官，清文淵閣四庫全書本；（光緒）《湖南通志》卷121，職官志12，清光緒十一年刻本。

〔註78〕（清）吳高增：《蘭亭志》卷9，藝文三，清乾隆凝秀堂刻本。

〔註79〕梅成棟：《津門詩鈔》卷3；（同治）《續天津縣志》卷13，人物，循吏；（光緒）《重修天津府志》卷43，人物。

〔註80〕（民國）《天津縣新志》卷21，第766、767頁。

〔註81〕徐世昌：《晚晴簃詩匯》卷66，金相；陶樑：《國朝畿輔詩傳》卷33，金相。

〔註82〕梅成棟：《津門詩鈔》卷4；（同治）《續天津縣志》卷13，人物，文苑；（光緒）《重修天津府志》卷43。

二年，命其前往伊犁辦理屯田事物，因收穫豐裕於三十四年晉升一級、於三十六年晉升兩級。三十七年調任巴里坤總兵，仍舊管理屯政；三十八年調任福建漳州鎮總兵，旋擢升爲烏魯木齊提督；後又調任江南提督、福建陸路提督、甘肅提督，參加鎮壓回民起義；四十九年改湖廣提督，又參加鎮壓苗民起義；五十四年入覲，奉命在乾清門行走，賜紫禁城騎馬；五十五年正月，應詔參加恩榮宴；五十八年卒於家。其人寬厚，崇尙風節，晚年聲譽既隆，有古大臣之風。〔註83〕

邵玉清，字履潔，號朗岩，天津人，以縣學生員考中乾隆二十七年（1762年）舉人，中舉後官吏部司務，「及蒞清班，命上書房行走，授皇元孫讀，督課綦嚴，同官稱之」〔註84〕。四十九年（1784年）考中進士，爲一甲第三名，授編修。五十一年擔任山東鄉試副考官；五十四年、五十五年兩次充任會試同考官，仕至國子監司業。「以晚達，未及大顯而卒」〔註85〕，「善書」〔註86〕。

姚逢年，字華三，號蔗田，天津人，儒學諸生，乾隆四十四年（1779年）舉人，四十六年（1781年）進士。「先以謄錄給事四庫全書館，及報滿，銓河南閣鄉知縣，時閩事方殷，特旨改調福建招安，五十三年蒞任」〔註87〕。五十九年，補建寧府同知，歷任安徽太平府同知、權廬州府、六安州及徽州府。史稱其有吏才，擅長斷案。嘉慶十八年治獄池陽，卒於途中，年六十九歲。有詩《舟行夜雨》等存世〔註88〕。子承恩，字桐雲，號朗山，府學生。道光二年舉人，十三年（1833年）進士。初授河南遂平知縣，歷任舞陽知縣、奉天知縣、蓋平知縣，權牧遼陽，後調往承德，死於任上。著有《朗山詩草》，其詩《題王雲樵出獵圖》今尤可見〔註89〕。子承豐，字玉農，亦爲天津儒學生員，道光十二年（1832年）舉人，家居授徒，「縣人陶雲升、高

〔註83〕（光緒）《湖南通志》卷109，名宦志18、卷131，職官志22；（嘉慶）《大清一統志》卷26，天津府；徐世昌：《大清畿輔先哲傳》卷8，名將；（同治）《續天津縣志》卷13，人物，武功；（光緒）《重修天津府志》卷43，人物；（民國）《天津縣新志》卷21，人物。
〔註84〕（民國）《天津縣新志》，第776頁。
〔註85〕（民國）《天津縣新志》，第776頁。
〔註86〕沈兆澐：《蓬窗附錄》卷下，清咸豐刻本。
〔註87〕（民國）《天津縣新志》，第777頁。
〔註88〕陶樑：《國朝畿輔詩傳》卷49，姚逢年。
〔註89〕徐世昌：《晚晴簃詩匯》卷137，姚逢年。

陽人李鴻藻，皆承豐戚，同出其門，復同年舉進士，士林豔稱之」〔註90〕。
鹽運使楊霈敬重他的人品學識，延請他教授子弟讀書。著有《稔齋詩草》。
〔註91〕

　　周光裕，字啓人，號衣谷，天津人，縣學學生。乾隆三十五年（1770年）
舉人。四十一年高宗南巡時，召試二等第一名。歷任陝西定邊、大荔、三原
知縣；嘉慶元年（1796年）擢升爲商州知州。後因鎮壓白蓮教起義有功，擢
升爲興安、西安知府、延榆綏兵備道，遷鳳邠鹽法道、督糧道，升湖北按察
使、山西布政使，官至鴻臚寺卿。道光八年（1828年）重宴鹿鳴，著有《綠
猗山房詩草》。〔註92〕

　　徐輝，原名徐炎，字午園，天津人，縣學生。乾隆三十九年（1774年）
舉人，歷權江西進賢、宜黃及高安知縣，後改新昌知縣，調任廬陵，在任廬
陵時，建立石陽書院，建立義學，對該地文教的振興做出了極大貢獻。卒於
山東寧陽知縣任。從弟徐炘，字吟香，號晴圃，中乾隆五十七年（1792年）
舉人，任正紅旗官學教習。六十年會試，「上命復校落卷，得文理優者三，炘，
其一也，賞內閣中書，考充軍機章京」〔註93〕。嘉慶九年，升任內閣侍讀；
十四年補福建道監察御史，授江南河庫道。歷任江西按察使、湖南按察使、
陝西布政使、山東布政使、福建布政使；道光二年（1822年）奉旨還京，三
年授內閣侍讀學士，八年升山西巡撫。十二年授太常寺少卿，官至光祿寺卿。
十四年以病乞歸，卒年六十八歲。在職期間政績斐然，著有《吟香書室詩文
集》及《奏疏》八卷。徐炘從兄徐炌，字仲晦，號朗齋。乾隆四十八年（1783
年）副榜貢生，生性聰慧好學，善爲詩古文辭，與沈嶧、沈峻齊名，「博覽群
籍，丹黃甲乙，評騭精確」〔註94〕，爲眾學者所折服。著有《朗齋詩文集》。
徐炘從子徐埍，字芳田，道光二年舉人，官內閣中書，出爲廣西梧州府同知，
軍功加知府銜。〔註95〕

　　李實好，字粒夫，號歆邰，清寧河縣人，曾爲寧河縣學生員。乾隆四十

〔註90〕（民國）《天津縣新志》，第777頁。
〔註91〕（光緒）《畿輔通志》卷236；梅成棟：《津門詩鈔》卷14；徐世昌：《大清畿
　　　　輔先哲傳》卷33，賢能。
〔註92〕梅成棟：《津門詩鈔》卷14；（民國）《天津縣新志》卷21，人物。
〔註93〕（民國）《天津縣新志》，第778頁。
〔註94〕（民國）《天津縣新志》，第778頁。
〔註95〕（宣統）《山東通志》卷59，國朝職官表9；徐世昌：《大清畿輔先哲傳》卷
　　　　34，賢能。

八年（1783 年）舉人。歷任山西興縣及太平等縣知縣，兼署岢嵐州知州。嘉慶十五年（1810 年）曾任山西鄉試同考官。多有政績。〔註96〕

沈樂善，字同人，號秋雯，別號戢山，天津人，縣學生。乾隆五十七年（1792 年）舉於鄉，六十年考中進士，改庶吉士，授編修。嘉慶五年充福建鄉試主考官，七年充會試同考官，考補江西道監察御史。十二年出任貴州銅仁知府，後調黎平，擢貴東道，卒於任。為官清廉，性耿直，士人對他有很高的評價。少時喜誦古文，「工詩能文，與張問陶同官詞曹，時有唱和，論文則與管世銘最契」〔註97〕。著有《黔中草》，有詩《夜宿雲母山》流傳至今〔註98〕。

牛坤，字次原，天津縣學生員。牛射斗（明代天津衛人，貢生，官內弘文院中書舍人，遷尚寶司司丞）後裔。舉乾隆五十一年（1786 年）鄉試，登嘉慶四年（1799 年）進士。授戶部雲南司主事，二十一年提督雲南學政，後升任內閣侍讀學士。《校禮堂詩集》中存有其詩作兩首。〔註99〕

焦景新，字晴川，又作景川，號午橋，天津人，為縣學學生。乾隆五十三年（1788 年）舉人，嘉慶六年（1801 年）進士。補吏部考功司主事，升文選司員外郎，考功司郎中。十九年改補江南道監察御史；二十一年署禮科給事中；道光二年（1822 年）補陝西道監察御史，署戶科給事中，三年出為江西饒州府知府。在任時頗有政績。八年因病告歸，十一年卒於家中，年六十九歲。著有《同文拾沈》、《叶韻窺斑》、《雜字姓函》、《多識類鈔》及詩集若干卷。〔註100〕

李嘉善，字靜涵，號會遠，天津人，縣學增廣生。官居刑部主事。自幼明敏能文，「每試輒居首」〔註101〕。他生平樂善好施，對公益事業非常熱心。鄉人稱其為「李善人」。

〔註96〕 （光緒）《寧河縣志》卷 7，選舉：卷 8，人物。

〔註97〕 （民國）《天津縣新志》，第 775 頁。

〔註98〕 徐世昌：《晚晴簃詩匯》卷 109，沈樂善；陶樑：《國朝畿輔詩傳》卷 52，沈樂善。

〔註99〕 （清）凌廷堪：《校禮堂詩集》卷 8、卷 13，清道光六年刻本；梅成棟：《津門詩鈔》卷 14；高凌雯：《志餘隨筆》卷 4；（民國）《天津縣新志》卷 21，人物。

〔註100〕陶樑：《國朝畿輔詩傳》卷 56；（光緒）《畿輔通志》卷 236，列傳；（民國）《天津縣新志》，第 784 頁。

〔註101〕（民國）《天津縣新志》，第 784 頁。

王有慶，字餘齋，號善舟，天津諸生，考中嘉慶六年（1801 年）舉人，不久考取景山官學教習。十九年補江蘇豐縣知縣〔註 102〕，二十三年調元和。道光三年（1823 年）擢升泰州知州；七年任松江知府〔註 103〕；八年補淮安知府，九年調任蘇州知府，富於才幹，政績顯赫。生平愛好誦讀宋儒論著及清代理學家的著作，著有《善舟吟稿》。〔註 104〕

梁寶常，字楚香，天津人，儒學生員。嘉慶十五年（1810 年）考中舉人，道光三年（1823 年）成進士，改庶吉士，散館授山東嶧縣知縣，調新泰。歷任江南河庫道、陝西按察使、廣東布政使，後擢升廣東巡撫，調山東、浙江。〔註 105〕

牛思任，字巨膺，號伊仲。靜海縣人，縣學學生，性敏達，喜讀書。康熙五十三年（1714 年）舉人，次年聯捷進士。雍正三年（1725 年）補江西南城縣知縣。十二年改授河南尉氏縣知縣。在任期間皆有政績。為官清廉，告歸後，兩袖清風，依然寒素。著有《清河迎駕》詩。〔註 106〕

牛思凝，字方岩，靜海縣人，縣學生員。乾隆十年（1745 年）進士，文名重一時。初補山東肥城縣知縣，十三年調諸城縣〔註 107〕。吏治敏捷，才能為上游所重。十七年以卓異升貴州正安州知州〔註 108〕，調普安州〔註 109〕。尋升黎平府分駐古州，鎮理苗同知，護大定府知府。後回籍省墓，卒於家。時人以其大才未展而感到可惜。著有《謙受堂詩草》，有詩《昭通道中》、《者那

〔註 102〕（光緒）《豐縣志》卷 3，職官類，題名，中國方志叢書本，據清光緒二十年刊本影印。

〔註 103〕（光緒）《松江府續志》卷 21，職官表，府秩表，中國方志叢書本，據清光緒九年刊本影印。

〔註 104〕華鼎元：《津門徵獻詩》卷 7，《王太守有慶》；陶樑：《國朝畿輔詩傳》卷 56；徐世昌：《大清畿輔先哲傳》卷 34，賢能；（民國）《天津縣新志》，第 785 頁。

〔註 105〕（同治）《續天津縣志》卷 13，人物，循吏；（光緒）《重修天津府志》卷 43，人物；（民國）《天津縣新志》卷 21，人物。

〔註 106〕梅成棟：《津門詩鈔》卷 21；（光緒）《重修天津府志》卷 44，人物；（民國）《靜海縣志》午集，人物志。

〔註 107〕（乾隆）《諸城縣志》卷 11，歷代職官表中，中國方志叢書本，據清乾隆二十九年刊本影印。

〔註 108〕（光緒）《續修正安州志》卷 4，職官志，中國方志叢書本，據清光緒三年刊本影印。

〔註 109〕（光緒）《普安直隸廳志》卷 11，秩官，中國方志叢書本，據清光緒十五年刊本影印。

山行》等存世。〔註110〕

　　牛曾若，字稼軒，靜海縣人，縣學生員。幼通經史，尤精《左氏春秋》。考中乾隆三十六年（1771年）舉人，歷任湖南廬溪縣、零陵縣〔註111〕，清泉縣知縣〔註112〕，轉署武岡州知州。「戊午分校秋闈，得人最盛，力薦彭濬卷主試擯之，深爲惋惜。後於乙丑科對策第一，時皆服其藻鑒之精」〔註113〕。嘉慶年間改選獲鹿縣教諭，日課詩文，以終其年。〔註114〕

第三節　文人名士及其文化成果

　　在此節中，筆者將在以下一個領域或多個領域取得重大成就的優秀人物均算作文士，如：詩歌、書法、繪畫、經學、篆刻等方面。

6.3.1 明代天津教育培養出的文士及其成果

　　楊愫，寶坻縣人。嘉靖年間縣學諸生。潛心力學，對經義、史法等多有研究，「與同時李廷鳥、苑因、芮冥有四子之目，愫其冠也」〔註115〕。知縣唐煉編輯《寶坻縣志》時，聘請四人執筆，楊愫總其事。

　　曾出任清朝大學士的高爾儼，除了是有名的官員外，還是才華橫溢的文士。他性情豪爽，談笑灑脫；晚年專心研究性理，棲志清虛。他書法虬勁，詩文哲理深邃，例如，《深院》中就有「深院寂無人，繁華開自落，眾鳥不啼花，驚飛響寥廓」耐人尋味的詩句。他胸裝海墨，才華橫溢。杜依中在《高文端公文集》序中寫道：「（高爾儼）注疏似程明道夫子，奏議似范文正公，文章之波瀾似蘇子瞻，詩歌之沖淡似陶靖節」。高爾儼的著述較多，有《勸善》、《西銘衍義》、《孝經釋略》、《古處堂集》四卷等。其中，《古處堂集》四卷錄於《四庫全書總目》，稱：「是集大抵應酬之作，亦尚沿明

〔註110〕　（清）錢陳群：《香樹齋文集》卷8，尺牘2，《與孫懿齋尚書》，清乾隆刻本；徐世昌：《晚晴簃詩匯》卷79，牛思凝；梅成棟：《津門詩鈔》卷21；（光緒）《重修天津府志》卷44，人物；（民國）《靜海縣志》午集，人物志，鄉賢。

〔註111〕　（光緒）《零陵縣志》卷6，官師，知縣，中國方志叢書本，據清光緒元年修、民國二十年補刊本影印。

〔註112〕　（同治）《清泉縣志》卷6，官師，秩官表，中國方志叢書本，據清同治八年刊本影印。

〔註113〕　（民國）《靜海縣志》午集，人物志，仕績。

〔註114〕　（光緒）《湖南通志》卷123、卷124、卷125，職官志，清光緒十一年刻本。

〔註115〕　（民國）《寶坻縣志》卷12，人物（下），文學。

季之餘習」〔註116〕。其現存的詩作有《長堤翠柳》、《遠樹穿雲》、《雨後遊浣園觀奕晚棹而歸》等。〔註117〕此外，徐世昌所輯之《晚晴簃詩匯》中還載有高爾儼的詩作《送倪相如先生之任營丘》：「難將好雨挽干旄，一片濃雲似別情。靉靆幾層遮望眼，廉纖祇自送春聲。淵明祿薄原如寄，司馬才優豈市名。百里可能煩臥治，琅琊從此播餘清」〔註118〕。弟高爾憲聰穎過人，且「敏於文」〔註119〕，讀書數行俱下，博覽群書，尤其是卜筮方技著述，一覽便得其精髓。另一弟高爾修亦有詩《登津門稽古寺閣》存於世，曰：「歲餘積雪苦凝寒，閒步登臨古寺闌，百雉金城窗外峙，一灣漕水坐中看；東浮煙霧蜃樓市，北起風沙燕塞彎，乘興欲窮千里目，帝京遙在五雲端」〔註120〕。

杜依中，字遁公，號致虛，靜海縣人，為縣學諸生。性聰異，童年時便文名頗著。嘗叩闕陳書，所獻十七策皆切中時弊。「懷宗嗟異，署紙尾曰：賈陸重生！欲大用之，為當道所阻」〔註121〕。崇禎十七年（1644年）明朝滅亡後，他結茅邱壑，以文章自娛。熊次侯嘗語人曰：遁公不獨以詩文名海內，余造其廬輒作隆中之想。清初詔用遺才，相國陳百史薦舉宿儒高行，被杜依中拒絕。著有《雨花詩集》。其流傳至今的著名詩作有《祭灶》、《遊華藏庵》、《舟次河北自飲》、《偶成》、《夏日村居》、《和黃石齋》等。〔註122〕子其旋字考之，明靜海諸生。善屬文，學行俱優，但沉浮於諸生之間，不求世用。築茅屋三楹，雜植花竹槐柳，閉戶絃歌、吟詠其中。韓元少序其集曰：和平譜遠之中寄託感慨，蓋其究心於靖節者深也。臨終語諸子曰：殯我中庭花竹間，每夕以薄酒奠我，以古琴一、古陶壺一為殉，引鏡自照而歿。著有《雪窗集》、《詠雲齋詩集》。在清人陶樑所輯的《國朝畿輔詩傳》中，載有其所作《夏日詠懷》、《閒

〔註116〕永瑢：《四庫全書總目》卷181，集部34，別集類存目八，《古處堂集》四卷，清乾隆武英殿刻本。

〔註117〕趙爾巽：《清史稿》卷238，列傳25；（民國）《靜海縣志》午集，人物志，鄉宦。

〔註118〕徐世昌：《晚晴簃詩匯》卷21，高爾儼《送倪相如先生之任營丘》，民國退耕堂刻本。

〔註119〕（光緒）《重修天津府志》，第1320頁。

〔註120〕（嘉慶）《長蘆鹽法志》卷18，文藝，高爾修《登津門稽古寺閣》。

〔註121〕（光緒）《重修天津府志》，第1320頁。

〔註122〕（民國）楊鍾羲：《雪橋詩話續集》卷1，民國求恕齋叢書本；徐世昌：《晚晴簃詩匯》卷14，杜依中；陶樑：《國朝畿輔詩傳》卷15；徐世昌：《大清畿輔先哲傳》卷27，高士；（光緒）《畿輔通志》卷236，列傳；（民國）《靜海縣志》午集，人物志。

居》、《早起》等。其中，《閒居》詩曰：「閒居宜嘯臥，何日不三餘，竹雨滴心碎，松風入夢疎。愁思元亮酒，病廢酇侯書，晚眺平沙外，閒雲覆草廬」。從詩中我們可以看出他不屑仕途，日夜與書籍爲伴的生活寫照。〔註123〕

6.3.2 清代天津教育培養出的文士及其成果

6.3.2.1 以詩文著稱的天津名士

胡捷，字象三，天津儒學諸生。康熙元年（1662年）隨父遷至天津，遂定居於此。胡捷自幼聰穎，十歲能詩，有神童之稱。史稱其「遇書如夙讀，長工於詩，格律修整……博學強記，撰述極多」〔註124〕，除此之外，他還工書善畫，與查爲仁等人交情頗深。查爲仁在《蓮坡詩話》中稱胡捷的詩「清潤和婉，時出性靈」，還稱二人常相對吟唱，並記載有胡捷的詩句：「百歲渾消幾首詩，醉吟愁詠費相思，破正清興還無著，飛上梅花三兩枝」；「對酒挑燈三十年，半生心跡寄詩篇，誦君花落午晴句，楓落吳江擬並傳」等。胡捷本人著作頗多，有《讀書軒詩文集》、《歷代紀原》、《少陵詩話纂》、《江上吟》等各若干卷，終年四十歲。〔註125〕

黃謙，生於1644年，卒於1692年。字六吉，號麓磧，又號抑庵，天津廩生。極其愛好詩文，平日隨身攜帶杜甫的《少陵集》。與張霔、梁洪及大悲院僧人世高結成「草堂社」，被推主盟。禧王聞其名，「以禮延致之，數聘而始往」〔註126〕。著有《桃源日記》、《路史》、《畫史》、《歷下吟》、《太行行草》等數卷，並詩集若干卷。〔註127〕

朱承命，字雪沽，以天津衛學官生舉順治五年（1648年）鄉試，次年中進士。初任山東鄒縣知縣，據《鄒縣志》記載，朱承命任職期間，當地遭遇乾旱，他親自帶頭捕捉蝗蟲，夜以繼日。此外，他還參與「修輯縣志書，又官署、祠廟多有增修題詠」〔註128〕。例如，他曾重修關聖廟，並在《鄒縣

〔註123〕陶樑：《國朝畿輔詩傳》卷26；徐世昌：《大清畿輔先哲傳》卷27，高士；（光緒）《畿輔通志》卷236，列傳；（民國）《靜海縣志》午集，人物志。
〔註124〕（乾隆）《天津府志》，第435頁。
〔註125〕查爲仁：《蓮坡詩話》卷中，清乾隆刻蔗塘外集本；陶樑：《國朝畿輔詩傳》卷31。
〔註126〕（乾隆）《天津府志》，第435頁。
〔註127〕（光緒）《畿輔通志》卷236，列傳44；高凌雯：《志餘隨筆》卷3。
〔註128〕（康熙）《鄒縣志》，土地部，祠廟；人民部，職官，中國方志叢書本，據清康熙五十四年刊本影印。

志》中留有《朱承命記》藝文，以記錄此事〔註129〕。後宰浙江定海，升牧雲南安寧，任安寧州知州時，曾重建位於州東南的沙河橋，並在重建後更名爲天津橋〔註130〕，後遷戶部員外郎。自幼嗜學，著有《鄒縣志》三卷。子朱同邑，字潔臣，號晴崖，亦爲天津衛學生員，康熙三十八年（1699年）舉人，好學工文，「爲詩雅嗜王、孟，所作多似之」〔註131〕。同邑有子名曰函夏、紹夏，亦皆以學行聞名。函夏，字乾馭，號陸槎，天津諸生，乾隆十五年（1750年）恩貢生，受知於學使孫嘉淦，舉博學鴻詞。其「性方嚴刻厲，讀書必窮其蘊，造就後進甚多」。弱冠之年與諸名士聚於黃鶴樓，「酒酣賦詩，舉座歎絕，爲之閣筆」〔註132〕。著有《谷齋集》。紹夏，字羲玉，號西廬，天津諸生，乾隆八年（1743年）歲貢生，與兄齊名，同舉博學鴻詞〔註133〕。

苑瀛珮，字飛鳴，寶坻縣人，縣學學生。康熙十七年（1678年）歲貢。少聰穎，讀書過目即能通曉。曾變賣家產購買書籍數千卷，勤奮攻讀。以文名參與縣志編纂，但志未修完便辭去，後任廣平縣訓導，著有詩、古文各二卷。〔註134〕

王師旦，字淑莘，寶坻縣人，縣學學生。五歲即能通曉《孝經》之義，學文於張文休，學詩於高際斯，講易於蕭韓坡，問禮於吳攬初，心學受於蔣閣如，性理受於李光四。後學業日益精進，於康熙二十五年（1686年）充歲貢，各地爭相聘請其爲主講進行講學；四十七年，授容城訓導；雍正元年（1723年）歸鄉，著有《斯文纂南華注語錄》、《文廟備考》等，以及年譜、文集、詩集數十卷，學者稱盤峰先生。〔註135〕

牛天宿，字戴薇，號青延。靜海縣人，縣學學生。清康熙二十六年（1687年）中舉人，屢次考進士不中，遂於家鄉倡立文社，培養後學。十幾年間，他所培養的學生有多人中第。他也於康熙四十二年（1703年）考中進士，任

〔註129〕（康熙）《鄒縣志》，土地部，祠廟；人民部，職官。

〔註130〕（康熙）《雲南府志》卷4，建設志，關哨津梁，安寧州，清康熙刊本。

〔註131〕（乾隆）《天津府志》，第435頁。

〔註132〕（民國）《天津縣新志》，第750頁。

〔註133〕（光緒）《畿輔通志》卷236，列傳44；徐世昌：《大清畿輔先哲傳》卷21，文學；郭師泰：《津門古文所見錄》附《津門先輩姓氏官爵》，清道光十二年刊本。

〔註134〕（乾隆）《寶坻縣志》卷12，人物；（光緒）《畿輔通志》卷228，列傳36。

〔註135〕徐世昌：《大清畿輔先哲傳》卷14；（乾隆）《寶坻縣志》卷12，人物。

粵西融縣知縣〔註136〕。任職時，多有惠政，當地人民爲其建立了德政碑。雍正元年（1723年），改任河南同知，署輝縣知縣〔註137〕。後因病歸家而卒。著有詩詞、雜文等共計百餘卷，流傳於世的有《謙受堂集》、《謙受堂詩草》。其詩作眾多，較著名的例如《雪夜遣懷》：「善世奇方只閉門，無窮心事向誰論，逢人競厭鬚眉古，到處處推行輩尊；送臘可無瓶內酒，迎年自有柵中豚，老夫卒歲惟需此，此外經營任子孫。」〔註138〕

周人麒（周人龍從弟），字次游，號衣亭，一號晴嶽，天津諸生。乾隆三年（1738年）考中舉人，次年聯捷進士，選庶吉士。「廷試時，人麒名列後，而拔置詞垣，特數也」。也正是因爲他工於文章，所以後旋充《大清一統志》的纂修官。十年，授檢討。不久因病告歸，「丹鉛不廢，鄉人從之遊者甚眾，文譽益隆」〔註139〕。後順德知府金文淳聘請周人麒主講龍岡書院，他「以其所學陶成士類，遂使樸僿之邦不十年而文風蒸然日上」。四十七年辭歸，教授鄉里，四十九年卒，年八十。周人麒年少時曾受業於洪天錫，雖然資質不過爲中人，但卻生性嗜學，自幼苦讀，遂成就了日後的文思泉湧。他於中年致仕，鄉里之人皆爲其感到惋惜，但也正因爲致仕之後時間充裕，才使他得以專心研究經史，留與後世眾多著述，其「所著文字不鶩奧衍，但以條達敷暢，曲盡事情爲工，用能闡發潛幽，表章忠義，鄉邦掌故多賴以傳」〔註140〕。著有《尚書簡明錄》、《毛詩簡明錄》、《禮記纂言》、《左傳輯評》、《孟子讀法附記》、《四書大全補遺》、《史記約錄評解》、《昭明文選約錄》、《唐宋文錄解》、《唐詩類疏》、《保積堂詩文集》等。其子周南，字雅原，爲天津諸生，亦能文工詩。〔註141〕

王又樸，字從先，號介山。原籍揚州，六歲隨父遷至天津定居，入籍後補衛學生。時以文章著稱的天津五才子謝谷、孫嘉俸、俞天作、劉卿、於宗瀚中，尤以謝谷和孫嘉俸清高孤高，但王又樸俯首與之相交，學藝日漸精

〔註136〕（雍正）《廣西通志》卷59，秩官，融縣知縣。

〔註137〕（雍正）《河南通志》卷37，職官八。

〔註138〕陶樑：《國朝畿輔詩傳》卷28；梅成棟：《津門詩鈔》卷21；（民國）《靜海縣志》午集《人物志》，又戌集《文藝志》；（光緒）《重修天津府志》卷44，人物。

〔註139〕（民國）《天津縣新志》卷21，第762頁。

〔註140〕（民國）《天津縣新志》卷21，第762頁。

〔註141〕徐世昌：《大清畿輔先哲傳》卷21，文學；高凌雯：《志餘隨筆》卷4；（光緒）《畿輔通志》卷236，列傳44。

進。又因少時曾以古文受教於桐城方苞，均爲其後來的文學成就等奠定了基礎。康熙五十九年（1720 年）以副榜貢生舉於鄉試，雍正元年（1723 年）考中進士。朝考選庶吉士，次年未散館即授吏部文選司主事，雍正三年調任考功司主事。後出爲河東運同，兩權鹽運司。雍正七年因事被劾。乾隆四年起復，權西安同知，補漢中通判。八年，調往江南，權泰州運判。十年，補廬州同知，又權知池州、徽州等府。政績斐然，尤擅興修水利。二十四年歸鄉，興復三取書院，延師訓課。文名甚高，與同鄉人張鎮（字石瀨，號止山，詳見下文）有「二山」之稱。著作有《易翼述信》十二卷，《孟子讀法》十四卷，附錄一卷，《史記七篇讀法》二卷，《中庸讀法》二卷，《大學讀法》二卷，《詩禮堂古文》五卷，《詩》七卷，《雜著》二卷，《年譜》一卷，《河東鹽法志》十二卷等。其中最著名的當屬《易翼述信》，被載入《四庫全書總目》〔註 142〕。此外，他的《詩禮堂雜纂》，對研究天津地方史頗具價值。他的很多詩作也被載入了梅成棟所輯的《津門詩鈔》、華鼎元的《津門徵獻詩》以及陶樑的《國朝畿輔詩傳》，流傳至今。除卻上述成就，王又樸的書法在當時的天津也頗具名氣，但因其書法作品流傳甚少，所以未被後人所重視。乾隆年間，山西鹽商賀吳村在揚州興建園林（東園）時，曾邀請王又樸爲他題寫了楹聯。〔註 143〕

　　崔鶴庚，寧河縣人，縣學生員，乾隆九年（1744 年）舉人。少時即富才氣，聰敏好學，諸子百家，手不停披。讀書重解大意，「不沾沾於章句訓詁，而出口淹貫，常發先儒所未發」〔註 144〕。爲縣學諸生時，便得到知縣洪肇懋的賞識和器重。後來，洪肇懋調往寶坻，負責主修《寶坻縣志》，更是將采輯史事的任務交託於他，因此，所成《寶坻縣志》中的事蹟搜集，多賴崔鶴庚之力。

　　劉祖年，寧河縣人，字繩旃，號古椿。聰慧好學，入寧河縣學讀書，「食餼後，試輒前茅……詩歌不讓七步八義之敏」〔註 145〕，生平所著詩文十餘篋，多散佚。

〔註 142〕（清）永瑢：《四庫全書總目》卷 6，經部 6，易類 6。
〔註 143〕王又樸：《介山自定年譜》，民國刻屏廬叢刻本；梅成棟：《津門詩鈔》卷 4；
　　　　　華鼎元：《津門徵獻詩》卷 3，《王太守又樸》；徐世昌：《大清畿輔先哲傳》
　　　　　卷 21，《文學》卷 3；郭師泰：《津門古文所見錄》附《津門先輩姓氏官爵》。
〔註 144〕（光緒）《寧河縣志》卷 7，選舉；卷 8，人物，文學。
〔註 145〕（光緒）《寧河縣志》卷 7，選舉；卷 8，人物。

欒樟，字樹堂，號綠起，天津人，少補天津武學生員，卻頗工文翰。曾「值學院按臨，偕於豹文、朱紹夏同應經古試，學使以樟武人異之，及揭揭閱其詩賦，乃大歡賞」〔註146〕。所著有《粵遊草》〔註147〕。其詩《秋晚》：「爽籟發天際，披襟出戶清，碧雲生遠態，黃葉落秋聲；湖海孤蹤意，關山久客情，魚書多日去，曾否達柴荊」，為其代表作之一流傳至今。欒樟之妻王氏亦工聲律，善長作詩，梅成棟在《津門詩鈔》中稱夫妻二人「俱擅吟詠，極閨房唱和之雅」〔註148〕，王氏卒於乾隆二十四年，著有《樹堂遺詩》。子欒立本，字飛泉，為廩膳生，乾隆四十八年（1783年）考中舉人。其「工詩能文，教授鄉里，門徒最盛」〔註149〕。因早年喪父，所以他的學問很多來自於母親的教授，母親去世後，他書寫了《愨思錄》一卷以誌哀思。生平著有《等韻述古》、《左史世系圖考》、《群書集腋》、《津門詩匯》等。〔註150〕欒立本的兒子欒狎，亦為諸生。

解秉智，字萬周，號月川。二十一歲時補天津縣學學生，乾隆十二年（1747年）考中舉人，選淶水縣教諭，「日與諸生從容講肄，士林悅服」〔註151〕。二十二年成進士，授甘肅永昌知縣。因性耿直淳樸被罷官，三十年復官，授安化知縣。三十四年，告病歸鄉。有詩如《九日有感》等流傳於世〔註152〕。還鄉後，名其所居地為「友於堂」，並在此訓課子侄，後輩多所成就。其中，從子道亨，字通也，天津儒學廩膳生，前後十次參加鄉試，均不第，但性謹厚，「教導諸弟，以文行交勉」〔註153〕。

張湘，字楚三，號礎珊，天津人，縣學諸生。乾隆十八年（1753年）舉人，次年成進士。授江西餘干縣知縣〔註154〕，後改新城縣教諭，在任數年卒於任。《津門詩鈔》中稱其「少負雋姿，有文名，書法最工」〔註155〕。「與汪

〔註146〕（民國）《天津縣新志》卷21，第768頁。

〔註147〕陶樑：《國朝畿輔詩傳》卷47。

〔註148〕梅成棟：《津門詩鈔》卷4。

〔註149〕（民國）《天津縣新志》卷21，第768頁。

〔註150〕陶樑：《國朝畿輔詩傳》卷49；梅成棟：《津門詩鈔》卷4。

〔註151〕（民國）《天津縣新志》卷21，第772頁。

〔註152〕陶樑：《國朝畿輔詩傳》卷44。

〔註153〕（民國）《天津縣新志》卷21，第772頁。

〔註154〕（同治）《餘干縣志》卷8，職官志，秩官，中國方志叢書本，據清同治十一年刊本影印。

〔註155〕梅成棟：《津門詩鈔》卷12。

舟（字楫之，號木堂。乾隆十五年舉人，四十年大挑〔註156〕一等。少時勤於學，曾受業於朱函夏，以詩聞名，著有《桐陰山房稿》。其子藝芳，字經圃，號蘭階，為縣學諸生，亦能詩，有隱君子之風）、紀春同里齊名」〔註157〕，稱三才子。著有《大雅堂詩草》一卷。藝芳子張梓蔭，字敬之，號春圃，天津生員，乾隆四十二年（1777 年）舉人，主講中州書院，性情豪放，常以詩酒自娛，有父風。梓蔭之子張岩，字魯瞻，天津諸生，嘉慶十二年（1807 年）舉人，好學工詩。

康堯衢，字道平，號達夫，天津貢生。屢次參加鄉試，皆不中，遂廢舉業，專事吟詠作詩。他「博稽今古，於詩力為講求孤介伉直」〔註158〕，居於鄉人李承鴻家中，「文酒之會嘗與人賭百韻詩，伸紙立就，四座驚歎」〔註159〕。乾隆年間，天津詩學曾一度衰落，此時，康堯衢起而振興之，「一時風從，聯袂接踵，遂使聲律之事欲絕復續」〔註160〕。天津詩學又逐漸得以復興。著有《海上樵人稿》十二卷、《蕉石山房詩草》一卷、《津門風物詩》四卷，《雲構詩談》四卷；輯有《發硎集》三卷；節錄《女誡》一卷。迄今流傳的詩作有數十首。子鈞，字掌卿，諸生。亦能詩，有父風，著有《石斧集》。〔註161〕

郝仁，字壽朋，號石臞，天津諸生。擅長作樂府詩，著有《杖屐草》、《南遊草》、《秦中草》。有詩《送喬五赴都》傳世，曰：「朔風吹暮雪，之子去長安，出郭遠相送，臨歧欲別難；單車沙磧迴，荒店夜鐙寒，此後遙相憶，孤雲西北看」。子郝延年，在他的教導下成為進士。〔註162〕

楊一昆，字二愚，號無怪，天津諸生，乾隆五十三年（1788 年）舉人。學識淵博，對諸子研究頗深，而且擅長制藝。著有《說詩求似》、《四書尊經教子求通錄》、《書史經緯》、《十斛麥》、《二愚文稿》、《左傳類編》、《尚書眉》等。《津門詩鈔》中稱他「天才警敏，學自成家，時文法尤西堂，詩法徐天池，

〔註156〕大挑是清代科舉制度中的特科，乾隆十七年議定，三科（原為四科，嘉慶五年改作三科）不中的舉人，由吏部根據相貌進行挑選，一等以知縣用，二等以教職用，每六年進行一次，相貌魁梧者往往挑為一等，其次為二等。

〔註157〕（民國）《天津縣新志》卷21，第773頁。

〔註158〕梅成棟：《津門詩鈔》卷15；陶樑：《國朝畿輔詩傳》卷54。

〔註159〕（民國）《天津縣新志》卷21，第775頁。

〔註160〕（民國）《天津縣新志》卷21，第775頁。

〔註161〕（民國）《天津縣新志》卷21，第775頁。

〔註162〕梅成棟：《津門詩鈔》卷15；陶樑：《國朝畿輔詩傳》卷47。

書法王孟津，人多怪之，因自號無怪」〔註163〕。其所作《天津論》、《皇會論》等詼諧流暢，雅俗共賞，尤爲津人所樂道。

沈士煌，字階三，號秋瀛，天津人，諸生。乾隆五十七年（1792年）舉人，嘉慶四年（1799年）進士。官山東昌邑、福建上杭知縣。少聰慧，讀書一日百行。「合浦李符清宰縣時最重文學，精於識拔，士煌與沈樂善同以文才爲其所重，同舉鄉薦，先後捷南宮，及入仕俱有聲譽」〔註164〕，士煌曾學詩於周自邰（字景洛，號大迁，歲貢生，幼學詩於周焯，格律以王維爲宗，與康堯衢、郝仁、金玉岡、查昌業、金銓同時唱和，晚年好獎掖後進，慶雲崔旭嘗從受詩法，著有《草龕詩集》），擅長近體，著有《閩海詩存》。有數十首詩作留與今人。〔註165〕

陸樟，字摯齋，號香嶼，天津人，廩膳生。嘉慶三年（1798年）考中舉人，七年成進士。充咸安宮官學教習，授山西平陸知縣〔註166〕。享有文譽，「從之遊者多所成就，沈兆澐、朱棠、朱式璟、劉廷璐、張鳳詔，其最著者也」〔註167〕。著有《四書注疏約參》、《摭異錄》等等。

張廷選，字冶堂，天津人，廩貢生。他「少負才名，疎宕不羈」〔註168〕。嘉慶十三年（1808年）得仁宗召試，得二等第一名。賜文穎館行走，後授鹽課大使，到官九月而卒，年僅三十六歲。廷選擅長於詞賦，著有《簪花小錄》一卷、《西湖雜詠》一卷、《冶堂詩集》一卷、《五經提綱》一卷。其詩《小齋》、《西湖雜詠》、《過張氏思源莊墓園》等今均可見〔註169〕。廷選從子大仕，字煦林，歲貢生。候選訓導。「博聞強識，肄業學海堂（問津書院），院長李慈銘極賞之，得其裁成，學藝大進」〔註170〕。著有《古禮釋》、《四書音補》、《解經一粟集》、《說文拾遺》、《說文一貫》、《姓名通假考》、《小鄒魯居詩文集》；另輯有《經義擇精錄》、《國朝史論匯》數典各若干卷。

董懷新，字平疇，號梧侯，天津歲貢生。生性聰敏，博覽群書，日鈔數

〔註163〕梅成棟：《津門詩鈔》卷16。
〔註164〕（民國）《天津縣新志》卷21，第775頁。
〔註165〕陶樑：《國朝畿輔詩傳》卷55；梅成棟：《津門詩鈔》卷17。
〔註166〕（民國）《平陸縣志》，職官類，官制、宦績，將陸樟誤作「浙江山陰進士」，中國方志叢書本，據民國二十一年石印本影印。
〔註167〕（民國）《天津縣新志》卷21，第785頁。
〔註168〕梅成棟：《津門詩鈔》卷17。
〔註169〕陶樑：《國朝畿輔詩傳》卷60。
〔註170〕（民國）《天津縣新志》卷21，第780頁。

十紙，歷代詩文俱有選輯，「善屬文，千言立就，才思四溢，清拔不群，學使試輒第一，肄業書院，每一文出，傳鈔殆遍」〔註171〕，卒年四十五歲，著有詩文詞集若干卷。

蔣玉虹，字雄甫，天津廩貢生。雖家中赤貧，但勤奮好學，「幼嘗立里塾外，從學童乞筆墨，歸以學書，及爲文請業於進士高喆，喆大稱讚，補縣學生員，旋食廩餼」〔註172〕。平日留心天津文獻掌故，因感歎天津縣志自乾隆年間初修後便再無續修者，所以立志續修天津縣志。遂先後採訪二十多年，「凡故家譜牒、前賢著述，必思搜求得之，薦紳誦說之言，父老傳聞之事，靡不一一記載」〔註173〕，但未及成書，蔣玉虹即過世，卒年六十二歲。迨同治年間續修縣志時，將蔣玉虹之稿作爲底本，「是以乾嘉之際鄉邦掌故尚不至於全湮者，實賴玉虹之力」〔註174〕。主要著作還有《河工摘要》、《幽冥錄》、《雄甫詩草》以及其他雜文各若干卷。〔註175〕

梅成棟（生於 1776 年，卒於 1844 年），字樹君，號吟齋。少時受學於其舅朱光觀，弱冠之年補天津諸生。嘉慶五年（1800 年）考中舉人。工詩文，與慶雲人崔旭同爲著名學者張問陶之門生，人稱張問陶「有一日得二詩人之慶」〔註176〕。道光六年（1826 年）梅成棟與眾友人在問津書院之雙槐書屋發起梅花詩社，被推爲盟主，集合諸名人文士吟詠其中。華長卿有詩曰《次韻梅樹君師捷地壁間》：「恥向窗間老一經，風塵頓改舊儒生，詩人未學三年穀，國士誰修萬里城；拔幟騷壇爭樹立，奪袍文陣又橫行，梅花曾侍程門雪，煉得冰霜傲骨撐」〔註177〕。由詩可見梅成棟和梅花詩社在其時其地的地位和聲望。他熱心地方事業，授徒所得，除自給外，皆用於施捨他人，此外，他對教育的貢獻也不可小視，曾於同鄉侯肇安等人共同倡立輔仁書院，除免費主講書院十年外，還時而自己出資獎勵學生。梅成棟「生平熟於鄉邦掌故，所爲詩文大率闡發幽光，表章懿德，又非徒尙風雅已也」〔註178〕。因此，他特別注重收集鄉邦之文獻，並最終輯成《津門詩鈔》三十卷，內含元明以來天

〔註171〕（民國）《天津縣新志》卷 21，第 781 頁。
〔註172〕（民國）《天津縣新志》卷 21，第 782 頁。
〔註173〕（民國）《天津縣新志》卷 21，第 782 頁。
〔註174〕（民國）《天津縣新志》卷 21，第 782 頁。
〔註175〕徐世昌：《大清畿輔先哲傳》卷 27，高士；梅成棟：《津門詩鈔》卷 17。
〔註176〕（民國）《天津縣新志》，第 787 頁。
〔註177〕華長卿：《梅莊詩鈔》卷 7，南行草，清同治九年刻本。
〔註178〕（民國）《天津縣新志》，第 787 頁。

津邑紳、官員以及流寓的詩作近三千首，是一部豐富的天津詩歌總集，也是一部極其重要的天津歷史文獻。同鄉文人沈兆澐在其詩《對梅憶樹君》中，這樣說道：「檻外寒梅見一枝，伊人何處寄相思，清風朗月許元度，流水高山鍾子期；歷數交遊惟耐久，每披詞翰不勝悲，未知遺集刊行否，曾輯津門萬首詩」〔註179〕。此處所指，即爲《津門詩鈔》。道光十六年（1836年），大名知府陶樑輯《畿輔詩傳》，聘請梅成棟幫助其完成，並聘其主持當地的天雄書院。不久被選授爲永平府訓導，後於二十四年卒於任，年六十九歲。著作有《四書講義》兩卷、《管見編》四卷、《吟齋筆存》四卷、《欲起竹間樓詩文集》十三卷（其中《詩集》十卷、《文集》三卷）、《津門詩鈔》三十卷、又有其詩與崔旭詩合刻爲《燕南二俊詩鈔》。梅成棟之子梅寶璐，字小樹，號羅浮夢隱。「世其家學，終老諸生」〔註180〕。晚年「與二三契好闡明詩教，不墜宗風」〔註181〕，卒年七十六歲，著有《聞廟香館詩鈔》。後人評論說，寶璐「詩之佳者，轉出雄渾一派，不似清雋家風」。〔註182〕

侯殿明，字萬同，武清縣人，縣學廩膳生。博通典籍，旁及百家。「凡風角占候無不悉，人皆以侯五經呼之……把酒微吟，頃刻數十首」〔註183〕。後以明經歲薦，銓樂清二尹。

諸葛銘，字鼎彝，武清縣人，縣學生員。康熙四十一年（1702年）舉人，四十五年成進士。極富才華，「讀書目數行下，稍長即就試，輒冠同人，所爲詩、古文詞，直入古人閫奧，遠近學者多宗之」〔註184〕。

杜剛，字近齋，號鳳山。靜海縣人，縣學學生。嘉慶四年（1799年任）考中進士。任奉天錦州教授。年少時並不聰明，竭力讀書整日，僅能弄熟一兩行。但通過不懈努力，最終成爲通儒。著有《以文齋詩集》。

華長卿（原名長懋），字枚宗，號梅莊，晚號米齋老人。（祖華蘭，字省香，號春浦，工詩善畫，旁及金石篆隸，著有《皖城集》一卷〔註185〕）。華長卿在其詩《汪莊展墓愴然有作》、《送汪永葺景祚之淮安》、《得李靜軒書寫懷

〔註179〕沈兆澐：《纖簾書屋詩鈔》卷10，清咸豐二年刻本。
〔註180〕（民國）《天津縣新志》，第787頁。
〔註181〕（民國）《天津縣新志》，第787頁。
〔註182〕來新夏、羅澍偉：《天津的名門世家》，第21頁。
〔註183〕（乾隆）《武清縣志》卷8，人物。
〔註184〕（乾隆）《武清縣志》卷8，人物。
〔註185〕華鼎元：《津門徵獻詩》卷7，《曾祖椒公蘭》；梅成棟《津門詩鈔》卷16。

次滁陽酬唱詩元韻》中均曾提及先祖華蘭在安徽全椒、含山等地做官的情況
以及其對先祖的崇敬與感恩之情。華長卿少時曾受學於舅氏沈兆澐，未冠以
文名，工詩。二十歲時補諸生，道光十一年（1831年）舉於鄉。他一生好學，
凡所至，詳察其風土人情，皆有記載，託以詩歌。與任邱邊浴禮、寶坻高繼
珩相交甚篤，時人稱之為「畿南三才子」。他平生著作甚多，可以稱得上是明
清天津歷史上著述最多的學者和文人。其著作有《古本周易集注》、《尚書補
闕》、《毛詩識小錄》、《儀禮圖說》、《春秋三傳經文考異》、《論語類編》、《說
雅》、《說文形聲表》、《說文檢字》、《說文引經考》、《說文韻遺》、《正字原》、
《俗音正誤》、《群經辨字》、《古文字譜》、《韻籟》、《兩晉十七國南北朝年表》、
《歷代宰相表》、《唐宋陽秋》、《津門選舉錄》、《疑年錄小傳》、《方輿韻編》、
《盛京通志·盛京建制沿革表》、《畿輔人物表》、《沽上陽秋》、《聖廟崇祀圖
考》、《樂譜》、《古藝文志》、《今藝文考》、《千家姓集注》、《姓藪》、《石鼓文
存》、《漢碑所見錄》、《金石文徵》、《泉譜》、《史駢箋正》、《時還讀我書屋文
鈔》、《梅莊詩鈔》、《黛香館詞》等數十種，其中，以《梅莊詩鈔》最廣為流
傳。他的《津沽竹枝詞》，對天津一地的城市風貌和歷史文化予以了最為形象
的描述和概括，為後人津津樂道。〔註186〕

　　杜麟孫，字石坨，號夢郊，天津諸生。道光十七年（1837年）拔貢。任
臨城縣教諭。於學無所不窺，尤工駢儷（文章的對偶句法）文。從學者不下
數百人，天津、河間、順天等地方，凡樹幟詞壇者大半出其門下。著有《安
雅堂詩賦》。〔註187〕

　　張恕，寧河縣人，縣學增廣生。生性愛好讀書，通《五經》、《左傳》及
《四書》。句讀頓連，精於等韻，並精於字學。乾隆間歷任寧河知縣黃國楹、
趙憲、李之蓉等人聞其名，延請他為義學社長，並獎勵給他「才學兼優」的
匾額。著有《重修北大寺碑記》等。〔註188〕

6.3.2.2 以書法見長的天津名士

　　孟宗舜，天津人，字亦若，號磵門。生性聰慧，以文章著稱。以天津衛
學生員考中順治十一年（1654年）舉人，十六年考中進士。善長書法，且其

〔註186〕華長卿：《梅莊詩鈔》卷2、卷7、卷10、卷16；（民國）《天津縣新志》，第
　　　　793、794頁。
〔註187〕（光緒）《重修天津府志》卷44，人物；（民國）《靜海縣志》午集，人物志、
　　　　戌集，文藝志。
〔註188〕（乾隆）《寧河縣志》卷7，選舉；卷8，人物。

書法學晉人王羲之父子，後學多以其書法爲宗。〔註189〕

　　劉毓珣，字蒼璞，號竹軒，寧河縣學生員。雍正十三年（1735年）舉人。「幼嗜詩書，學爲文章，與伯兄毓珍（字儒懷，號雨村，雍正十一年進士，少時銳志於學，年長後入京師，與四方名士相交，學問更進，歷任福建建寧縣知縣、永春知州。）相唱和」〔註190〕，中舉後，不再研習應對科考之文。素好草書，日聚古人名跡加以臨摹，三十餘年從不間斷，後遂得遒勁多姿，自成一家，四方當權者，多靡其眞跡並收藏爲珍品。

　　廉選，字俊升，寧河縣人，縣學生，乾隆六年（1741年）拔貢。幼穎異，年稍長，嗜學書法，頗得顏柳筆意，十六歲即入縣學，「後屢試冠軍，食廩餼」〔註191〕。二十一歲參加科考，學使閱其詩卷，「見其清新俊逸，書法端楷，亟爲歡賞，名噪一時」〔註192〕。但後因攻讀苦累，遂生病症，猶手不釋卷，卒年僅二十四歲，士林爲之惋惜。

　　趙承祖，字啓堂，薊州人（今之薊縣），縣學生，道光十七年（1837年）拔貢。善長書法，筆力蒼勁秀麗。薊州文廟中還存有其所書寫的碑記〔註193〕。

6.3.2.3 詩文、書畫等皆見長的天津名士

　　王采，初名爲王宷，字同侯，寶坻縣人，縣學生員，康熙四十一年（1702年）歲貢。學問淵博，擅長詩歌及書法。以詩歌自娛，「興之所至，短歌長吟，即蘸筆書之，書法逼古人，以擬諸唐詩晉筆」〔註194〕。

　　張礨，天津人，字石粼，號止山，衛學諸生。康熙五十二年舉於鄉，雍正元年（1723年）考中進士。爲人直樸好學，與周焯、王又樸等人，同爲一時名士。其中與王又樸交往最深，二人常一同講學，學習經術，並考中同榜進士。張礨「善書，得篆隸意」〔註195〕，又善長作詩，但其作品已多散佚，今存《題四時佳興圖》絕句四首，爲後人傳誦。另有詩《題畫》載於《國朝畿輔詩傳》曰：踏屧秋登月下臺，碧梧陰靜小徘徊，遙知鶴夢幽閒處，定有

〔註189〕高凌雯：《志餘隨筆》卷8；華鼎元：《津門徵獻詩》卷3，《孟太守宗舜》；（光緒）《重修天津府志》卷43，人物。
〔註190〕（乾隆）《寧河縣志》卷7，選舉；卷8，人物。
〔註191〕（乾隆）《寧河縣志》卷7，選舉；卷8，人物。
〔註192〕（乾隆）《寧河縣志》卷7，選舉；卷8，人物。
〔註193〕（民國）《重修薊縣志》卷4，人物。
〔註194〕（民國）《寶坻縣志》卷12，人物（下），文學。
〔註195〕徐世昌：《大清畿輔先哲傳》卷21。

琴聲過水來。沈兆澐的《蓬窗附錄》中載有其逸事。〔註196〕

周焯，字月東，號七峰，天津儒學生員，雍正十三年（1735 年）拔貢生。後考科舉不第，遂廢舉子業，專心致力於學，頗有成就。他「工詩文，善大小篆」〔註197〕，並精於摹印。曾得銅印曰「七峰」，便因以名其草堂，所蓄名書畫、金石彝器極富。又曾於雍正初年遊城西海潮庵時，「得謝文節公（宋人謝枋）小方硯，額鐫：『橋亭卜卦硯』五字，背有元人程文海銘，周珍重之，抱硯以寢」〔註198〕，遂將其詩集題名爲《卜硯山房集》。津門著名文士沈兆澐亦有詩文《海潮庵》，以記述此事。時查氏水西莊延攬南北名彥，文風極盛，而往來於水西莊的名士多於周焯相交，共同揚榷古今。周焯於乾隆十五年卒，後其所藏文物盡失。《蓮坡詩話》中稱周焯：「賦詩務極研煉，不肯苟爲雷同」，並有其爲作詠物詩，因一字未就，便兩夜未眠的記述，從中我們可以看出他著作詩文時精益求精的追求。〔註199〕

劉謙，寧河縣人，以縣學生充歲貢生。少負才氣，能詩文，工書法。乾隆年間開四庫全書館，劉謙曾充繕字生。爲人清高，卒後只留有片紙隻字，得之者視若珍寶。〔註200〕

常潤，字霖望，號雲蟠，寧河縣人，縣學諸生，乾隆五十七年（1792 年）舉人，讀書穎慧，書法深得顏柳筆意，擅長作文，曾有「文壓八府，字冠通場」〔註201〕之譽。

沈兆澐，天津人，字雲巢，號拙安，縣學生。其父沈峻，字丹崖，號存圃。乾隆三十九年副榜貢生，考取八旗官學教習。五十一年任廣東吳川知縣，五十六年因失察私鹽被罷官，次年遣戍新疆，嘉慶二年得釋歸鄉。喜交友，與當時的很多著名文人交情深厚，其子沈兆澐在《蓬窗附錄》中稱：「查浦老人平生遊跡遍天下，所至覽眺留題，膾炙人口，而《燕京雜詠》四十

〔註196〕沈兆澐：《蓬窗附錄》卷下，清咸豐刻本；陶樑：《國朝畿輔詩傳》卷 32；徐世昌：《大清畿輔先哲傳》卷 21。

〔註197〕沈兆澐：《蓬窗隨錄》卷 14，雜著，查禮《宋謝文節公橋亭卜卦硯銘並序》，清咸豐刻本。

〔註198〕袁枚：《隨園詩話》卷 14，清乾隆十四年刻本。

〔註199〕查爲仁：《蓮坡詩話》卷下；沈兆澐：《蓬窗附錄》卷上，清咸豐刻本；高凌雯：《志餘隨筆》卷 4；陶樑《國朝畿輔詩傳》卷 31；（光緒）《重修天津府志》卷 43，人物；（民國）《天津縣新志》卷 21，人物。

〔註200〕（光緒）《寧河縣志》卷 7，選舉；卷 8，人物。

〔註201〕（光緒）《寧河縣志》卷 7，選舉；卷 8，人物。

首，尤為騰譽都下。康熙庚辰辛巳，閑來遊天津，居吾家於斯堂，前後幾及兩載。時與趙秋谷、姜西溟、晉元彥、朱字綠、劉大山，擊賤飛觴、殆無虛日」〔註202〕。為嘉慶十五年舉人，二十二年（1817年）中進士，改庶吉士。道光二年授編修，十一年出任松江知府。沈兆澐精通書法，善長作詩。其學行甚高，曾主講輔仁書院，著有《年譜》、《資鏡錄》、《灶嫗解》、《存圃文鈔》、《欣遇齋詩集》、《問石山房墨刻》《易義輯聞》、《蓬窗隨錄》、《義利法戒錄》、《戒訟說》、《捕蝗備要》、《實心編》、《尚論編》、《仰企編》（亦作《仰止編》）、《發聲錄》、《唐文拾遺》、《織簾書屋詩文鈔》、《詠史詩鈔》等。其詩文今多見於天津方志與《津門詩鈔》等書中。〔註203〕他流傳至今的具有代表性的行書作品是《重遊芥園詩》〔註204〕，因其篇幅較長，只截取一部分列於下方：

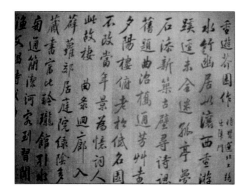

吳人驥，字念湖，天津諸生。乾隆三十年（1765年）考中舉人，次年成為進士。授山東蓬萊知縣，後歷任歷城知縣、東昌府同知，官至萊州府知府。《津門詩鈔》中稱他：「幼喜征逐，廣交遊，晝則歌場綺席，到處逢迎，夜必讀書，好獎掖後進，文酒之讌無虛日」。其為人風流倜儻，擅長詩畫，常以吟詩作畫為樂，人稱其為「風流太守」。生平喜刻前賢的著作，曾刻閻若璩

〔註202〕沈兆澐：《蓬窗附錄》卷上，清咸豐刻本。

〔註203〕梅成棟：《津門詩鈔》卷15；徐世昌：《大清畿輔先哲傳》卷15，師儒；（光緒）《畿輔通志》卷236，列傳44；（光緒）《重修天津府志》卷43，人物；（民國）《天津縣新志》卷21，人物。

〔註204〕政協天津市紅橋區委員會、天津博物館：《水西餘韻》，天津：天津古籍出版社，2008年。此詩稿作於道光三十年（1850年），沈兆澐在詩中自注「時督運北上路出津門」，所以此作品應是路過水西莊稍作停留時所作的詩。詩中所描述為水西莊的人文、自然環境。此作現存於天津博物館。

《古文尚書疏證》、惠棟《後漢書訓纂》。名流洪亮吉、孫星衍、桂馥等皆與吳人驥相交甚篤。史稱其收藏名書名畫甚富，但因家遭大火，珍秘盡毀，其詩文集等也蕩然無存。留與今人的詩作有《中秋夜雨》、《送秋鶴之曹南即用雨窗都轉韻》、《題滄浪話別圖送雨窗都轉移節浙江》、《鵬騫七兄自豫來津感賦》等。〔註205〕

王祿朋，字翼雲，號秋坪，天津儒學生員。乾隆二十四年（1759年）舉人，三十四年（1769年）進士。少時與吳人驥齊名，「工行楷篆隸，守饒州時，學使翁方綱按臨至郡，折節爲文字交，詩章贈答不輟」〔註206〕，著有《秋坪學吟草》。〔註207〕

趙埜（野），原名趙夢庚，字堯春，一作曉春，號雪蘿，北倉人。趙之符後代。武清縣學諸生，「邃學不仕，以廩膳生終」〔註208〕。居住在尹兒灣，門臨白河，有草堂數間，「書卷獺祭，偃臥其間，泊如也」〔註209〕。每次進城，輒與梅成棟、繆共位等人飲酒論詩，盡歡而去。趙野生性曠達，學識淵博，所作之詩逸趣橫生，時有奇思妙想。工篆刻，擅長臨摹漢印，人爭求之。所著有《草木名印譜》（亦稱《楮葉集》）；詩集有《天籟集》、《板扉吟》、《蓼蟲集》等。在梅成棟輯所的《津門詩鈔》及華鼎元所纂的《津門徵獻詩》中，皆錄有趙野的詩作二十餘首，其詩多爲酬友及描寫津郊生活之作，另有數首爲隨父（爲官）在外的行記。他的詩作，保存了眾多當時的眞人眞事，可以說是通過文學方式留給了後人非常珍貴的地方史料，其貢獻可謂重大。〔註210〕

曹傳，曹文度（武清縣學庠生，自由聰明好學，六經百家無不閱讀，尤喜讀易經，後贈儒林郎，翰林院檢討，加二級。曹文度之兄長曹文魯，亦爲庠生，生平鄙視舉業，但博覽群書，著有《沂水漫錄》）之子，武清縣人，亦爲縣學庠生，「穎敏純粹，讀書有獨到之解，爲文每出人意表，兼工詩畫，而

〔註205〕陶樑：《國朝畿輔詩傳》卷45；梅成棟：《津門詩鈔》卷13；徐世昌：《大清畿輔先哲傳》卷23，文學；（光緒）《重修天津府志》卷43，人物；（民國）《天津縣新志》卷21，人物。

〔註206〕（民國）《天津縣新志》卷21，第775頁。

〔註207〕陶樑：《國朝畿輔詩傳》卷45；梅成棟：《津門詩鈔》卷13；（光緒）《畿輔通志》卷236，列傳44。

〔註208〕（民國）《天津縣新志》，第786頁。

〔註209〕（民國）《天津縣新志》，第786頁。

〔註210〕梅成棟：《津門詩鈔》卷18；華鼎元：《津門徵獻詩》卷7，《趙明經埜》。

書法尤卓然成家」〔註211〕。創立慶成書院，作養人才。「後成進士，選詞林，累封傳爲儒林郎，翰林院檢討，加二級」〔註212〕。

蔣懋德，字力齋，一字溪山，薊州人，州學生員，生於 1752 年，卒於 1828 年。自幼聰慧好學，除「六經」外，喜讀《漢書》以及歷代名臣的奏議，詩喜陶、杜。乾隆四十二年（1777 年）鄉試，挑取四庫館謄錄，未就。嘉慶四年（1799 年）以歲貢肄業國子監。「晚年以課孫、飲酒、作書爲三樂。眞楷蒼勁，行書遒婉，草勢雄逸，爲嘉、道以來之名書家」〔註213〕，其聲名遠播，遠近索書者接踵而至。子蔣熙，字石泉，一字緝亭，嘉慶十八年（1813 年）拔貢。善詩文，工楷篆，尤其精於繪畫。平谷縣進士賈名伸著有《題石泉畫詩》二十二首，專門稱讚蔣熙的作品。其尚存的詩文有《讀孔子世家》、《題觀梅林畫梅》、《丁亥臘日都門留別朱虹舫學士年伯長句》等。

此外，在上一節中有所敘述的靜海勵氏家族，亦爲古今聞名的文章世家。勵氏四代皆通書畫，書以勵杜訥爲精，畫以勵宗萬爲佳。清代李元度編纂的《國朝先正事略》中稱：「勵氏父子孫三世皆掌邦禁，爲正、亞卿，又皆値南書房，充日講官，知起居注，揚歷清要，在官皆有名績，海內榮之」〔註214〕。《清史稿》中，亦有對勵氏四代的讚揚和記述，史稱：「自杜訥以諸生受知遇，子孫繼起，四世皆入翰林」〔註215〕。由此而知，勵氏一族可謂極盛。而勵氏家族之所以能創造出如此輝煌的成就，與他們本身的文學修養及才華是分不開的。他們不僅工書善畫，很多詩作也是流傳至今。例如，在紫禁城內的春暈堂之西，有韻松軒，勵杜訥即題《韻松軒即事詩》一首；另在高士奇所著的《江村消夏錄》中，載有勵杜訥所題寫的詩句，內容如下：「筆墨翛然意致閒，煙雲縹緲有無間，流連卷尾思藍本，遠勝南宮雨後山」〔註216〕。勵杜訥之子勵廷儀更是「精詩翰，五言宗選體，高古混雄，近體出入香山、玉溪、東坡諸家。書法二王（王羲之、王獻之父子），於懷仁尤近，同直推爲冠絕」〔註217〕。其作《熱河紀事》十首及《重陽》均留與後人傳誦。廷儀之子宗萬，書法成

〔註211〕（乾隆）《武清縣志》卷8，人物。
〔註212〕（乾隆）《武清縣志》卷8，人物。
〔註213〕（民國）《重修薊縣志》卷4，人物；卷10，藝文，《例贈徵仕郎蔣公傳》。
〔註214〕（清）李元度：《國朝先正事略》卷13《勵文恪公事略》，清同治刻本。
〔註215〕《清史稿》卷266，列傳五十三。
〔註216〕高士奇：《江村銷夏錄》卷3，清文淵閣四庫全書本。
〔註217〕張廷玉：《澄懷園文存》卷12，《光祿大夫太子少傅吏部尚書專管刑部尚書事諡文恭勵公墓誌銘》。

就尤爲突出，現在北京潭拓寺（亦稱岫雲寺）尚存有他書寫的對聯碑刻。宗萬詩作大多散佚不存，《晚晴簃詩匯》中尚存有其詩《秋日屯留道中》〔註218〕。由政協靜海縣委員會編著的《靜海名人》一書中，也將勵杜訥、勵廷儀、勵宗萬、勵守謙這皆爲翰林詞臣的一家四人稱爲「勵氏四傑」，認爲四人位居清朝要職長達百餘年，這在清朝歷史上是罕見的。除此之外，他們在文化上的貢獻更爲顯赫，其一，他們在康熙、雍正、乾隆三朝編纂大型叢書、類書的過程中，都貢獻出了巨大的力量；其二，四人在文學及史學方面都有著作傳世；其三，勵氏家學淵源，世代精於書籍的品評鑒賞，因此家中藏書豐富，精品甚多，稱爲當時北方著名的藏書家；其四，勵氏四傑在自刻著作方面也頗有成就；最後，勵氏四傑精於書畫，各自都有很高的造詣，〔註219〕此處僅以勵杜訥與勵宗萬爲例，將其具有代表性的書法作品〔註220〕附於下方：

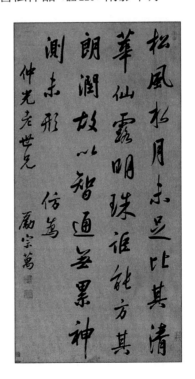

〔註218〕徐世昌：《晚晴簃詩匯》卷61，勵宗萬。

〔註219〕政協靜海縣委員會編著，邢福志主編：《靜海名人》，武德巍《勵氏四傑》，第135～149頁，天津：天津市靜海縣長虹印刷有限公司。

〔註220〕勵杜訥之書法作品見於：天津市編修委員會編著之《天津通志·文化藝術志》，天津：天津社會科學院出版社，2007年；勵宗萬之書法作品爲其《行書五律詩》軸。

6.3.2.3 南開大學圖書館館藏之天津名士著作

因筆者目前工作於南開大學圖書館，在歷次整理天津名士的過程中，發現館藏古籍中不乏他們的著作，且有精刻善本，其文獻價值自不待言，遂在此進行逐一梳理，對論文進行適當補充，以便通過著作內容、流傳廣度、深度等方面更加直觀、清晰地展現清代天津地區的教育成就。

《雙清閣詩稿》八卷，勵廷儀撰，南開館目前所藏有兩種，其一為一函二冊，半頁九行十八字、白口、左右雙邊，書內有些許殘缺，修補、補抄痕跡明顯。其二為一函六冊，品相較前者完備，但張廷玉之序殘缺未補。二者皆為清乾隆間刻本。前有張廷玉序，因二人曾同值南書房三十年，「辰同入酉同出，寒燠風雨無日不偕」，且每歲扈從熱河，皆「並廬而居，並轡而行」，因此，日以詩唱和，競相吟詠。張廷玉在序中云：「公（勵廷儀）詩喜自道其性情，不事雕琢……其風格無不融也」。卷末有二跋，分別為鄒升恒及張鵬翀所作。張鵬翀跋言，此書為勵廷儀長子屬宗萬「手抄而鋟之以傳於世」，又稱：「公（勵廷儀）詩才情粲發，格律渾成，而性情溫厚、措詞和雅，讀之使人油然生忠孝之心。尤長於樂府，歌辭激昂磊落，自寫胸襟……」

《泰州志》（道光）三十六卷首一卷，半頁十行二十一字、小字雙行同、白口、四周單邊、單魚尾，一函十冊，清刻本，為王有慶任泰州知州時所修。泰州歷來有修志傳統，據統計，自宋至民國，前後修志十三次，王有慶所修（道光）《泰州志》，屬承上啟下，史料豐富，影響較大。南開館館藏版本較漫漶，內容多有缺失。每冊封頁自下而上鈐「海陵玉苑浮巷是臣家」白文方印、「青蓮閣珍藏書畫之章」朱文方印。

《讀書舫文稿》不分卷，半頁七行二十字，一函一冊，紅格抄本，胡捷撰，共載文 23 篇，分別為《驅蠅說》、《閱徐熙百花圖》、《記夢說》、《孝子水小記》、《磨鏡叟記》、《鬼孝子傳》、《李廣班超論》、《讀史偶記》、《三國志論》、《嚴黃兩先生詩集序》、《郭璞辨》、《朱烈婦傳》、《余武貞公議》、《伶人吳大成小記》、《衛武公辨》、《跋長干行》、《張長史墨蹟記》、《題門也陳文印譜》、《馮垣園先生塞外草跋》、《芸書閣贅稿序》、《歷代紀原敘》、《少陸詩話纂敘》。

《王介山自訂年譜》不分卷，半頁九行二十一字、白口、四周雙邊、單魚尾，一函一冊，刻本，王又樸撰，為《屏廬叢刻》之一。年譜前有乾隆二十六年（1761 年）王又樸自序。序中道出了自訂年譜的原委，認為世人歿

後，凡由子孫撰述生平，必定全是溢美之詞，揚其善隱其惡，有失真實。因此，在其年逾八十之時，「乃自定其年譜，凡一生之美惡皆無一隱焉……凡欲知吾為人者，即呈之……第留此本以示子孫，俾能如余改過，庶余無怨恫於地下矣。」

《慇思錄》不分卷，欒立本撰。「飛泉先生天性醇摯，奉母王安人至孝。父母俱能詩，聲律本於家學……守母制時，著《慇思錄》以表其親，鄉里韙之。」〔註221〕由記載可知，欒立本一生學行多出於慈訓，其母去世後，哀思不已，故著《慇思錄》記錄其母生前言行，附刻其母所作《南遊詩草》十餘首。為清乾隆五十五年（1790 年）刻本，一函一冊，版心二十公分，半頁八行二十字，小字雙行字同，白口，左右雙邊，單魚尾。封面題簽為薛蔭南所書。卷前有陸伯焜序（「通家侍生雲間陸伯焜」）、李符清序（「乾隆庚戌中秋年愚侄合浦李符清頓首謹序」）、周人麒序（「姻愚表弟周人麒拜撰」）、楊錫瓚序（「庚子中秋前十日蕭山愚侄楊錫瓚頓首拜撰」）、高喆序（「愚侄高喆頓首拜撰」）。序後附《南遊詩草》共十四首，其中十三首為王氏丁酉年遊松江之時所作，分別為《舟行》、《詠岸上土牛》、《除夕》、《江城早春》、《偶感》、《食鱸魚》、《舟次添孫旋以災殤》、《望家書不到》、《遊虎邱詩三首》、《過閶門有感》、《端陽舟次》。其詩文樸素自然，流露出女詩人特有的細膩，極具真情實感，如《舟行》：「曉風卷雨透窗紗，雨板長排悶倍加；獨坐舟床無個事，隔將簾隙辨山花。」最末一首為王氏病情危重之時所作《絕筆》，全詩如下：「問天何故降奇殃，百藥全無救我方，若使輪迴真有數，一生勤儉訴冥王。」《南遊詩草》後有周南跋（「姻愚表侄周南頓首敬跋」）及周朝棟跋（「申江周朝棟拜學」）。再後則為欒立本所書《先慈欒母王太安人言行紀略》，共計六十餘條，「舉凡事尊章、相夫子、睦姻族、御僕婢，以及蒞事之明敏，待人之慈祥，瑣細不遺，隱微必達。」〔註222〕繼《先慈欒母王太安人言行紀略》後，再次附刻除《絕筆》之外的《南遊詩草》十三首。書末為欒立本於辛丑七月所作《哭先太安人三十首》。

《四書音補》一卷附《土音正誤》，張大仕輯。清光緒十九年（1893 年）刻本，半頁九行二十字、黑口、左右雙邊，為小鄒魯居叢書之一。卷前有李慈銘序，光緒十九年（1893 年）十月作於都門寓園。序云：自元明以來，蒙

〔註221〕梅成棟：《津門詩鈔》卷 4。
〔註222〕高凌雯：《天津縣新志》卷 23。

童自入私塾便開始讀四書,「然其音聲有老儒皓首不能辨者。況方音各異,師傅各別,而自韻書既作,往往一字而分別兩音三音,甚有至四音者,隨輕重虛實而別之,聲因義變,紛紜繚繞,理董爲難。」因此,精於解經的張大仕,便著成此書,「以聲音通之,凡古今疑義、諸儒聚訟者,皆能折衷一是……苦心分別,淺而易入,蓋欲使童子先辨乎。」卷前凡例曰:「是編補朱子集注所未備,凡朱注未詳者補之,其已詳者亦略爲引申,以期醒目。」此書爲張大仕之子張壽鴻所校,題名頁鈐「張」朱文圓印。

《續天津縣志》(同治)二十卷首一卷,半頁十行二十一字、白口、四周雙邊、單魚尾,清吳惠元修,蔣玉虹、余樾纂。清刻本,一函八冊。卷前有李鴻章序、完顏崇厚序,卷末有吳惠元後序。此志是吳惠元以嘉慶間蔣玉虹所著之遺稿(起於乾隆初年至嘉慶二十二年止)爲基礎而修成,凡例云蔣氏之志稿「雖殘篇斷簡,亦可爲考據之資。」李鴻章之序稱:「邑志始修於乾隆四年,迨嘉慶間,邑士蔣君玉虹博採旁搜,爲續志未成而卒,今吳君復網羅散失,以續成之,體例與凡志者同,而獨於海道、水利、營田及凡義舉之規條,皆詳載之以爲後法,誠善本也。」此志書之編纂,使天津一地的歷史得以清晰、完整留存,對今人研究清代天津歷史意義非凡。

《欲起竹間樓存稿》四卷,清道光十二年(1832 年)刻本,一函一冊,半頁十行十九字、白口、四周雙邊、單魚尾。梅成棟撰。卷前有張世光序,序後有宋潢、崔旭、葉紹本、陳彬、孔昭辰、王翼淳、凌泰磐、陸鈞、李佛桐、邊九鼇、徐楊緒、唐澂、孔憲彝、周梓等人弁言。卷內所載梅成棟之詩作,共計二百餘首,涉及人物頗多、內容頗廣,對研究天津一地的經濟文化、風土人情,極具價值。書內多處鈐「若村」(張樾蔭,字若村,清末天津人,工詩善畫,尤擅長畫蘭竹、木石)白文長方印,由此可以斷定,此書曾經張樾蔭之手收藏,後輾轉入藏南開大學圖書館。此外,書中有多處墨筆評點,不知何人所作。

《欲起竹間樓存稿》六卷,民國十二年(1923 年)天津志局匯刊本,半頁九行二十一字、白口、左右雙邊、單魚尾,一函二冊,梅成棟撰。目錄前有餘堂序及梅成棟自序。目錄末有溫江蕭思題記,稱梅成棟之詩「發於性情之眞、加以學力之富,故無俗韻、無淺語,而感事託諷與白傅同揆,尤非嘲風月弄花草者可比。」全書共載詩五百六十七首,據卷末高凌雯跋可知,這些詩作皆由蕭思從原稿數千首詩作中選定,應余堂(天津人,字階升,號茸

園）之請付梓。

《樹君詩鈔》一卷，載於《燕南二俊詩鈔》之中，陶樑輯，梅成棟撰，載詩百餘首。清嘉慶至道光間刻本，半頁十行二十二字、小字雙行同、白口、四周雙邊、單魚尾。卷前有《梅樹君傳》，傳後有葉紹本、崔旭、陸鳳鈞、潘震乙等人題詞。

《津門詩鈔》三十卷（缺卷一、卷二），清抄本，半頁十行二十一字、小字雙行同，爲梅成棟纂輯明代以來天津一地文人、官吏、流寓、閨秀等數百人之詩而成，搜羅之富，堪稱大觀。南開館所藏共計二函十二冊。書內多處鈐「敏」朱文圓印。卷末書「丙塏氏余堂校對卒業」、「丙塏氏校對卒業」、「余丙塏校對卒業」、「丙塏校畢」、「丙塏氏校」、「余階升校畢」、「階升校畢」等字，可知此爲梅成棟好友、津人余堂所校。而此書得以付梓傳世，也有賴余堂鼎力相助。詩人李雲章（大興人，字子文，號壽君）曾稱《津門詩鈔》的特點爲「以詩存人」，可謂極具文獻價值。

《華氏宗譜》不分卷，清宣統元年（1909 年）鉛印本，一函一冊，華長卿修。譜前有道光二十六年（1846 年）華氏第二十五世孫華長卿自序以及雍正元年（1723 年）華氏第十四世孫序。

《天津華氏南支宗譜》不分卷，清道光二十六年（1846 年）木活字本，一函一冊，華長卿修。華長卿自序頁自下而上鈐「樸園珍藏鄉賢所遺書畫圖籍」朱文方印、「樸園秘笈」白文方印。

《梅莊詩鈔》十六卷，清同治八年（1869 年）刻本，半頁十行二十一字、小字雙行同、白口、四周雙邊、單魚尾，一函四冊，華長卿撰。封面書名簽由楊淞題。書名頁有「愛蓮軒珍藏」朱文橢圓印及「嘯溪」朱文方印。目錄前有丁晏序、華長卿自序。目錄末有華長卿之子華鼎元的題識。書內有多枚白文方印，曰「金大本之璽」。函套內有精美藏書票一枚，上書「大本昭蕙同藏圖書」。可知此書在入藏南開館之前，爲天津藏書家金大本、孟昭蕙伉儷二人（金大本畢業於清華大學，後就職於清華大學圖書館，負責圖書編目與採訪。與夫人孟昭蕙，同喜收藏古籍書畫，故其書齋名爲「喜金石錄齋」。1948 年，金大本去世。1952 年，孟昭蕙將夫妻二人所藏部分圖書無償捐贈給天津市人民圖書館，即今天津市圖書館。其餘藏書則在「文革」期間散落各處）所藏。

《織簾書屋詩鈔》十二卷，共載古近體詩 894 首。清咸豐二年（1852 年）

刻本，半頁九行二十一字、小字雙行同、黑口、左右雙邊，一函四冊，沈兆澐撰。目錄前有沈兆澐自序，咸豐元年（1851 年）冬十二月作於河南按察司署之嘉石庭。序後有白文方印「忠信篤敬」。卷末有沈兆澐跋曰：「自嘉慶戊午迄咸豐辛亥數十年，詩僅存八百餘首，鈔示兒輩，聊誌歲月。茲兒輩先行付梓，余俟續刊附後，存諸篋衍，不敢出以問世，庶使他日後人讀之如親謦欬……」。

《草木名印楮葉集》不分卷，清嘉慶二十二年（1817 年）刻本，白口、四周雙邊，一函二冊，趙埜篆輯。書名簽鈐有「天津穆氏珍藏」印。印譜前有二序，一爲楊霞序，嘉慶丁丑（1817 年）中秋日作於津門；二爲趙埜自序，嘉慶二十二年（1817 年）四月二十二日識於錦石山房。譜末有二跋，一爲趙埜的侄子趙諤所作，二爲徐中孚所作。此印譜所傳之印皆爲趙埜篆刻，故其自稱爲「沽上石工」，例言末鈐「沽上石工趙埜」印。徐中孚之跋稱印譜「以姓字爲取裁、以聲韻爲編次，可謂師古而不泥古。」全譜以私印爲主，私印又按聲韻分爲上平聲私印、下平聲私印、上聲私印、去聲私印、入聲私印、續刻私印幾部分，而官印寥寥無幾，只有三十四方。爲此，趙埜在例言中稱：「有官印然後有私印，故諸譜官印皆列於前。此集蓋遊戲事，以私印爲主，官印尤遊戲中之遊戲者也，只可餘波及之。」

《讀晉書絕句》二卷，清光緒十一年（1885 年）蝶園刻本，半頁九行二十一字、黑口、四周雙邊、雙魚尾，一函一冊，張霆撰。目錄前有梅寶璐序及張霆自序，卷末有徐士鑾跋。全書共載詩 388 首，均爲七言絕句。函套之上有精美藏書票一枚，上書「大本昭蕙同藏圖書」，序言頁與卷端頁均自下而上鈐「丁丑秋後所得」朱文方印、「金大本之璽」白文方印，可知此書曾爲津門藏書家金大本夫婦所藏。

《絕妙好詞箋》，宋周密輯，清查爲仁、厲鶚箋注。南開大學圖書館目前藏有四種版本，分別爲：清乾隆十五年（1750 年）查氏澹宜書屋刻本、清道光九年（1829 年）徐楙校刻本、上海中華書局據錢塘徐氏校本鉛印本、1956年北京文學古籍刊行社鉛印本。根據藏書價值，此處僅對乾隆間刻本做簡單介紹。乾隆十五年（1750 年）所刻《絕妙好詞箋》，共七卷，半頁九行二十一字、小字雙行同、白口、四周單邊、單魚尾，一函一冊，在入藏南開館之前，爲清末民國著名藏書家秦更年所庋藏。書名簽處書有「查氏澹宜書屋本，嬰闇補缺重裝」字樣，目錄前有厲鶚序，序言頁有印曰「嬰闇秦氏藏書」。目錄

頁自下而上鈐有二印，其一為「蔡氏書印」朱文方印（蔡聖涯藏書印。蔡聖涯，清蕭山人，字陸士）；其二為「石藥籛藏書印」朱文方印（秦更年藏書印），由此可見，此書先由蔡聖涯收藏，後輾轉入秦更年之手。目錄末有秦更年朱筆題識二則。卷端頁有印四枚，自下而上分別為「亦雅居士」、「匡勳私印」、「秦曼青」、「秦更年」。卷內有多處朱筆圈點，或為秦更年所留。卷七末鈐有二印，自下而上分別為「樂阿蘭那行」、「東軒長者」。跋為查為仁之子查善長、查善和所作。卷末鈐「曾在秦嬰闇處」。

　　《蓮坡詩話》三卷，清乾隆六年（1741 年）刻本，半頁十行二十一字、小字雙行同、白口、四周單邊、單魚尾，一函三冊，查為仁撰。封裏貼有懸簽，上書「北皮亭藏善本」。卷前有杭世駿序及查為仁自序。序言頁自下而上鈐「北皮亭鎦氏收藏秘笈」朱文長方印、「辛亥」白文方印。卷首頁鈐「鹽山劉千里藏書」（劉駒賢，字伯驥，一字千里。其去世後，藏書售於琉璃廠藻玉堂）朱文方印。卷中鈐「劉駒賢印」白文方印、「千里長壽」朱文方印。每冊卷末均鈐「北皮亭藏書印」朱文方印。根據書內眾多藏書印可知，此書原為河北鹽山藏書家劉駒賢所藏，後由藻玉堂入藏南開大學圖書館。書內朱筆圈點之多，數不勝數，除此，更有諸多朱、墨筆評批。《蓮坡詩話》作為有清一代較為著名的詩話著作，以品評詩人軼事居多，鮮有論詩之語，而這些詩人大多是當時來往於水西莊的南北文人，因此是研究清代文學、研究天津歷史文化、風土人情的寶貴資料。此外，查為仁的《蓮坡詩話》還被《屏廬叢刻》、《昭代叢書》、《叢書集成》、《清詩話》等叢書收錄，亦足可見其不俗的地位與價值。

　　《蔗塘未定稿》，查為仁撰。南開大學圖書館目前藏有兩種版本。第一種版本為清乾隆八年（1743 年）寫刻本，半頁十行二十一字、小字雙行同、白口、四周單邊、單魚尾，一函二冊。目錄前有厲鶚序，作於乾隆八年（1743 年）春正月五日。全書包括：花影庵集、無題詩、是夢集、抱甕集、竹邨花塢集、山遊集、押簾詞七部分。目錄頁鈐有「鄭道乾印」、「健盦」（鄭道乾，號健盦，吳昌碩門人）二印，卷首鈐「鄭道乾珍藏印」。由上述三印可知，此書曾為清末民國藏書家鄭道乾所藏。南開館所藏第二個版本亦為清乾隆間刻本，行款等皆同，一函四冊。與第一種版本的區別是，此版本除上述七部分之外，還附有《蔗塘外集》，此外集包含：賞菊倡和詩、花影庵雜記、芸書閣遺稿、遊盤日記、蓮坡詩話五部分。書內鈐「雙清堂」白文長方印。

　　《黃竹山房詩鈔》六卷補一卷，附《田盤紀遊》一卷，民國二十一年（1932年）天津金氏校刊本（紅印本），半頁十行二十一字、白口、四周雙邊、單魚尾，一函三冊，金玉岡撰。《黃竹山房詩鈔》之名爲華世奎所署，書名頁鈐「華世奎印」。《黃竹山房詩鈔補》一卷附《田盤紀遊》一卷，書名頁左下方鈐「金鉞」（金玉岡六世孫）印。紅印本是古籍刊刻成功之後的最初印本，數量極少，主要用於校對，待核對無誤、正式以墨色印刷成書之後，紅印本不再進入流通領域，因此，以其稀有性和獨特性，歷來爲藏書家所追捧。

　　《善吾廬詩存》一卷附錄一卷，民國九年（1920年）刻本，半頁十行二十一字、白口、四周雙邊、單魚尾，一函一冊，金銓（金玉岡之族孫）撰。卷前有金銓遺像及各書所載金銓之傳略。卷末有跋，爲金銓曾孫金鉞所作，稱金銓生平著作散失殆盡，因此將所得詩稿付梓，尤顯珍貴。

　　《蓬山詩存》，清咸豐元年（1851年）金陵顧晴崖家刻本，半頁九行二十一字、黑口、左右雙邊、單魚尾，一函一冊。內封題名爲《蓬山詩存》，書內有三部分，分別是：《南翔集》一卷、《出嶺集》一卷、《嶺海酬唱集》（原名《山舟草》）一卷。《南翔集》與《出嶺集》爲鄭熊佳撰，《嶺海酬唱集》爲鄭熊佳、金玉岡合著。鄭熊佳，字南翔，號蓬山，直隸天津縣人。乾隆二十一年（1756年）舉人，二十五年（1760年）進士。歷任廣東惠來縣知縣、廣東電白縣知縣、瓊山樂昌知縣、欽州知州等。學識淵博、遍覽群書，工詩、篤交遊。卷前有梅成棟、華長卿序及梅成棟所撰《鄭蓬山先生小傳》。卷末有沈兆澐跋。

　　《墨緣匯觀》四卷（法書二卷、名畫二卷）《續錄》二卷（法書一卷、名畫一卷），清光緒二十六年（1900年）鉛印本，半頁九行二十二字、細黑口、四周雙邊單魚尾，一函六冊，安岐撰。卷前有端方序及安岐自序。此書爲書畫作品評鑒著錄之作，所收作品豐富，且大多爲安岐自藏，其中不乏精品佳作。收錄作品的年代始於三國，終於明末。是一部體例完備、鑒裁精妙、不可多得的佳作。對書畫鑒賞及書畫歷史的研究具有重要的史料價值。

　　由上述介紹可知，僅就南開館一家之藏而言，天津名士著作所涉範圍不可謂不廣，經史子集四部均有涵蓋。其中，主要以詩文集爲主，另外亦包含方志、年譜、族譜、印譜、書畫著作等等，由此可見，清代天津地區在培養人才、著書立說方面的教育成就是可圈可點、不可小視的。這些遺作，經過

若干藏書家之手，保存、流傳至今，也足以證明了它們的價值。如今，這些古文獻被加以珍藏，既作為文物，展現了古代文人的才情與智慧；又作為史料，為今人的各項研究提供了寶貴的資料。因為書籍的遞藏與留存，我們才能從書中更清晰的瞭解其時、其地、其人的真實面貌，對明清天津地區的教育狀況、文化狀況有更加準確的把握。

第四節　其他各界人才的培養及對社會的影響

6.4.1 其他各界人才的培養

所謂人才，是對社會發展有用之才，所以除了官員和文士外，教育還培養和輸送著社會各行各業所需要的各類人才，這些人的貢獻或許不像官員、文士的貢獻一般會載入史冊，但卻也不可低估，正是各行各業人才的共同努力，才促進了天津一地的快速發展和進步，例如商人和醫者等。

明清兩代，天津商業迅速崛起，清代時，天津經濟可謂發達，楊一昆的《天津論》中稱：天津衛，好地方，繁華熱鬧勝兩江。河路碼頭買賣廣，看風光，人疑是廣積銀兩，……不種田，不築廠，亦手空拳即可把錢想。第一是走鹽商，走久接地方，一派綱總更氣象。水晶頂，海龍裳，大轎玻璃窗兒亮，跑如飛蝗，把運司衙門上。店役八九個，圍隨在轎旁，黑羔馬褂是家常，他的來頭可想。賣的鹽，任意鋪張，賠累了，還須借帑帳。其次糧字號買手最吉祥，年深也把船來養……〔註223〕眾所周知，天津地處九河下游，「可耕之地固少，聚處之族實繁，且為水陸通衢，是以逐末者眾」〔註224〕，由此可見天津從商者之眾多，但眾多的從商者中，大商人畢竟是少數，所以說除了《天津論》中提及的鹽商和糧商這兩種大商人外，天津的商業發達還得依靠為數眾多的小商小販。天津因魚鹽眾多，所以民眾多「獲興販之利」〔註225〕。而小商小販的增加，與教育的廣泛覆蓋亦不無關係。因為自蒙養教育開始，就教授算學，這對那些成年之後做些小生意的人來說已足夠。

明清天津教育也曾培養出著名的醫學研究者，例如清人洪天錫，又名體仁，字吉人，別號尚友山人，歲貢生。自少時便勤勉好學，文名甚高。與同

〔註223〕張燾：《津門雜記》卷下，第101、102頁。

〔註224〕（光緒）《重修天津府志》卷26，第1024頁。

〔註225〕（康熙）《天津衛志》卷二，利弊，第27頁。

鄉王又樸、朱函夏、周焯、孫嘉倖等名士交往深厚，經常探討、切磋學問。後因其兄亡於庸醫，令天錫痛下決心研究醫理，對《素問》、《靈樞》俱有詮釋，認爲瘟疫爲最烈的禍端，而且容易誤診，因此他用畢生精力著作成書，曰《補注瘟疫論》，另著有《晚翠堂集論文》三編。武清人黃鼎甲，頗精岐黃術，常「和藥以濟貧乏，賴全活者甚眾」〔註226〕。其子黃正中，爲縣學學生，亦精通醫術，鄉里稱之。寧河縣人吳志成，字定齋，生而穎異，年十七補弟子員，益志於學，爲乾隆十七年（1752 年）歲貢。通《六經》、《左傳》、《史記》諸書，博覽能文章，所試皆優等，遠近來學者甚眾。而且他精於醫藥及堪輿之術。以歲貢應補訓導，但未仕而卒。

6.4.2 教育對天津社會帶來的影響

　　明清之際，天津教育培養出的人不勝枚舉，文中所見只是在某一領域較有成就，聲明較顯赫的一些人，只是滄海一粟，還有很多人文中並未提及，他們或許沒有做過官，沒有做出什麼可以稱頌的事蹟，但他們的一言一行卻也同樣成爲了典範，被記載、被傳承，這部分人被史冊冠以「耆老」「孝友」等名稱，他們以言傳身教切實影響著整個社會，影響著整個社會的道德體系和價值取向，並將整個社會的道德體系和價值取向推向更高的層次，從而推動整個社會的文明和進步。而引導這些人作出社會示範行爲的根源，便是教育以及教育所傳授的倫理道德等。所以說，教育不僅是天津社會發展的智力支持，更是天津社會發展的內在動力。

　　此外，底層民眾在教育的影響下，民風獲得了重大轉變。因天津地區「永樂初始闢而居之，雜以閩、廣、吳、楚、齊、梁之民，風俗不甚純一，性少淳樸」〔註227〕，且因天津缺少肥沃的田地，故「人皆以賈趨利」〔註228〕。但歷經明清兩代，教育不斷獲得發展後，天津的民風和文風都得到了較大轉變。史稱：「天津士人工於應試文字，近年舉人會試者逾百數，實爲天下罕見」〔註229〕。又稱，天津「民性淳良，俗皆敦樸……以詩書爲要領」〔註230〕。尤其是清代時的天津，已經呈現出「家詩書、戶弦誦，文風視昔倍盛，科目亦

〔註226〕（乾隆）《武清縣志》卷8，人物。
〔註227〕（乾隆）《天津府志》卷5，第 135 頁。
〔註228〕（乾隆）《天津府志》卷5，第 135 頁。
〔註229〕（光緒）《重修天津府志》卷 26，第 1024 頁。
〔註230〕（康熙）《天津衛志》卷二，利弊，第 26 頁。

絡繹不絕」〔註231〕的教育繁盛景象。

　　當然，天津儒學培養出各類人才中不乏鹽商，如張坦、金大中等等，因在第七章中會進行詳細論述，故此不贅言。

〔註231〕（光緒）《重修天津府志》卷26，第1025頁。

第七章　明清天津教育的特點

第一節　明清兩代由「尙武」至「崇文」的顯著變化

7.1.1 明代，重武輕文

　　明朝初建時，雖定都南京，但因蒙古殘餘勢力較強，故非常重視北部邊防，明太祖朱元璋封其四子朱棣爲燕王，鎭守北平府（明洪武元年，廢大都路，改置北平府。）。1398 年，朱元璋之孫朱允炆繼承大統，改元建文。燕王朱棣以「靖難」爲名，挑起了爭奪皇位的戰爭。建文二年（1401 年），朱棣率軍「自小直沽渡躋而南」〔註1〕，攻破滄州，從而順利南下，最後取得政權。朱棣奪取皇位後，隨即定國號爲永樂，因其久居北平，並在「靖難之役」時渡直沽南下，所以他深知直沽軍事地位的重要性，認爲「直沽海運商泊往來之衝，宜設軍衛」〔註2〕，又因其曾在此渡河，遂賜名「天津」。正如李東陽在《修造衛城舊記》中所記載的那樣：「太宗文皇帝兵下滄州，始立茲衛，命工部尙書黃公福、平江伯陳瑄築城濬池，立爲今名，則象車駕所渡處也」〔註3〕。永樂二年（1404 年）正式設立天津衛後，於翌年設天津左衛，轉年又增設天津右衛。在天津設立軍事衛所，標誌著中央政府對天津軍事地位的認可和軍事城堡性城市的形成〔註4〕。天津在置衛之前，直沽地方大約以南運河

〔註 1〕　（康熙）《天津衛志》卷 4，藝文（上），《天津重修湧泉寺舊記》。
〔註 2〕　（康熙）《天津衛志》卷 1，建置。
〔註 3〕　（康熙）《天津衛志》卷 4，藝文（上），《修造衛城舊記》。
〔註 4〕　張利民：《解讀天津六百年》，第 3 頁。

爲界，北屬武清縣，南隸靜海縣，衛城因設於運河之南，故爲靜海縣屬地，而附郭部分則分隸於兩縣〔註5〕。衛作爲軍事組織，雖並非行政建制，但卻有較明確的軍事管轄範圍，擔當了防衛的軍事重任。據《明史・兵志》記載：「天下既定，度要害地，係一郡者設所，連郡者設衛。大率五千六百人爲衛，千一百二十人爲千戶所，百十有二人爲百戶所……其軍皆世籍」〔註6〕。因此，明時，天津三衛共有官兵一萬六千餘人，軍民分籍，軍籍可世襲。衛所實行兵農合一的管理辦法，世襲的軍士在所屬之地屯墾，其主要功能是築建城垣，戍守衛城，監督保護漕運，修建和保護糧倉，以及屯田和軍事訓練〔註7〕。由此可知，明時天津衛作爲軍事組織，主要人口構成是官軍二籍，主要職能是軍事防禦和軍事訓練，所以，此時的社會風氣與傳統可想而知。「海津鎭是直沽河，防戍千人此荷戈。洎後遺氓留七姓，官軍二籍調來多」〔註8〕。「新軍牙闌駐天津，不徒姻臣即武臣」〔註9〕。如詩中所講的軍事環境以及人口構成狀況，造成明初的天津三衛「官不讀書，皆武流」，「日以戈矛弓矢爲事」，「爭相驕侈爲高，日則事遊獵，從歌舞」〔註10〕。加之，此時的天津，「去神京二百餘里，當南北往來之衝……舟楫之所式臨，商賈之所萃集，五方之民之所雜處，皇華使者之所銜命以出，賢士大夫之所報命而還者，亦必由於是，名雖爲衛，實則即一大都會所莫能過也」〔註11〕。作爲一座由漕運、鹽業發展起來的城市，天津的居民可謂是魚龍混雜，因此，居民「風俗不甚統一，心性少淳樸」〔註12〕，最初並無教育設置。遂形成了官不讀書、民不識丁的教育狀況和社會現實。《學記》有云：「君子如欲化民成俗，其必由學乎。玉不琢，不成器。人不學，不知道。是故古之王者，建國君民，教學爲先。」因此，明初天津面對如此狀況，依靠教育來「化民成俗」是必要的也

〔註5〕 羅澍偉：《近代天津城市史》，第54頁。
〔註6〕 清・張廷玉：《明史》卷90，兵志。
〔註7〕 張利民：《解讀天津六百年》，第23頁。
〔註8〕 蔣詩：《沽河雜詠》，第69、70頁，(《元史・仁宗紀》：延祐三年，改直沽爲海津鎭。《英宗紀》：延祐七年，海運至直沽，調兵千人防戍。《天津縣志》：天津舊止七姓，明永樂間設衛築城，調有官、軍二籍，戶口漸繁。)
〔註9〕 蔣詩：《沽河雜詠》，第71頁。
〔註10〕 (康熙)《天津衛志》卷4，藝文 (上)，汪來《天津整飭副使毛公德政去思舊碑》，第78頁。
〔註11〕 (康熙)《天津衛志・序》，第6頁。
〔註12〕 (康熙)《天津衛志》卷4，藝文 (上)，汪來《天津整飭副使毛公德政去思舊碑》，第78頁。

是必需的。遂在天津衛設立三十餘年後，於正統元年（1436年），由提學御史程富上奏，天津左衛指揮使朱勝捐出住宅一處，始建了天津第一所官學——衛學，由此，天津開始了官辦儒學的發展歷史，爲天津後來的教育發展奠定了良好的基礎。

由於衛屬軍事組織，天津三衛初建之時，當地便形成了重武輕文的社會風氣。衛學「諸生率初就學，倥侗悍厲之氣固自若也」，生員一時難脫粗野習氣，經過首任訓導李賜等人「列教條，正句談，導進退」之後，才「頗蹈矩鑊」〔註13〕，情況大有改觀，天津衛學的發展逐漸走向正規。儘管如此，明代天津文教始終算不上有大發展，史稱：「自前明設衛，而後亦只爲軍勳屯占、漕粟估鹽之地，非有聲明文物之可觀」〔註14〕。

此外，作爲京師門戶和通向遼東的要道，天津三衛在軍事上的重要地位日益凸顯，駐守的軍人也不斷增加，作爲屏衛京畿的軍事重鎮，尤重武事。因此在儒學之外，又設武學。武學設在武廟內，建有明倫堂以及儲英、毓秀、進德、修業四齋。初設時，每三年試騎射、策論，選數十人入學，擇一員訓之，名曰科正，一般由武舉來擔任。其考試「專董於兵備，不隸學使」〔註15〕。武生中文才優秀的，也可再進儒學深造。

明代天津，除三衛是重要的軍事組織外，還有一個地區的軍事地位十分顯著，那就是薊州。明代建立後，由於逃亡北方邊疆的元殘餘勢力不時侵擾，對明政府的統治構成了很大威脅。爲了鞏固北部邊防，從明初至明中期，歷朝統治者依次在明長城沿線構築起「九邊十一鎮」，作爲軍事屏障，派兵駐守以鞏固自身統治。所謂「九邊」，即是指明代北部邊塞的九個軍事重鎮。而九邊之一便是薊州鎮，薊州鎮所轄明長城，東起山海關，西達居庸關灰嶺口，長約一千二百多里。此段邊牆位於明代京師的北方，是維繫京城安危的重要保障。據（民國）《薊縣志》記載，明代在薊州一地歷經的大戰事有十七次，這也再次證明了薊州一帶顯要的軍事地位和軍事作用。正因爲如此，儘管薊州一帶教育興起較早，文化積澱也比較深厚，但縱觀明代薊州教育，卻並不興盛。單從儒學的興修來看，明代兩百多年的歷史長河中，見諸史冊的儒學興修卻僅有兩次，對教育的發展忽視若此，足可見重武輕文的風氣對教育帶

〔註13〕 （康熙）《天津衛志》卷4，藝文（上），《創建明倫堂舊記》，第73頁。
〔註14〕 （乾隆）《天津縣志》序，第5頁。
〔註15〕 王守恂：《天津政俗沿革記》卷10，文化，儒學二，武學。

來的影響之大。

7.1.2 清代，「崇文」風氣盛行

　　明朝天津設衛後，為天津地區的發展拉開了序幕，隨著政治、經濟、軍事、文化等環境的不斷變化，單一的軍事防禦功能已不再適應天津城市的迅速發展。清朝建立後，於順治九年（1652年），將天津三衛合併為一衛，統稱天津衛，但此時天津仍屬於軍事上的建置，對地方行政管理體制上的諸多掣肘無法解決，造成了「津衛屯田與民莊錯雜」，「雖有衛備之官，而無屯田之軍，納糧當差，與民一體」的狀況。此外，「天津所管屯莊俱在各州、各縣，遠有三、四百里不等，津城附近，反無統屬，西門、南門以外即為靜海縣地方，北門、東門以外僅隔一河，又係武清縣地方。靜海猶是河間府屬，……武清則係順天府屬，……一有緩急，雖咫尺之民，呼應不靈」〔註16〕。因此，雍正三年（1725年），改天津衛為天津州。自此，天津正式由軍事機構轉變為地方行政管理機構。天津衛原轄之143個屯莊，就近併入武清、靜海、青縣、滄州、南皮；同時又將武清、靜海、滄州三地的267個村莊劃撥給天津州管理。同年十月，應長蘆鹽政莽鵠立的奏請，准昇天津州為直隸州〔註17〕，管轄武清、靜海、青縣三縣。如此一來，「則經界整齊，設施便利，既無鞭長不及之虞，亦無鄰封掣肘之患，……官民兩便」〔註18〕。天津從此步入快速發展時期。雍正九年（1731年），直隸總督唐執玉上奏曰：「天津直隸州係水陸通衢，五方雜處，事務繁多，辦理不易，請升州為府，……附郭置天津縣」〔註19〕。又將原轄之滄州、南皮、鹽山、慶雲、青縣、靜海等一州六縣劃歸天津府管轄。天津一城既為府治又為縣治，因此分別設知府、知縣管理府、縣事務。而在天津由軍事城堡向地方行政建制不斷轉化的過程中，對教育帶來的影響也可謂巨大。天津儒學由最初的衛學相應的改為了天津州學，後又升為天津府學。天津升州為府後，附郭設置了天津縣，故又於雍正十二年（1734年），在天津府學西側建立了天津縣學。此後，天津的官辦學校，就有了與地方行政管理級別相匹配的「府學」與「縣學」兩級。府學稱「上庠」，

〔註16〕（同治）《續天津縣志》卷16，藝文（一），第418頁。
〔註17〕清制，凡不設府而仍轄有縣屬之州，隸於布政使司，為直隸州。直隸州的行政層序與府同，唯無附郭縣。
〔註18〕（同治）《續天津縣志》卷16，藝文（一），第418頁。
〔註19〕（光緒）《重修天津府志》卷1，皇言（一），詔諭，第609頁。

縣學稱「下庠」〔註20〕。這無疑爲天津教育在清代出現大繁榮局面奠定了良好的基礎。自此，天津的儒學便得到了更大的發展。私塾、社學、州學、府學、縣學、書院等各種教育機構的出現，更豐富了天津教育的內容與形式，使天津教育獲得了快速的發展。

　　因清朝統治者崇尚「文治」，在繼承傳統的「建國君民，教學爲先」的思想的同時，爲招攬人才，更加重視與科舉密切相關的學校教育，並對天津科舉採取了許多「偃武修文」的措施。不論是從文廟、武廟的祭祀規格還是從中式舉人、進士的獎勵規格來看，都顯現出了「崇文」的傾向。從祭祀規格來看，「文廟春秋二大祭，銀四十三兩五錢」，而武廟春秋兩祭，只用「銀十八兩」。再從中式舉人、進士的獎勵規格來看，「新中舉人，每名牌坊錢八十兩」，「新中進士，每名牌坊銀一百兩」；「新中武舉人，每名旗扁銀五兩」，「新中武進士，旗扁銀十兩」〔註21〕。以上獎勵各三年一辦。而後，又於雍正年間，將武學「裁歸儒學」〔註22〕。此後，「天津武廟火廢不修，光緒間焚毀無餘，只附近地方猶稱之曰武學。今則人民雜居，窮簷矮屋，人鮮知其爲廟址者」〔註23〕。從上述變化可以看出，隨著天津城市的發展，以及行政地位的變化和提升，清政府對天津地區的教育政策等也隨之發生變化，這些變化都使得天津逐漸擺脫掉了一個軍事衛所的「尚武」習氣，向「崇文」轉變。

　　此外，清乾嘉時期，統治者曾多次巡幸天津，除屢次增加儒學入學名額，以示對教育的格外關注外，還召試天津士子。其中，乾隆三十八年（1773年）三月，清高宗巡幸天津時，「召試迎鑾士子，賜顧塋等四人舉人、杜兆基內閣中書、張虎拜等十四人緞匹」；乾隆四十一年（1776年）二月巡幸天津時，「召試迎鑾士子，賜邱桂山等五人內閣中書、萬年等三人舉人、周光裕等二十人緞匹」；乾隆五十三年（1788年）二月，再次「召試迎鑾士子，賜陳煜內閣中書、王蘇等三人舉人、劉梧等四人緞匹」。乾隆五十九年（1794年）三月，高宗最後一次巡幸天津時，又「召試迎鑾士子，賞姚文田內閣中書」。至嘉慶十三年（1808年）三月，清仁宗巡幸天津時，亦「召試迎鑾士子，賜龍汝言等六人舉人、張廷選等十四人緞匹」〔註24〕。這些獎勵、恩賜士子的行爲，無

〔註20〕張利民：《解讀天津六百年》，第293頁。
〔註21〕（康熙）《天津衛志》卷2，官俸役食，第33頁。
〔註22〕（光緒）《重修天津府志》卷35，武學，第1133頁。
〔註23〕王守恂：《天津政俗沿革記》卷10，儒學二，武學，第43頁。
〔註24〕（民國）《天津縣新志》卷首，巡幸，第498頁。

疑是對「崇文」風氣極好的引領和鼓舞，這都對天津教育風氣由「尚武」至「崇文」的轉變起著重要的導向作用，不可忽視。

清代天津各郊縣的風氣亦有所轉變，因為清代疆域不斷擴展，且與蒙古修好，採取懷柔及聯盟的政策，所以天津各郊縣尤如薊州的軍事功能也逐漸消失，據（民國）《薊縣志》記載，清代鴉片戰爭之前，薊州地區沒有戰事發生。加之清廷偃武修文的政策支持，薊州一地的教育也受到了當地官員和鄉紳的大力支持，僅儒學修葺就達十三次之多，此外，還創立和增加了書院等多種教育形式，社會風氣也實現了由「尚武」至「崇文」的轉變。

清人汪沆有詩云：「帕首靴刀意氣雄，小侯只愛說從戎。百年文教成鄒魯，繞郭書聲燈火中」〔註25〕。詩中清晰的反映出明清兩朝教育風氣的變化，明時天津三衛子弟，並習武備，「尚武」風氣濃厚，清朝天津先後改州升府設縣，人文蔚興，「崇文」風氣漸起。

第二節　地區間教育發展的不平衡

縱觀明清天津各州縣地區間的教育狀況，不論從教育發展的先後順序上，或是從學校數量、種類、規模上，或是從培養出的科舉人數上，我們都可以看出，現行行政區劃內的天津市區與郊縣的教育發展呈現出如下的不平衡趨勢：明代，市區教育落後於郊縣教育——由明至清，市區教育追趕郊縣教育——清代，尤其是康熙之後，市區教育超越郊縣教育，成為天津教育的中心。籠統地說，明清時期天津市區教育的發展可稱之為急劇發展，而各郊縣教育發展則可謂是平穩發展，所以才會出現互相趕超的不平衡現象。

之所以出現地區間教育發展的不平衡現象，究其原因，不外乎以下幾點：

第一，地區發展的先後不同造成的天津各州縣教育發展不平衡

在前幾章的敘述中我們可清晰的得知，從天津各州縣建立的時間來看，雖然天津衛的建立始於明代，但其他各郊縣的存在時間卻遠早於明代，薊州一帶地區甚至可以追溯至春秋戰國時期。眾所周知，文化教育是隨人類社會的產生而產生，隨人類社會的發展而發展的。那麼，一個地區的文化教育，自然也是隨著這個地區的產生而產生，隨著這個地區的發展而發展，所以，在明清之前，天津各郊縣的文化教育就獲得了不同程度的積累和進步。而現

〔註25〕汪沆：《津門雜事詩》，第36頁。

今行政規劃下的天津市區，卻是在明代設衛後，教育才開始興起。單從學校的興建來看，寶坻縣學、薊縣縣學（薊州學）均建於元代。武清縣學的建立時間，雖史料無明確記載，但史稱，洪武初因避水患，遷至縣城東北隅，可見縣學的建立時間當在明代之前。靜海縣學建立於明永樂元年（1403 年）。由此可見，除寧河縣因析出建立於清代，故寧河縣學也始建於清代外，天津各郊縣的學校建立均比天津市區要早，這與其地開發較早有密切關聯。所以說，終明一代，天津市區的教育發展是在剛剛興建的狀況下探索前行，而天津各郊縣的教育卻是在有著深厚基礎的狀況下駕輕就熟的發展，這也就造成了終明一代，天津市區教育始終落後於天津各郊縣教育的實際狀況。當然，不同的地區在文化教育的環境以及教育發展水平上，也存在差異。其中，薊縣、武清、寶坻等地的文化氣息比較濃厚，其教育水平也相對較高，這在很大程度上都得益於這些地區開發較早，文化積澱較深。

第二，地區方位、職能等帶來的地區間發展不平衡造成的各州縣教育發展不平衡

永樂間，明政府遷都北京後，天津衛的建立，恰恰說明了這一地區軍事地位和政治地位的重要性，以及這一地區對明政府統治的非凡戰略意義。清政府取代明政府後，京城仍選在北京，因清代為少數民族政權，重視和發展京畿地區，是維護其統治的關鍵所在，所以，天津衛的地位更加凸顯，並由此在清初將天津衛相繼改州升府。如此一來，相比較天津各郊縣，市區在清代就成為天津政治、經濟、文化、教育的中心，成為清政府重點扶持和發展的地區，而其他天津各郊縣還在原來的軌跡上波瀾不驚的尋常發展。如此一來，各地區之間的方位、職能的不同帶來了地區間發展的不平衡，而隨著地區間發展不平衡而來的便是教育發展的不平衡。儘管天津各郊縣本身以及教育的興起和發展都較早，但隨著天津衛因地理方位和職能等帶來的行政建置的變化，為天津城市的發展帶來了一系列變化，政治地位提高，經濟地位上升，人口及教育需求的增加，促使教育發展突飛猛進，天津市區教育在明代積極趕超的基礎上，在清代逐漸開始佔據主導和領先地位。

第三，地區間的經濟發展、教育投入及教育資源的不同造成的各州縣教育發展不平衡

如上所述，現行行政區劃內的天津市區在清代發展成為了政治、經濟、文化、教育的中心，那麼作為區域中心，不論從國家來說還是從區域來說，

都是重點關注和發展的區域，從政策、經濟上獲得的支持自然會比其他地區要多很多。對地區教育的影響亦是如此，政策上的傾斜，經濟上的繁榮，就意味著可以享有更多的教育投入和教育資源，這也是清代天津市區教育快速且明顯超越天津各郊縣教育的重大原因之一。

第三節　鹽商與教育發展

明清天津教育的另一個顯著特點，就是鹽業、鹽商與教育之間有著千絲萬縷、不可分割的聯繫。

自西周始，天津便已有產鹽記載。漢代時，天津地區的鹽業生產已初具規模，成為政府特定的鹽產區之一，並委派專門的鹽官對鹽業進行管理。此後，天津鹽業在各朝統治者的重視下，得到了初步發展，為其在明清時期的興盛奠定了基礎。

明代，天津始建衛城，成為畿輔重地。洪武二年（1369 年），在滄州「置北平河間鹽運司，後改稱河間長蘆」〔註 26〕。而天津則成為長蘆鹽的重要產區之一。康熙十六年（1677 年），長蘆鹽運使司由滄州移至天津，自此，天津便成為長蘆鹽的產銷中心。清代詩人張問陶曾寫詩「十里魚鹽新澤國，二分煙月小揚州」〔註 27〕來形容當時的天津，足可見天津作為鹽業城市的繁盛。由於鹽業包含有巨額利潤，眾多鹽商聚集天津，由此造就了一大批富甲一方的大鹽商。鹽商的財富集聚及鹽商的社會活動，對整個天津的發展起到了至關重要的推動作用。尤其是鹽商一系列大力興教的舉措，更是促使天津教育在明清時期，尤其是在清代，獲得了長足的發展。因此，鹽商對教育發展的重要作用和影響就成為明清天津教育發展的一大特色。對天津鹽商捐資興學的活動及其原因進行探討，不僅有助於豐富和深化天津史研究的內容，也有助於深入瞭解教育發展背後的重要推動因素，通過探尋鹽商與教育發展的關係，予現代教育以借鑒。

7.3.1　天津鹽商與教育發展

明永樂年間，天津設衛後，地位不斷加強，為教育的發展鋪平了道路，使得天津教育在進入清代以後獲得了長足發展，並在乾嘉時期達到鼎盛。而

〔註 26〕張廷玉：《明史》卷 80，食貨志。
〔註 27〕張問陶：《船山詩草》卷 4，清嘉慶二十年刻道光二十九年增修本。

教育日益興盛的背後，自然少不了鹽商對教育的貢獻。

縱觀天津的各類學校，從興建、到重修，尤其是學校的經費來源，大多與「鹽」有關。學校興建、倡修者以鹽官居多，而與鹽官聯繫最爲密切的莫過於眾多鹽商，所以，興建、重修學校時所需的經費資金又大多來源於天津鹽商。學校的經費來源亦是如此，多數是鹽院支給或鹽商捐助，而鹽院支給的錢也大多來源於鹽商。所以，天津教育事業在明清，尤其是在清代出現繁榮的局面，與天津鹽商捐資興學的活動是密不可分的。

7.3.1.1 官學

明正統元年（1436 年），由提學御史程富上奏，左衛指揮使朱勝將住宅捐出，始建了天津第一所官學——衛學，由此，天津開始了官辦儒學的發展歷史。清雍正三年（1725 年），改天津衛爲天津州，衛學遂改爲州學。雍正九年（1731 年），昇天津州爲天津府，州學也隨之升爲府學。期間，因歲月侵蝕，天津衛學（清之州學、府學）屢經重修，見諸志書者就有 22 次之多，這 22 次之中，又多以鹽官倡修、鹽商捐修爲主，尤其是在清代天津府學的歷次重修中，鹽官及鹽商更是起到了至關重要的作用。以順治十年（1653 年）的修繕活動爲例，巡鹽御史張中元捐俸一百金，前任巡鹽御史楊義捐出二百金，作爲重修費用。另有鹽憲使徐來麟、牛藩、劉進禮，各捐俸數百金，「又有顯人大賈……欣然輸助」〔註 28〕。顯然，在鹽官的號召與帶領下，捐資修學的「顯人大賈」中，當多爲鹽商。

此外，天津武學的重修過程中，鹽官及鹽商也起了積極作用。清順治年間，鎮守天津總兵官都督同知管效忠倡修武學時，「各營及鹽商協力輸助」〔註 29〕。雍正十一年（1733 年），又有「鹽院鄂禮、知府李梅賓重修」〔註 30〕武學。

7.3.1.2 商學

明清時期，另一個與鹽商大有淵源的教育機構是商學。在第四章的探討中，我們已知，所謂商學，是指專爲商灶兩籍而設的學校，因此，它的創辦和發展也主要是由鹽商或鹽運署衙門來牽頭的。明萬曆二十年（1592 年），長蘆御史黃卷應鹽運使俞嘉言的提請，設立長蘆運學，即商學。商學生員由鹽

〔註28〕　（光緒）《重修天津府志》卷 35，經政九，學校。
〔註29〕　（康熙）《天津衛志》卷 4，藝文，李運長《天津衛重修武廟碑記》。
〔註30〕　王守恂：《天津政俗沿革記》卷 10，文化，儒學二，武學。

道考試，不經地方官。直至雍正七年（1729年），改由地方官收考，錄送鹽道，再送學正匯考。

如前文所述，設立之初，商學學額爲文、武生各十二名，其中商、灶兩籍名額均分，各占六名。之後，在鹽官和鹽商熱心參與下，商學學額不斷增加。例如：康熙四十年（1701年），巡鹽御史劉灝提請增加商學學額，未獲准。康熙五十二年（1713年），逢皇帝六十大壽，特開鄉會恩科，長蘆商學學額變爲文生十四名，商、灶兩籍各占七名，武生學額不變，仍爲十二名。同治五年（1866年），因爲長蘆鹽商捐輸，特加以恩賞，商學學額遂增加，具體數額是，商籍文武額各增加六名，灶籍文武額各增加一名。

此外，從學田方面，也可看出鹽官、鹽商與商學的關係。因爲長蘆學田也是由鹽官購置，以此作爲文武生之膏火費用。先是在萬曆三十三年（1605年），由長蘆巡鹽御史余懋衡、運同馮學易等購置學田，「以周士之貧不能自給者」〔註31〕。另有順治間，巡鹽御史張中元「發坨租銀二百五十兩買塞里莊腴田二頃五十畝」〔註32〕，以資商學。

7.3.1.3 書院

眾所周知，書院之設始於唐代，至明代時，因統治階級倡導大興官學及政治鬥爭等原因，書院漸趨衰落。清初，朝廷對書院亦進行壓制，直到雍正十年（1733年），才下令讓各省會設立書院，康熙乾隆年間，書院發展達到鼎盛。天津書院也在此時有了突破性地飛躍，縱觀書院的興建和發展，又大多與鹽商的捐助有關。接下來，我們便以天津最著名的三大書院爲例，來分析鹽商、鹽官在書院的建立和發展過程中所起到的作用。因爲本文已在第四章中對此處所講的三大書院進行了詳述，所以，此處僅籠統舉例說明。

第一，三取書院

三取書院成立於康熙五十八年（1719年），由津邑商士共同出資建造。乾隆二十年（1755年），在津邑士紳王又樸的倡導下，天津商士又共同捐資建造學舍十二間，延請教師，教授生徒。同時，教師的薪金，學生的膏火。「皆由商捐領款項內支給」〔註33〕。嘉慶六年（1801年）時，津邑眾商再次加以重修。眾所周知，當時天津的鹽商是商人中最重要的組成部分，據此，修建與

〔註31〕　（乾隆）《天津府志》卷9，學校志。
〔註32〕　（乾隆）《天津府志》卷9，學校志。
〔註33〕　（嘉慶）《長蘆鹽法志》卷19，營建。

捐助三取書院的津邑眾商中，當少不了鹽商。

第二，問津書院

問津書院與鹽商的關係則更爲密切，因爲書院本是鹽商查爲義捐舊居一處，鹽運使盧見曾又攜眾商捐建屋舍五十九間，使得問津書院無論從規模還是從影響力來說，都成爲當時天津首屈一指的教育機構。而書院每歲經費亦由長蘆鹽運司閒款生息項內支給。乾隆五十七年（1792 年），鹽運使嵇承志重修。嘉慶六年（1801 年），鹽商及其他眾商又捐資重修。

第三，輔仁書院

輔仁書院由縣人侯肇安、進士王天錫、舉人梅成棟捐建，雖然創建與鹽商無關，但創建後書院的經費來源除知府陳彬、知縣沈蓮生捐資置地收租外，另一重要來源即是由長蘆運司鹽運使金洙「撥借庫款……發質庫生息」〔註34〕。

清代時，天津創立的書院較多，都或多或少與天津鹽商有關，但總的來看，上述三所與鹽商的關係最爲密切，故其餘各書院茲不一一贅述。

7.3.1.4　義學

如前所述，義學與社學、私塾一樣，屬於啓蒙教育的範疇，但義學卻是專爲貧民子弟而設的一種教育機構。「凡附近貧民子弟，無力延師者，俱准其附入讀書」〔註 35〕。明清兩代，尤其是清代時，崇尚文治的統治者尤其重視學校教育，作爲啓蒙教育的義學自然也備受重視。在這種大背景下，天津的義學也得到了發展。既然義學是免費招收貧寒子弟，那麼義學靠什麼來維持就成了一個問題。就天津而言，義學的經費大多由鹽院支給或鹽商捐助。依照前文筆者統計的結果來看，清代（至 1840 年鴉片戰爭之前）天津共興辦義學 13 所。其中，雍正七年（1729 年）由巡鹽御史鄭禪寶於城內東北隅建立的義學，「每歲束脩六十兩，由鹽道公費項下支給」〔註36〕。雍正九年（1731 年）由鹽運使彭家屏建立於東門外南斜街的義學，每歲「束脩六十兩，鹽道公費項下支銀二十兩，商人金義「泰來號」捐銀四十兩」〔註 37〕。乾隆五十七年（1792 年），由紳士呈請，經運使嵇承志詳定設立的天津義學，「每歲束脩、

〔註34〕　（光緒）《重修天津府志》卷35，經政九，學校。
〔註35〕　（嘉慶）《長蘆鹽法志》卷19，營建。
〔註36〕　（乾隆）《天津縣志》卷8，學校志。
〔註37〕　（乾隆）《天津縣志》卷8，學校志。

房租、雜費，核計其銀一百五十兩，由商捐領，款項內支給。……續經增設四所，俱仍照七年運使嵇承志重修。嘉慶六年，眾商重加修葺」〔註38〕。雖然其他義學的經費來源無詳細的史料記載，但由上述記載可以推斷，天津義學的興建與日常開支，也大多依靠鹽官的積極興學與鹽商的大力捐助。鹽商捐助義學，使整個天津的啓蒙教育獲得了較快較好的發展。

　　綜上所述，可以說天津教育的發展與鹽商是密不可分的，正是鹽商在教育上的全面參與，帶來了天津文化與教育的興盛。

7.3.2　天津鹽商大力興教的原因分析

7.3.2.1　天津鹽商的文人身份與尚儒的文化特性

　　天津鹽業在促進社會經濟發展的同時，也形成了自身獨特的鹽商文化。而鹽商文化的一個顯著標識是在天津出現了一大批儒商，即亦儒亦商之人，他們既是富甲一方的大鹽商，又是名噪一時的大文人。可以說，這些人既是具有文人身份的鹽商，又是具有鹽商身份的文人。他們大多具有較高的文化素養，善詩文，多著述。天津鹽商創造的巨大文學成就也充分體現了他們「尚儒」的文化特性。

　　以天津著名鹽商張氏家族爲例，張霖天資聰穎，自幼好學，「爲詩、古文、詞，卓然成一家言」，「天津詩學，實自霖倡之」〔註39〕。著有《遂閒堂稿》，但卒後多散佚，存者甚少。張霔「幼敏悟，工書，擅詩名」〔註40〕，著有《欸乃書屋》、《弋蟲軒》、《星閣秦遊》、《綠豔亭詩文稿》、《讀漢書絕句》、《讀晉書絕句》、《帆齋逸稿》等諸集。（另《天津通志・文化藝術志》中載有其書法作品一幅，筆者特附於此段後。）張坦性嗜學，曾學詩於王士禎，學書於趙執信。「著有《履閣詩集》、《喚魚亭詩文集》」〔註41〕。張塤善草書，亦能詩。「有《二張子合稿》、《秦遊集》一卷」〔註42〕。張虎拜善楷書，「人得片紙隻字，咸寶惜之」〔註43〕，著有《妙香閣詩集》。張靖少時便已因詩得名，著有

〔註38〕　（嘉慶）《長蘆鹽法志》卷19，營建。

〔註39〕　徐世昌：《大清畿輔先哲傳》卷20，文學傳二，張霖，《清代傳記叢刊》本，臺北：明文書局，1985年。

〔註40〕　（嘉慶）《長蘆鹽法志》卷17，人物。

〔註41〕　（民國）《天津縣新志》卷21，人物一。

〔註42〕　徐世昌：《大清畿輔先哲傳》卷20，文學傳二，張霖。

〔註43〕　徐世昌：《大清畿輔先哲傳》卷20，文學傳二，張霖。

《青立詩草》。張桐善吟詠，著有《秋園小詩》。此外，張氏家族的其他成員，雖未見有著述流於後世，但他們個個繼承家學，不廢吟詠，所謂「其後張氏能詩者，歷世不絕，說者以為霖愛人重士之報云」〔註44〕。

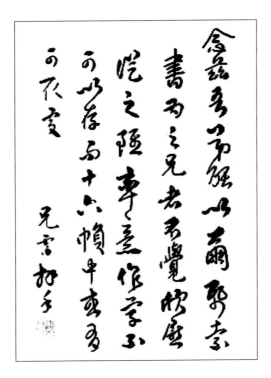

又有天津著名鹽商查氏家族為例，查日乾好學，著有《左氏臆說》、《史腴》各若干卷〔註45〕。查為仁為才士，著有《蔗堂未定稿詩集》、《蔗塘外集》、《遊盤日紀》、《蓮坡詩話》〔註46〕。查善長著有《鐵雲詩稿》。善長弟善和，更是學問博雅，工吟詠，著有《東軒詩草》。善和子查誠，繼承家風，「積書滿架，無不披覽」〔註47〕，有《天遊閣詩稿》。另有查昌業所著《梣翳館集》。查為義工於書畫，「所作蘭竹人爭寶之」，其詩「亦閒曠可誦」〔註48〕，著有《集堂詩草》。《水西餘韻》中載有多幅蘭竹作品，筆者僅將其作《蘭竹卷》、《蘭竹軸》中所截取的畫作兩副附於下方。

〔註44〕 徐世昌：《大清畿輔先哲傳》卷20，文學傳二，張霖。
〔註45〕 （民國）《天津縣新志》卷21，人物一。
〔註46〕 （嘉慶）《長蘆鹽法志》卷17，人物。
〔註47〕 （民國）《天津縣新志》卷21，人物一。
〔註48〕 （民國）《天津縣新志》卷21，人物一。

　　此外，查氏家族中還有查禮，幼時即好學，「雖戎馬倥傯，未嘗廢書不讀」，留有《銅鼓書堂遺稿》若干卷。他的眾多書法及繪畫作品均在天津博物館可見，下僅舉一例：

　　鹽商金氏家族中，金大中「尤工詩古文，有《可亭集》四卷爲世所傳」
〔註 49〕。金銓「精書法，斷章尺幅，人爭惜之。善奕。工詩，每吟成，輒棄
去，曰不足傳，亦不欲傳也。以故留者僅數首」〔註 50〕，留世《野田印宗》
及《野田存草》。金玉岡，「精繪事，善書，工詩」〔註 51〕，著有《天台雁蕩
紀遊》、《田盤紀遊》、《黃竹山房詩鈔》、《浮槎詩》等。他擅長畫山水、人物、
樓閣等，乾隆二十八年（1763 年），作《入蜀圖》〔註 52〕，爲即將赴四川上任
的查淳送行：

　　鹽商安岐是安尚義之子，「字儀周，麓村其別號，也亦號松泉老人」〔註 53〕，
「鬻鹽於兩淮，勢甚喧赫」〔註 54〕。「學問宏通，極精鑒賞，收藏之富甲於海
內」，「亦一時博雅好古之士也」〔註 55〕。著有《墨緣匯觀》。

〔註 49〕 （光緒）《重修天津府志》卷 43，人物三。
〔註 50〕 （嘉慶）《長蘆鹽法志》卷 17，人物。
〔註 51〕 （嘉慶）《長蘆鹽法志》卷 17，人物。
〔註 52〕 政協天津市紅橋區委員會、天津博物館：《水西餘韻》。此作右上角由金玉岡
　　　　 題：琴鶴風清寄一官，吟鞭西上劍門寒。而今大地皆平坦，入蜀渾忘蜀道難。
　　　　 癸未冬日作入蜀圖奉送篆仙大兄之官，拙句希並正之，介舟金玉岡。此作現
　　　　 存於天津博物館。
〔註 53〕 楊紹和：《楹書隅錄》卷 4，集部上，清光緒二十年聊城海源閣刻本。
〔註 54〕 凌廷堪：《校禮堂文集》卷 24，清嘉慶十八年刻本。
〔註 55〕 楊紹和：《楹書隅錄》卷 4，集部上。

此外，鹽商龍震「晚年退偃一室，絕交遊，著古今體詩四千餘首」〔註56〕，有《玉紅草堂詩集》、《東溟又存稿》傳於後世。

由上文所述可見，天津鹽商中不少人無疑又是文人，具有尚儒的文化特性。而自古以來，文教不可分，文人歷來便有重教的傳統。因為文人深知，若想在文學上有所成就，教育是最不可或缺的。所以，具有商人與文人雙重身份的鹽商積極捐資興學，也就不難理解了。作為文人的天津鹽商，因自己的文人身份和尚儒特性，深知教育的重要性而積極興學，這是天津鹽商大力興教的主觀原因之一，在一定程度上可以說是鹽商捐資興學的文化基礎。

7.3.2.2 鹽商改換門庭，提高自身地位與聲譽的內在要求

在古代中國，「士農工商」的等級觀念早已有之，漢代時更加強調「士農工商四民說」。此後也成為歷代延續、深入人心的社會階層論。因在「士農工商」的等級中，「士」的地位最高，最受世人尊崇；而「商」的地位最低，所以，歷代的商人也都在積累財富後，通過結交名士、官員，修建書院、學校等方式，提高自身地位與聲譽。明清兩代時的天津鹽商也不例外，他們中間難免會有一些人「與名人、文士相結納，藉以假借聲譽，居然為風雅中人」〔註57〕。當然更有多數鹽商通過興建學校改變其最末的階層等級狀況。

明清時，江南文風尤盛。眾多官員、文人進京，天津成為他們經常逗留的地方，甚至一些京師文人也常來天津小住。如此狀況的出現，不僅得益於天津獨特的地理位置和便利的交通條件，還得益於天津鹽商興建的大批園林以及他們招攬名士、結交官員的園林聚會。

鹽商張霖築有遂閒堂、一畝園、問津園、思源莊、篆水樓等園林，其間「法書名畫充溢棟宇」，大江南北的名儒，如姜宸英、趙執信、朱彝尊、梅文鼎、方舟、方苞、吳雯、徐蘭等人皆主其家，「供張豐備，館舍精妍，文酒之宴無虛日，時人擬之月泉吟社、玉山草堂」。〔註58〕

鹽商張霆築有「帆齋」，黃謙、霆妻弟梁洪以及鹽商龍震、香林院道衲王聰、大悲院僧世高等皆為帆齋契友，他們「互相唱和，稿帙累累」。〔註59〕

特別值得一提的還有鹽商查日乾父子的「水西莊」，此乃當時南北文人學

〔註56〕（嘉慶）《長蘆鹽法志》卷17，人物。
〔註57〕黃鈞宰：《金壺七墨·金壺浪墨》卷1，清同治十二年刻本。
〔註58〕徐世昌：《大清畿輔先哲傳》卷20，文學傳二，張霖。
〔註59〕（民國）《天津縣新志》卷21，人物一。

者薈萃的地方，就連乾隆皇帝也多次駐蹕。水西莊內有「數帆臺、攬翠軒、枕溪廊諸勝」〔註60〕。而「查氏園林、賓客，沽上著聞，風雅綿歷數十年，實自日乾啓之」〔註61〕。時稱，查日乾爲了廣延四方名士，曾「集各省之庖人，以供口腹之腴，下著萬錢，京中御膳房無其揮霍也」〔註62〕。水西莊內「縹緗錦軸，法物圖書，金石彝鼎，藏貯極多」，著名文人吳廷華、汪沆、劉文煊、萬光泰、歷鶚、杭世駿、朱岷等人，俱主其家。乾隆年間，朝廷曾廣開博學鴻詞科，各地的文人墨客，凡經過天津者，無不被延攬，水西莊盛極一時。

鹽商龍震的「老夫村」，也是當時天津首屈一指的園林。龍震「與香林院道士王聰互相過從，傾襟話舊，久而不厭」〔註63〕。清代著名學者陳儀在送友人遊天津詩中曰：「野鶴道人工繪事，玉紅老子擅詞源，好與天民結鷗侶，因風送入老夫村」〔註64〕。陳儀曾客居天津十餘載，因恐程卓輩難接近，遂不相交遊，但見程卓輩卻與龍震相交甚密，往來無間斷，「時時過飲其別墅所謂老夫村者」〔註65〕。可見其時，老夫村的確是眾多文人雅士齊聚之所。

乾隆間，有鹽商李承鴻工詩好客，築有「寓遊園」，其間有聽月樓、半舫軒、棗香書屋等諸勝。名士康堯衢、郝仁、金銓、吳人驥等人在此日日結社吟誦。「沽上自邃閒堂張氏盛起園林，款接名士，極一時人文之勝，其後水西莊繼之，迨查氏衰落，承鴻接軫前軌，雖具體稍微，而流風賴以不墜」〔註66〕。

此外，明清統治者崇尚「文治」，在繼承傳統的「建國君民，教學爲先」的思想的同時，爲招攬人才，更加重視與科舉密切相關的學校教育，顯現出了「崇文」的傾向。如此大背景下，鹽商若想改換門庭，提高自身的地位與聲譽，除了上述與官員、名士相交好的方式之外，必然也要積極地向教育事業靠攏，在教育上作出一番成績，以拉近與官府的關係，並藉以突顯自己重

〔註60〕 歷鶚：《樊榭山房集》續集卷2，詩乙，《津門查蓮坡和予移居詩四首遠寄次韻奉酬》。
〔註61〕 （民國）《天津縣新志》卷21，人物一。
〔註62〕 戴愚庵：《沽水舊聞》，來新夏主編《天津風土叢書》本，天津：天津古籍出版社，1986年。
〔註63〕 （民國）《天津縣新志》卷21，人物一。
〔註64〕 陳儀：《陳學士文集》卷17，清乾隆五年蘭雪齋刻後印本。
〔註65〕 陳儀：《陳學士文集》卷14，清乾隆五年蘭雪齋刻後印本。
〔註66〕 （民國）《天津縣新志》卷21，人物二。

視教育的文人情趣，如此一來，捐資興學就成爲鹽商重視教育、改換門庭最好的方式方法之一。由此可以看出，鹽商興學的舉動，從外在來看，是整個社會「崇文」的大背景所致，但實際也是鹽商改換門庭，提高社會地位與社會聲譽的內在要求。這是天津鹽商大力捐資興學的另一主觀因素。

7.3.2.3 鹽商希望子弟通過科場，步入仕途的內在要求

如前所述，在我國封建時代，「士」的地位最高，「商」的地位最低，因此，很多商人不僅自身有入仕的願望，而且希望子弟也能通過科舉考試，努力躋身於「士」階層，天津鹽商當然也不例外，他們在擁有了財富之後，大多會更加重視子弟的學業，希望子弟能夠通過科考，步入仕途。縱觀天津的鹽商子弟，絕大多數都有通過科舉入仕的經歷。下僅以張氏和查氏鹽商家族爲例。

第一，以張明宇爲首的張氏家族

張明宇於順治年間「行鹽長蘆，遂家天津」〔註67〕，其子張霖，於康熙二十年（1681年），以例貢官工部營繕司主事，歷升兵部車駕司郎中，後出爲陝西驛傳道。康熙三十四年（1695年），遷安徽按察使。康熙三十七年（1698年），遷福建布政使；張霖從弟張霆，曾「由歲貢生，官中書舍人」〔註68〕；張霖之子張坦與張填，兄弟二人同爲康熙三十二年（1693年）舉人，「時謂一門雙鳳」〔註69〕，俱官中書舍人；張坦之孫張映斗及曾孫張靖，皆爲貢生；映斗之子張虎拜，爲乾隆三十三年（1768年）舉人，次年聯捷進士，歷官內閣中書、宗人府主事，加銜翰林院編修。

第二，以查日乾爲首的查氏家族

查日乾，字天行，一字惕人。本爲宛平人，但因「業鹺於蘆，遂家天津」〔註70〕。其「以行鹽致富」〔註71〕後，子弟中多有中第者。日乾之子查爲仁「年十八舉康熙五十年（1711年）鄉試第一」〔註72〕；爲仁之子查善長於乾隆十八年（1753年）舉於鄉，後聯捷進士，歷官刑部員外郎、禮部郎中，鄉

〔註67〕 （民國）《天津縣新志》卷21，人物二。
〔註68〕 （嘉慶）《長蘆鹽法志》卷17，人物。
〔註69〕 徐世昌：《大清畿輔先哲傳》卷20，文學傳二，張霖。
〔註70〕 （嘉慶）《長蘆鹽法志》卷17，人物。
〔註71〕 （民國）《天津縣新志》卷21，人物一。
〔註72〕 （民國）《天津縣新志》卷21，人物一。

里榮之〔註73〕；爲仁之孫查誠爲乾隆四十二年（1777 年）舉人，官員外郎；查誠之子查訥勤爲進士，仕至陝西督糧道；另有查爲義之孫查曾印，爲乾隆四十九年進士。

　　由此可見，天津鹽商子弟在科舉中有著不俗的成績。這也足以說明，鹽商也有希望子弟通過科場，步入仕途的內在要求。而與科舉聯繫最爲密切的當屬學校教育，因此，鹽商有捐資興教的傳統也就不足爲怪了。興學既有利於鹽商「官、商、儒」三位一體身份的形成，鞏固自身的地位；更有利於鹽商家族形成良好的家風，將家學世代相傳，延續家族的興旺。這是天津鹽商大力興教的又一主觀原因。

7.3.2.4 雄厚的財力──經濟基礎

　　由於鹽是用海水曬製，所以成本很低，利潤卻非常大。雖然鹽商並不直接參與製鹽的過程，但鹽的產銷卻實實在在掌握在鹽商的手中，使得鹽商極易聚斂財富，成爲萬商中的巨富。天津作爲長蘆鹽的產銷中心，必然會催生出一大批富甲一方的鹽商。這些鹽商動輒「有分產直數千金」，各個「豪於家財」〔註74〕。加之鹽商在運銷的過程中，還往往通過偷稅漏稅、夾帶私鹽謀取暴利。例如，天津大鹽商張霖，雖「居家豪縱，聲勢廣大」，仍「託莊頭出名，借帑銀七十萬兩，藉此霸佔諸人生意。其門下有查日乾號天行者，分領十萬兩，霸佔長蘆館之利」，此二人「以一萬官引帶賣私鹽，約行十萬引之鹽，每年得餘利一二十萬不止」〔註75〕。鹽商的巨額財富由此可見一斑。正是由於鹽商們雄厚的財力，才讓他們有足夠的能力捐資興學，這是天津鹽商大力興教最基礎的客觀原因，而這種基礎就是興教所不可或缺的經濟基礎。

第四節　移民城市之流寓與教育發展

　　從明清時期天津一地的人口構成來看，天津可以算作是一個移民城市。天津人口經常由各地遷來人口加以補充，而且從各種人口統計資料中可以看出，不僅早期的天津人口集聚和增長主要依靠外來的遷入人口，而且近代天

〔註73〕（民國）《天津縣新志》卷 21，人物一。
〔註74〕（民國）《天津縣新志》卷 21，人物一。
〔註75〕高凌雯：《志餘隨筆》附王鴻緒密奏小摺。

津人口的增長也主要來自人口遷移增長〔註76〕。（康熙）《天津衛志》載：天津一地「本衛土著之民，凋零殆盡。其比閭而居者，率多流寓之人」〔註77〕。隨著明清天津地區政治地位的加強、經濟地位的上升，天津移民的構成也趨向多樣化，但最主要的兩部分是因官而遷居以及因商而遷居。此外，值得關注的是，天津的流寓中有相當一部分是當時的文士名流，他們寓居津門，爲天津的文教事業做出了不可磨滅的貢獻。這也構成了明清天津教育的又一個顯著的特點。下面我們就將敘述天津一些較著名的流寓以及他們的興學、文化活動爲天津文教帶來的影響。

7.4.1 天津流寓

在上一節中闡述鹽商與教育關係時，筆者曾提及了一大批寄居於鹽商所興建的園林中的文人騷客，他們都是天津較爲著名的流寓。例如：

安徽桐城人方苞（字風九，一字靈皋，晚號望溪），康熙四十五年（1736年）進士。未中進士之前曾寓居於鹽商張霖的問津園中讀書數年，他擅長散文，爲桐城學派的創始人。著有《周官辨》、《周官集注》、《周官析疑》、《春秋通論》、《春秋直解》、《禮記析疑》、《喪禮或問》、《儀禮析疑》、《春秋比事目錄》、《左傳義法舉要》、《望溪文集》等。〔註78〕

朱彝尊（字錫鬯，號竹垞），浙江嘉興人，曾寓居查氏水西莊，生平好古，博通經史子集、金石碑版，工詩詞，與王士禎並稱南北兩大宗。著有《曝書亭全集》、《經義考》、《明詩綜》、《詞綜》、《日下舊聞》等。其中，《曝書亭全集》中，有不少記述天津的文字。〔註79〕

姜宸英（字西溟，號湛園），浙江慈谿人，同樣是查氏水西莊的座上賓，他通經史，工古文，精書法，以行草尤爲妙，與朱彝尊、嚴繩孫號稱江南三布衣。曾參與纂修《明史》，著有《江防總論》、《海防總論》、《湛園未定稿》、《葦間詩集》等。〔註80〕

汪沆（字西顥，一作西灝，又字師李，號槐塘），浙江錢塘人。少時學詩

〔註76〕 李競能等：《天津人口史》，天津：南開大學出版社，1990年6月，第11頁。
〔註77〕 （康熙）《天津衛志》卷二，利弊，第27頁。
〔註78〕 李元度：《國朝先正事略》卷14，《方望溪侍郎事略》；（同治）《續天津縣志》卷13，僑寓；（光緒）《畿輔通志》卷244，流寓。
〔註79〕 朱彝尊：《曝書亭集》，四部叢刊景清康熙本；梅成棟：《津門詩鈔》卷25；（同治）《續天津縣志》卷13，僑寓。
〔註80〕 李元度：《國朝先正事略》卷40；（同治）《續天津縣志》卷13，僑寓。

於屬鶚，亦寓居水西莊，後參與《天津府志》的編修工作，除此，著有《湛華軒雜錄》、《蒙古氏族略》、《讀書日箚》、《新安紀程》、《全閩采風錄》、《識小錄》、《泉亭瑣事》、《汪氏文獻錄》、《槐堂詩文集》等，更著有《津門雜詩百首》。〔註81〕

吳廷華（字中林，號東壁，初名蘭芳），浙江仁和人。康熙五十三年（1714年）舉人，晚年寓居水西莊，曾參與編修《天津縣志》。著有《三禮疑義》、《儀禮章句》、《曲臺小錄》、《漂榆集》等。〔註82〕

趙執信（字伸符，號秋谷，又號飴山），山東益都人。康熙十八年（1679年）考中進士，選庶吉士，授編修。後遷右贊善，充《明史》纂修官，預修《大清會典》。曾僑寓張氏遂閒堂中，縱情詩酒，與張霖等人相交甚篤，在其《因園集》中，載有多首與張氏相關的詩文，例如：《贈門人張逸峯坦因呈其尊人魯庵霖且以為別》四首、《冬日去天津魯庵及其子弟相送至遠郊留別》兩首、《聞魯庵自河北移竹種於垂虹榭後奉題十八韻》等等。此外，他還著有《海鷗集》、《飴山詩集》、《飴山文集》等。〔註83〕

吳雯（字天章，號蓮洋），山西蒲州人。聰慧博學，康熙十八年（1679年）舉博學鴻詞。極富詩才，著有《蓮洋集》二十卷、《蓮洋詩鈔》十卷。曾館於張氏遂閒堂中，因此與張霖、張霔關係深厚，其《蓮洋詩鈔》中，有多首詩文是為上述二人所作，例如為張霔所作《欸乃書屋為笨山作》：「舍人讀書處，近傍漕河濱，豈效臨淵客，常逢曬網人，冰開魚弄藻，花落鳥銜春，愧我風塵久，淹留愛白蘋」。再有為張霖所作《送魯庵之黔西》：「使君持節擁雙旌，慷慨今為萬里行，眼底江山遵驛路，天邊雨雪計王程，瘴花開處賓人侯，蠻樹交時島吏迎，最是聖朝威德重，句宣從此倍聲名」。〔註84〕

梁洪（字崇此，號芰梁），山西大同人，僑寓天津。諸生。工詩詞，與龍

〔註81〕梅成棟：《津門詩鈔》卷27；（同治）《續天津縣志》卷13，僑寓；李元度：《國朝先正事略》卷41；（光緒）《畿輔通志》卷244，流寓。

〔註82〕梅成棟：《津門詩鈔》卷27；（同治）《續天津縣志》卷13，僑寓；（光緒）《重修天津府志》卷43，人物。

〔註83〕趙執信：《因園集》卷6，涓流集、卷7，苔溪集，清文淵閣四庫全書本；趙爾巽：《清史稿》卷484；（光緒）《畿輔通志》卷244，流寓；（同治）《續天津縣志》卷13，僑寓。

〔註84〕吳雯：《蓮洋詩鈔》卷3、卷4，清文淵閣四庫全書本；李元度：《國朝先正事略》卷38；梅成棟：《津門詩鈔》卷26；趙爾巽：《清史稿》卷484；（同治）《續天津縣志》卷13，僑寓。

震、張霔同爲津邑詩教之源。家有七十二沽草堂，兄弟皆能吟詠。著有《嘯竹軒詩草》、《悅志堂詩草》。〔註85〕

徐雲（字稼若，號義山，又號宿岩居士），江蘇吳縣舉人，徙天津。工書畫，津門廟刹匾額，多出其手。生平與金玉岡交情最深，以風雅齊名。〔註86〕

朱岷（字導江，號客亭，又號七橋），江蘇武進人。於康熙、雍正年間寄居查氏水西莊。著有《懷南草堂詩稿》以及《田盤紀遊詩鈔》等，工書善畫，〔註87〕《天津通志·文化藝術志》中存有其書法作品一幅，《水西餘韻》中存有其繪畫作品《慕園先生攜孫採菊圖卷》局部圖畫一幅，均如下：

7.4.2 流寓對天津教育的影響

上述僑寓天津的文化名人，一度在天津著書立說、吟詩作畫，這些文化活動創造了大批的文化成果，不僅對天津形成多面貌、多風格的書畫藝術形式影響頗大，更促使天津文風大勝，對天津的文教事業產生了極大的影響。

〔註85〕陶樑：《國朝畿輔詩傳》卷 26；梅成棟：《津門詩鈔》卷 1；（同治）《續天津縣志》卷 13，僑寓。
〔註86〕梅成棟：《津門詩鈔》卷 28；（同治）《續天津縣志》卷 13，僑寓。
〔註87〕梅成棟：《津門詩鈔》卷 25；（同治）《續天津縣志》卷 13，僑寓；（民國）《天津縣新志》卷 21，人物三。

此外，一些流寓的興學活動也更加直接的推動著天津教育的發展。

　　朱光觀（字仰文），原籍江蘇無錫，乾隆初年隨父移居天津，乾隆四十五年（1780 年）考中舉人。爲查氏水西莊的賓客，以書畫聞名。曾倡修文廟。張廷琛，大興人，「移寓天津，捐資建義學」〔註88〕；酈世澍，浙江會稽人，僑居天津，撫育其子廷本成人，「克其父志，教授鄉里數十年，節儉自持，置邑地二頃，遵遺命，輸之義學，爲諸生膏火資」〔註 89〕。楊懌曾，安徽六安州人，寓居天津時，曾主講三取書院，喜歡接濟寒士，人才遂日盛。從史料記載的幾個事例當中，我們可以看出天津流寓對天津教育的熱心及投入。正是由於他們在文化領域和教育領域作出的貢獻和努力，天津文風才能爲之一振，天津教育才能在明清時期做到越來越深入，越來越普及。

〔註88〕　（同治）《續天津縣志》卷 13，僑寓。
〔註89〕　（同治）《續天津縣志》卷 13，僑寓。

第八章　明清天津教育發展之啓示

　　教育是一個紛繁複雜的系統，它的發展需要多種因素共同推動。在第三章中，筆者曾對明清時期天津地區的教育生態環境做了一個大致的介紹，之所以如此安排，就是爲了更好的探討促進教育發展的外部環境動因。從研究對象上來看，生態學是研究有機體與周圍環境關係的科學，而教育生態學就是研究教育與各種生態環境之間關係的科學，它尤其側重考察生態環境對教育產生的影響。因爲教育生態學研究通常把教育理解爲一個與自然的、社會的、經濟的、政治的、文化的生態環境關係密切的，由時間和空間構成的一個統一的生態系統，所以教育生態學特別側重於研究一些與教育密切相關的生態因子，如人口、文化等對教育的影響，從另一個角度來說，生態環境對教育的影響也就揭示了教育不斷發展的外在動因。

　　我們研究教育生態環境，目的不外乎通過揭示教育發展的規律和生態機制，並最終應用、服務於教育實踐，指出優化教育生態環境、維護教育生態平衡的途徑和方法，促進教育健康、快速、和諧發展。而我們研究歷史，最終目的不外乎以史爲鑒，那麼，運用前文對明清天津教育生態環境的研究，來探討明清天津教育的發展動因，最終可以帶給我們哪些啓示呢，它對當今教育的發展又有哪些方面可供參考、借鑒呢？

　　縱觀明清時期天津地區的教育發展歷程和軌跡，我們可以得出如下啓示：

第一、經濟環境是教育發展的基礎

　　由明至清，天津教育之所以能實現飛躍發展的關鍵基礎便是經濟，可以說，經濟的發展與教育擴展是成正比的，經濟發展越快，教育經費投入越

多，教育發展越好。因爲教育經費缺乏以及經費投入的不平衡，會造成教育資源不均的狀況，影響著學校的持續發展和建設，乃至會影響優秀師資力量的聘用，如此一來，給整個教育帶來的不良影響是可想而知的。那麼，要想促進教育健康快速發展，就應通過多種渠道和方式加大對教育經費的投入，爲教育發展提供一個良好的外部經濟環境，這樣教育發展才能擁有強有力的基礎。

第二、政策環境是教育發展的保障

從前幾章的內容中，我們可以看出，明清天津教育的發展是與明清兩代的各項政策密切相關的。雖說封建社會的各項政策都是爲封建統治階級服務的，雖說明清兩代教育均是爲科舉制度服務的，但無論如何，天津封建教育的發展都是在封建政府的政策支持下進行的，所以，政策環境可稱得上是教育發展的保障。根據不斷出現的新情況、新環境，制定新政策，爲教育發展提供寬鬆、適宜的政策環境，爲教育發展保駕護航，這是政府的重大責任。

第三、人口數量環境是教育發展的動力

毋庸置疑，無論在任何時代，經濟的發展必然帶來人口增加，而人口增加的必然結果即是教育需求的增加，拿明清天津教育需求爲例，首先，經濟發展促使各行各業需要更多的具有一定技能和文化的從業者，這必然要求發展文教事業；其次，各行各業要想安身立命，必然會重視後代的教育問題。再次，來津人員素質的提高，尤其是南北文人的聚集，必然推進天津崇儒重教的風氣，促進教育的發展。由此可見，不斷增長的人口環境是教育發展的外在動力。因此，當我們在明晰了人口與教育之間的關係之後，就應努力促使人口環境和教育之間形成良性循環，讓人口因素成爲促進教育發展的巨大推動力。

第四、人文環境是教育發展的支撐

從明清兩代天津地區的教育發展中，我們不難看出，除了經濟基礎、政策保障、人口動力等因素的推動外，還有相當重要的一點就是人文環境的影響，其中，最顯著的當屬官員和鄉紳對教育的關注，在他們的帶動下，有越來越多的人熱心於並投身到教育事業當中，成爲教育發展的支撐力量。這無疑給了現代教育很好的啓示，教育不僅僅是國家或政府的事，也不僅僅是教育者和被教育者的事，而是關乎每個人的事，所以，每個人都應該關心教育問題，尤其是官員，因爲比起普通百姓，官員手中掌握著更多的權力和資源，

他們的介入會讓教育更加快速的向前發展，而且，會營造出從上至下關注教育的良好的人文環境和風氣，這對教育走向光明的未來是非常必要的。

第五、教育對其他社會事業的影響

教育伴隨人類社會的產生而產生，伴隨人類社會的發展而發展，作為文化傳遞和創新的最主要途徑和方式，教育同時為社會培養和輸送著各類人才。無論是對古代社會而言，還是對當代社會而言，教育都是至關重要、不可或缺的。按照教育生態學的理論，任何社會事業都是社會生態系統中的一部分。而整個社會生態系統則是由人文化的自然生態環境、社會生態環境以及規範生態環境（即廣義的文化環境）構成﹝註1﹞。教育也是社會生態系統中一個相對獨立的子系統，它處在整個大的社會生態系統之內，同時與社會生態系統內的其他子系統，如政治、經濟、文化等不斷進行著物質與能量的交換。因此可以說，教育與其他社會事業的發展是不可分割、相輔相成的。一時一地的政治、經濟、文化等因素影響著教育發展的同時，教育也同樣對政治、經濟、文化等產生著巨大的影響，而最直接的影響莫過於向社會各界輸送教育培養的人才。隨著教育規模不斷擴大，教育種類不斷增加，教育培養的各類人才也逐漸增加，這除了為政界、商界、文化界等提供了智力支持外，還提高了天津的人口素質，促進了天津城市的快速進步和天津社會文明的大踏步向前。

由此可見，教育的發展是一個紛繁複雜的過程，受各種生態環境影響和推動的同時，也影響和推動著其他社會事業的發展。只有當各項事業和諧發展時，整個社會才能更快、更好的發展。

﹝註 1﹞ 范國睿：《教育生態學》，第 30 頁。

參考文獻

古代典籍

1. 《唐會要》，清武英殿聚珍版叢書本。

2. （元）脫脫，《金史》，北京：中華書局，1997 年。

3. 《明實錄》，臺北：臺灣中央研究院歷史語言研究所校印本。

4. 《清實錄》，北京：中華書局影印本。

5. 《明史》，北京：中華書局，1974 年。

6. 《清史稿》，北京：中華書局，1977 年。

7. 《清通志》，清文淵閣四庫全書本。

8. 《清文獻通考》，清文淵閣四庫全書本。

9. （明）申時行，《大明會典》，南京：江蘇廣陵古籍刻印社，1989 年。

10. （雍正）《大清會典》，中國近代史料叢刊三編本，文海出版社有限公司印行。

11. （乾隆）《大清會典則例》，四庫全書史部（620〜625）。

12. （嘉慶）《大清會典》，中國近代史料叢刊三編本。

13. （嘉慶）《大清會典事例》，中國近代史料叢刊三編本。

14. （光緒）《大清會典》，續修四庫全書史部（794）。

15. （光緒）《大清會典事例》，續修四庫全書史部（798〜814）。

16. 《禮部志稿》，清文淵閣四庫全書本。

17. （清）王頌蔚，《明史考證攟逸》，民國嘉業堂叢書本。

18. （清）嵇璜，《續通典》，清文淵閣四庫全書本。

19. （清）嵇璜，《續文獻通考》，清文淵閣四庫全書本。

20. （明）佚名，《大明官制》，明萬曆刻皇明制書本。

21. （清）素爾訥，《學政全書》，清乾隆三十九年武英殿刻本。

22. （明）凌迪知，《萬姓統譜》，清文淵閣四庫全書本。

23. （明）張朝瑞，《皇明貢舉考》，明萬曆刻本。

24. （明）汪砢玉，《古今鹺略》，清鈔本。

25. （明）雷禮，《國朝列卿紀》，明萬曆徐鑒刻本。

26. （清）永瑢，《四庫全書總目》，清乾隆武英殿刻本。

27. （清）傅恒，《通鑒輯覽》，清文淵閣四庫全書本。

28. （清）佚名，《明季烈臣傳》，清鈔本。

29. （清）張廷玉，《通鑒綱目三編》，清文淵閣四庫全書本。

30. （清）計六奇，《明季北略》，清活字印本。

31. （清）王正功，《中書典故匯紀》，民國嘉業堂叢書本。

32. （清）佚名，《皇清奏議》，民國景印本。

33. （清）法式善，《清秘述聞》，清嘉慶四年刻本。

34. （清）李元度，《國朝先正事略》，清同治刻本。

35. （明）焦竑，《國朝獻徵錄》，明萬曆四十四年徐象橒曼山館刻本。

36. （明）過庭訓，《本朝分省人物考》，明天啟刻本。

37. （明）李賢，《明一統志》，清文淵閣四庫全書本。

38. （清）穆彰阿，（嘉慶）《大清一統志》，四部叢刊續編景舊鈔本。

39. （明）劉本用，賈應春修，朱衣纂，（嘉靖）《漢陽府志》，明嘉靖二十五年刻本。

40. （雍正）《陝西通志》，清文淵閣四庫全書本。

41. （乾隆）《甘肅通志》，清文淵閣四庫全書本。

42. （同治）《蘇州府志》，清光緒八年江蘇書局刻本。

43. （康熙）《江西通志》，清文淵閣四庫全書本。

44. （光緒）《江西通志》，清光緒七年刻本。

45. （光緒）《湖南通志》，清光緒十一年刻本。

46. （宣統）《山東通志》，影印民國四年至七年山東通志刊印局排印本。

47. （民國）《遼陽縣志》，民國十七年排印本。

48. （嘉靖）《鄧州志》，明嘉靖刻本。

49. （雍正）《浙江通志》，清文淵閣四庫全書本。

50. （雍正）《河南通志》，清文淵閣四庫全書本。

51. （嘉靖）《寧國府志》，明嘉靖刻本。

52. （清）王定安，《兩淮鹽法志》，清光緒三十一年刻本。

53. （嘉靖）《隆慶志》，明嘉靖刻本。

54. （明）劉效祖，《四鎮三關志》，明萬曆四年刻本。

55. （康熙）《延綏鎮志》，清康熙刻乾隆增補本。

56. （乾隆）《江南通志》，清文淵閣四庫全書本。

57. （道光）《濟南府志》，清道光二十年刻本。

58. （清）吳高增，《蘭亭志》，清乾隆凝秀堂刻本。

59. （民國）《杭州府志》，民國十一年本。

60. （清）延豐，《重修兩淮鹽法志》，清同治刻本。

61. （雍正）《四川通志》，清文淵閣四庫全書本。

62. （康熙）《雲南府志》，清康熙刊本。

63. （嘉慶）《涇縣志》，中國方志叢書本，據嘉慶十一年刊、光緒十二年重刊本、民國三年重印本影印，成文出版社有限公司印行。

64. （乾隆）《樂陵縣志》，中國方志叢書本，據乾隆二十七年刊本影印。

65. （光緒）《豐縣志》，中國方志叢書本，據清光緒二十年刊本影印。

66. （光緒）《松江府續志》，中國方志叢書本，據清光緒九年刊本影印。

67. （乾隆）《諸城縣志》，中國方志叢書本，據清乾隆二十九年刊本影印。

68. （光緒）《續修正安州志》，據清光緒三年刊本影印。

69. （光緒）《普安直隸廳志》，中國方志叢書本，據清光緒十五年刊本影印。

70. （光緒）《零陵縣志》，中國方志叢書本，據清光緒元年修、民國二十年補刊本影印。

71. （同治）《清泉縣志》，中國方志叢書本，據清同治八年刊本影印。

72. （康熙）《鄒縣志》，中國方志叢書本，據清康熙五十四年刊本影印。

73. （同治）《餘干縣志》，中國方志叢書本，據清同治十一年刊本影印。

74. （民國）《平陸縣志》，中國方志叢書本，據民國二十一年石印本影印。

75. （清）黃掌綸，《長蘆鹽法志》，續修四庫全書史部（840）。

76. （清）唐執玉，李衛修，陳儀纂，（雍正）《畿輔通志》，四庫全書史部（501～506）。

77. （清）李鴻章等修，黃彭年等纂，（光緒）《畿輔通志》，清光緒十年，古蓮華池刻。

78. （明）樊深，（嘉靖）《河間府志》，明嘉靖刻本。

79. （清）杜甲等，（乾隆）《河間府志》，中共河間縣委縣人民政府 1984 年複製本。

80. （明）沈應文，張元芳，（萬曆）《順天府志》，四庫全書存目叢書史部
（208）。

81. （清）周家楣，繆荃孫，（光緒）《順天府志》，北京：北京古籍出版社，
1987 年。

82. （乾隆）《武清縣志》，天津區縣舊志點校本，天津：天津社會科學院出
版社，2008 年。

83. （嘉靖）《靜海縣志》，天津區縣舊志點校本。

84. （同治）《靜海縣志》，天津區縣舊志點校本。

85. （民國）《靜海縣志》，天津區縣舊志點校本。

86. （康熙）《寶坻縣志》，天津區縣舊志點校本。

87. （民國）《寶坻縣志》，天津區縣舊志點校本。

88. （光緒）《寧河縣志》，天津區縣舊志點校本。

89. （乾隆）《寶坻縣志》，中國方志叢書，臺北：成文出版社印行。

90. 於鶴年，《天津衛考初稿》，北京：全國圖書館縮微文獻複製中心，1992
年。

91. （明）劉邦謨，王好善，《寶坻政書》，北京圖書館古籍珍本叢刊（48）。

92. （民國）徐葆瑩，李午階修，仇錫廷纂，《薊縣志》，民國三十三年鉛印
本。

93. （道光）沈銳纂修，《薊州志》，臺北：學生書局，1968 年。

94. （清）薛柱斗，（康熙）《天津衛志》，天津通志舊志點校本，天津：南開
大學出版社，1999 年。

95. （清）李梅賓，程鳳文修，吳廷華、汪沆纂，（乾隆）《天津府志》，天津
通志舊志點校本。

96. （清）沈家本，榮銓等修，徐宗亮，蔡啟盛纂，（光緒）《重修天津府志》，
天津通志舊志點校本。

97. （清）張志奇，朱奎揚修，吳廷華，汪沆纂，（乾隆）《天津縣志》，天津
通志舊志點校本。

98. （清）吳惠元修，蔣玉虹，俞樾纂，（同治）《續天津縣志》，天津通志舊
志點校本。

99. （清）高凌雯，（民國）《天津縣新志》，天津通志舊志點校本。

100. （清）張江裁，（民國）《楊柳青小志》，天津通志舊志點校本。

101. （清）王守恂，（民國）《天津政俗沿革記》，天津通志舊志點校本。

102. （清）高凌雯，（民國）《志餘隨筆》，天津通志舊志點校本，

103. 汪沆，《津門雜事詩》，梓里聯珠集本（華鼎元輯，張仲點校），天津：天

津古籍出版社，1986 年。

104. 蔣詩，《沽河雜詠》，梓里聯珠集本。

105. 樊彬，《津門小令》，梓里聯珠集本。

106. 崔旭，《津門百詠》，梓里聯珠集本。

107. 華鼎元，《津門徵跡詩》，梓里聯珠集本。

108. 梅成棟，《津門詩鈔》，清抄本。

109. 張燾，《津門雜記》，天津風土叢書本，天津：天津古籍出版社，1986 年。

110. 佚名，《天津事蹟紀實聞見錄》，天津風土叢書本，天津：天津古籍出版社，1986 年。

111. 徐士鑾，《敬鄉筆述》，天津風土叢書本，天津：天津古籍出版社，1986 年。

112. 郭師泰，《津門古文所見錄》，清道光十二年刊本。

113. 華鼎元，《津門徵獻詩》，清光緒十二年刊本。

114. 何秋濤，《津門客話》，民國十九年鉛印本。

115. 高驤雲，《津問客集》，清咸豐十一年刻本。

116. 陳塏，《津邑選舉錄》，光緒三年序刊本。

117. 陳塏，《津邑歷科選舉錄》，清同知十三年刻本。

118. 金鉞，《屏廬叢刻》，天津金氏刊本。

119. 梅成棟，《欲起竹間樓存稿》，清道光十二年刻本。

120. 王又樸，《王介山自定年譜》，清刻本。

121. 崔溥，《漂海錄——中國行記》（葛振家點注），北京：社會科學文獻出版社，1992 年。

122. 張問陶，《船山詩草》，清嘉慶二十年刻道光二十九年增修本。

123. 徐世昌，《大清畿輔先哲傳》，清代傳記叢刊本，臺北：明文書局，1985 年。

124. 楊紹和，《楹書隅錄》，清光緒二十年聊城海源閣刻本。

125. 凌廷堪，《校禮堂文集》，清嘉慶十八年刻本。

126. 黃鈞宰，《金壺七墨》，清同治十二年刻本。

127. 戴愚庵，《沽水舊聞》，天津風土叢書，天津：天津古籍出版社，1986 年。

128. 陳儀，《陳學士文集》，清乾隆五年蘭雪齋刻後印本。

129. 陶樑，《國朝畿輔詩傳》，清道光十九年紅豆樹館刻本。

130. 查為仁，《蓮坡詩話》，清乾隆六年刻本。

131. 華長卿，《梅莊詩鈔》，清同治八年刻本。

132. 沈兆澐，《篷窗附錄》，清咸豐刻本。

133. 沈兆澐，《篷窗隨錄》，清咸豐刻本。

134. 沈兆澐，《織簾書屋詩鈔》，清咸豐二年刻本。

135. 左光斗，《左忠毅公集》，清康熙刻本。

136. 馬其昶，《左忠毅公年譜定本》，清光緒集虛草堂叢書本。

137. 趙執信，《因園集》，清文淵閣四庫全書本。

138. 陳澹然，《權制》，清光緒二十六年刻本。

139. 顧炎武，《日知錄》，清乾隆刻本。

140. 顧炎武，《亭林文集》，四部叢刊景清康熙本。

141. 顧炎武，《亭林詩集》，四部叢刊景清康熙本。

142. 顧炎武，《天下郡國利病書》，稿本。

143. 袁枚，《隨園詩話》，清乾隆十四年刻本。

144. 吳雯，《蓮洋詩鈔》，清文淵閣四庫全書本。

145. 金玉岡，《黃竹山房詩鈔》，民國二十一年天津金氏排印本。

146. 畢自嚴，《石隱園藏稿》，文淵閣四庫全書本（1293年）。

147. 盧見曾，《雅雨堂文集》，清乾隆七年賀克章刻本。

148. 厲鶚，《樊榭山房集》，四部叢刊景清振綺堂本。

149. 朱彝尊，《曝書亭集》，四部叢刊景清康熙本。

150. 平步青，《霞外捃屑》，民國六年刻香雪崦叢書本。

151. 張廷玉，《澄懷園文存》，清乾隆間刻澄懷園全集本。

152. 高士奇，《江村消夏錄》，清文淵閣四庫全書本。

153. 紀昀，《閱微草堂筆記》，清嘉慶五年北平盛氏望益書屋刻本。

154. 畢自嚴，《餉撫疏草》，明天啓刻本。

155. 英和，《恩福堂筆記》，清道光十七年刻本。

156. 陳康祺，《郎潛紀聞》，清光緒刻本。

157. 徐世昌，《晚晴簃詩匯》，民國退耕堂刻本。

158. 王世貞，《弇山堂別集》，清文淵閣四庫全書本。

159. 凌廷堪，《校禮堂詩集》，清道光六年刻本。

160. 錢陳群，《香樹齋文集》，清乾隆刻本。

161. 楊鍾義，《雪橋詩話續集》，民國求恕齋叢書本。

162. 李慈銘，《越縵堂日記》，光緒十年四月十六日，廣陵書社。

163. 范當世，《范伯子詩集》，清末本。

164. 王昶，《春融堂集》，清嘉慶十二年塾南書舍刻本。

165. 姚瑩，《東溟文集》，清中復堂全集本。

166. 姚文田，《邃雅堂集》，清道光元年江陰學使署刻本。

167. 范承謨，《忠貞集》，清文淵閣四庫全書本。

168. 勵廷儀，《雙清閣詩稿》，清乾隆間刻本。

169. 王有慶，（道光）《泰州志》，清刻本。

170. 胡捷，《讀書舫文稿》，清抄本。

171. 欒立本，《愨思錄》，清乾隆五十五年刻本。

172. 張大仕，《四書音補》，清光緒十九年刻本。

173. 梅成棟，《欲起竹間樓存稿》，民國十二年天津志局匯刊本。

174. 陶樑輯，崔旭，梅成棟撰，《燕南二俊詩鈔》，清嘉慶道光間刻本。

175. 華長卿，《華氏宗譜》，清宣統元年鉛印本。

176. 華長卿，《天津華氏南支宗譜》，清道光二十六年木活字本。

177. 趙埏，《草木名印楮葉集》，清嘉慶二十二年刻本。

178. 張霆，《讀晉書絕句》，清光緒十一年蝶園刻本。

179. （宋）周密輯，（清）查爲仁，厲鶚箋注，《絕妙好詞箋》，清乾隆十五年查氏澹宜書屋刻本。

180. 查爲仁，《蔗塘未定稿》，清乾隆八年寫刻本。

181. 金銓，《善吾廬詩存》，民國九年刻本。

182. 鄭熊佳，金玉岡，《蓬山詩存》，清咸豐元年金陵顧晴崖家刻本。

183. 安岐，《墨緣匯觀》，清光緒二十六年鉛印本。

184. （清）吳惠元修，蔣玉虹，俞樾纂，（同治）《續天津縣志》，清刻本。

今人著作

1. 南炳文，湯綱，《明史》，上海：上海人民出版社，2003 年。

2. 鄭天挺，《明清史資料》，天津：天津人民出版社，1981 年。

3. 鄭天挺，《清史》，天津：天津人民出版社，1989 年。

4. 蕭一山，《清代通史》，上海：華東師範大學出版社，2006 年。

5. 郭培貴，《明史選舉志考論》，北京：中華書局，2006 年。

6. 趙寶琪，張鳳民，《天津教育史上卷》，天津：天津人民出版社，2001 年。

7. 張倩如，《江蘇古代教育生態》，南京：鳳凰出版社，2005 年。

8. 吳鼎福，《教育生態學》，南京：江蘇教育出版社，1993 年。

9. 范國睿，《教育生態學》，北京：人民教育出版社，1999 年。

10. 周德昌，王建軍，《中國教育史研究・明清分卷》，上海：華東師範大學出版社，2009 年。

11. 張學強，《明清多元文化教育研究》，北京：民族出版社，2006 年。

12. 吳宣德，《中國教育制度通史・明代卷》，濟南：山東教育出版社，1999 年。

13. 李國鈞，王炳照主編，馬鏞所著，《中國教育制度通史・清代》（上），濟南：山東教育出版社，1999 年。

14. 毛禮銳，沈灌群，《中國教育通史》（第三卷），濟南：山東教育出版社，1985 年。

15. 熊承滌，《中國古代教育史料繫年》，北京：人民教育出版社，1985 年。

16. 尹德新，《歷代教育筆記資料・明代部分》，北京：中國勞動出版社，1992 年。

17. 郭齊家，《中國古代學校》，天津：天津教育出版社，1991 年。

18. 吳智和，《明代的儒學教官》，臺北：臺灣學生書局，1991 年。

19. 陳寶良，《明代儒學生員與地方社會》，北京：中國社會科學出版社，2005 年。

20. 陳元暉，尹德新，王炳照，《中國古代的書院制度》，上海：上海教育出版社，1981 年。

21. 白新良，《中國古代書院發展史》，天津：天津大學出版社，1995 年。

22. 章柳權，《中國書院史話——宋元明清書院的演變及其內容》，北京：教育科學出版社，1981 年。

23. 鄧洪波，《中國書院史》，上海，東方出版中心，2006 年。

24. 金其楨，程勉中，《中國書院書齋》，重慶：重慶出版社，2002 年。

25. 張正藩，《中國書院制度考略》，南京：江蘇教育出版社，1985 年。

26. 江慶柏，《清朝進士題名錄》，北京：中華書局，2007 年。

27. 宋元強，《清朝的狀元》，長春：吉林文史出版社，1992 年。

28. 張杰，《清代科舉家族》，北京：社會科學文獻出版社，2003 年。

29. 韓大成，《明代城市研究》，北京：中國人民大學出版社，1991 年。

30. 劉澤華，《天津文化概況》，天津：天津社會科學院出版社，1990 年。

31. 陳衛民，《天津的人口變遷》，天津：天津古籍出版社，2004 年。

32. 高豔林，《天津人口研究》（1404～1949），天津：天津人民出版社，2002 年。

33. 郭蘊靜，《天津古代城市發展史》，天津：天津古籍出版社，1989 年。

34. 南炳文，《天津史話》，北京：中華書局，1984 年。

35. 萬新平，濮文起，《天津史話》，上海：上海人民出版社，1986 年。

36. 張利民，《解讀天津六百年》，天津：天津社會科學院出版社，2003 年。

37. 天津社會科學院歷史研究所，《天津簡史》，天津：天津人民出版社，1987 年。

38. 來新夏，《天津的城市發展》，天津：天津古籍出版社，2004 年。

39. 韓嘉穀，《天津古史尋繹》，天津：天津古籍出版社，2006 年。

40. 馮驥才，《話說天津衛》，天津：百花文藝出版社，1986 年。

41. 孫大幹，《天津經濟史話》，天津：天津社會科學院出版社，1989 年。

42. 劉鑒唐，焦瑋，《津門談古》，天津：百花文藝出版社，1991 年。

43. 楊大辛，《津沽絮語》，天津：天津古籍出版社，1993 年。

44. 南炳文，高洪鈞，王鴻濤，《天津古代人物錄》，天津：天津人民出版社，1993 年。

45. 王翁如，《天津地名雜談及其他》，天津：天津人民出版社，1998 年。

46. 張樹明，《天津土地開發歷史圖說》，天津：天津人民出版社，1998 年。

47. 章用秀，《天津地域與津沽文學》，天津：天津社會科學院出版社，2000 年。

48. 羅澍偉，《天津的名門世家》，天津：天津古籍出版社，2004 年。

49. 張建星，《城市細節與言行——天津 600 年》，天津：天津古籍出版社，2004 年。

50. 劉玉麟，《中華人民共和國地名詞典——天津市》，上海：商務印書館，1994 年。

51. 王大川，陳嘉祥，《津沽舊事》，上海：上海書店出版社出版，1994 年。

52. 張仲，《天津衛掌故》，天津：天津人民出版社，1999 年。

53. 天津市地方志編修委員會，《天津靜海舊話》，天津：天津古籍出版社，2007 年。

54. 天津市地方志編修委員會，《天津通志出版志》，天津：天津社會科學院出版社，1998 年。

55. 天津市地方志編修委員會，《天津通志基礎教育志》，天津：天津社會科學院出版社，2000 年。

56. 天津地方志編修委員會辦公室編著，《天津通鑒》，北京：中國青年出版社，2005 年。

57. 靜海縣志編修委員會，《天津市靜海縣志》，天津：天津社會科學院出版社，1995 年。

58. 武清縣地方史志編修委員會，《天津市武清縣志》，天津：天津社會科學

院出版社，1991 年。

59. 寧河縣地方史志編修委員會，《天津市寧河縣志》，天津：天津社會科學院出版社，1991 年。

60. 薊縣志編修委員會，《薊縣志》，天津：天津社會科學院出版社、南開大學出版社，1991 年。

61. 靜海縣政府，天津社會科學院編寫組，《靜海史話》，天津：天津古籍出版社，1989 年。

62. 天津市河西區地方志編修委員會，《天津市河西區志》，天津：天津社會科學院出版社，1998 年。

63. 天津市南開區地方志編修委員會，《天津市南開區志》，天津：天津社會科學院出版社，1998 年。

64. 天津市東麗區地方志編修委員會，《天津市東麗區志》，天津：天津社會科學院出版社，1998 年。

65. 天津市北辰區地方志編修委員會，《天津市北辰區志》，天津：天津古籍出版社，1998 年。

66. 天津市塘沽區地方志編修委員會，《天津市塘沽區志》，天津：天津社會科學院出版社，1996 年。

67. 天津市大港區地方志編修委員會，《天津市大港區志》，天津：天津社會科學院出版社，1998 年。

68. 天津市紅橋區地方志編委會，《天津市紅橋區志》，天津：天津古籍出版社，2001 年。

69. 天津市漢沽區地方志編修委員會，《漢沽區志》，天津：天津社會科學院出版社，1998 年。

70. 朱保炯，謝沛霖，《明清進士題名碑錄索引》，上海：上海古籍出版社，1979 年。

71. 邢福志，《靜海名人》，天津：天津市靜海縣長虹印刷有限公司。

72. 天津市地方志編修委員會，《天津通志文化藝術志》，天津：天津社會科學院出版社，2007 年。

73. 政協天津市紅橋區委員會，天津博物館，《水西餘韻》，天津：天津古籍出版社，2008 年。

今人論文

1. 高豔林，〈明代天津人口與城市性質的變化〉，《南開學報》（哲學社會科學版），2002 年第 1 期。

2. 王惠來，〈天津教育發展歷史精粹及其對當代的啟示〉，《天津教育》，2008 年第 3 期。

3. 劉莉萍，〈社會變遷中的天津會館〉，《聊城大學學報》（社會科學版），2008 年第 4 期。

4. 張紹祖，〈天津城垣沿革記〉，《天津成人高等學校聯合學報》，2004 年第 1 期。

5. 尹樹鵬，〈近代天津教育的發展及啓示〉，《天津教育》，2005 年第 3 期。

6. 牛翠萍，〈從明清教育解析中國近代科技落後的原因〉，《齊齊哈爾大學學報》（哲學社會科學版），2006 年 1 月。

7. 王培利，〈話說明代天津衛〉，《天津經濟》，2004 年第 4 期。

8. 曹國慶，〈明初的學校教育〉，《江漢論壇》，1986 年 6 月。

9. 付瓊，〈科舉背景下的明清教育對文學的負面影響〉，《上海大學學報》（社會科學版），2008 年第 4 期。

10. 牛翠萍，胡凡，〈論明代科舉制度對學校教育的導向作用〉，《湖北招生考試》，2007 年 12 月。

11. 牛翠萍，〈論明清教育政策對中國科技的影響〉，《齊齊哈爾大學學報》（哲學社會科學版），2007 年 7 月。

12. 畢誠，〈明代的教育制度〉，《湖北師範學院學報》，1985 年第 4 期。

13. 趙子富，〈明代的學校及其考試制度〉，《清華大學學報》（哲學社會科學版），1992 年第 2 期。

14. 許可峰，〈明代官辦職業教育的終身化特點及其現代啓示〉，《繼續教育研究》，2006 年第 6 期。

15. 方媛，〈明代科舉與教育一體化對其政治風氣的影響〉，《理論界》，2008 年第 4 期。

16. 趙子富，〈明代學校、科舉制度與學術文化的發展〉，《清華大學學報》（哲學社會科學版），1995 年第 2 期。

17. 楊天平，〈中國古代的教育懲罰及啓示〉，《教育科學》，2009 年第 1 期。

18. 劉海峰，〈論書院與科舉的關係〉，《廈門大學學報》（哲學社會科學版），1995 年第 3 期。

19. 黨亭軍，〈明清書院教學特點的演變及其歷史啓示〉，《中國礦業大學學報》（社會科學版），2010 年第 1 期。

20. 黨亭軍，衛萬龍，〈明清書院教育的社會效益機制及其啓示〉，《延安大學學報》（社會科學版），2009 年第 2 期。

21. 黨亭軍，〈明清書院解決優質師資來源問題的思路及啓示〉，《高教研究》，2008 年第 4 期。

22. 劉青，〈明清書院刻書與藏書的發展及其影響試論〉，《河南圖書館學刊》，2004 年第 3 期。

23. 張森，〈東南士子與清代天津科舉的昌盛〉，《文化學刊》，2010 年第 3 期。

24. 郭鳳岐，〈天津建城六百年由來〉，《天津經濟》，2004 年第 1 期。

25. 陳寶良，〈明代衛學發展述論〉，《社會科學輯刊》，2004 年第 6 期（總第 155 期）。

26. 郭培貴，〈明代府州縣學教官選任來源的變化及其原因和影響〉，《河南師範大學學報》（哲學社會科學版），1991 年第 4 期。

27. 郭紅，〈明代衛所移民與地域文化的變遷〉，《中國歷史地理論叢》，2003 年 6 月。

28. 顧誠，〈談明代的衛籍〉，《北京師範大學學報》，1989 年第 5 期。

29. 柴繼光，〈鹽務專學──運學運城鹽池研究之十〉，《運城師專學報》，1986 年第 3 期。

30. 陳寶良，〈明代的義學與鄉學〉，《史學月刊》，1993 年第 3 期。

31. 陳建國，〈明清時期義學的經費管理〉，《西安郵電學院學報》，2008 年第 4 期。

32. 丁慧倩，〈津門「老義學」〉，《回族研究》，2005 年第 1 期。

33. 陳建國，〈論明清時期義學的辦學機制〉，《西北大學學報》（哲學社會科學版），2008 年第 6 期。

34. 王日根，〈「社學即官辦初等教育」說質疑〉，《歷史研究》，1996 年第 6 期。

35. 王凱旋，〈論明代社學與學校教育〉，《廣西師範學院學報》（哲學社會科學版），2005 年第 4 期。

36. 王雲，〈民間社學與明代基層教育〉，《聊城師範學院學報》（哲學社會科學版），1993 年第 2 期。

37. 趙毅、劉曉東，〈明代「社學」之社會屬性辨析──兼及「鄉村教化」與社會軟性控制〉，《東北師大學報》（哲學社會科學版），2007 年第 1 期。

38. 林吉玲，〈明代的府州縣學與鄉村社學〉，《河南師範大學學報》（哲學社會科學版），2001 年 5 月。

39. 董倩，〈明代社學述論〉，《青海師範大學學報》（社會科學版），1998 年第 4 期。

40. 趙悅鳳，〈清朝（鴉片戰爭前）官辦社學之探微〉，《繼續教育研究》，2006 年第 5 期。

41. 陳剩勇，〈清代社學與中國古代官辦初等教育體制〉，《歷史研究》，1995 年第 6 期。

42. 劉德華，〈王守仁的〈社學教條〉及其兒童德育思想〉，《中小學管理》，

1994 年 12 月。

43. 施克燦，〈中國古代社學教化職能初探〉，《教育學報》，2010 年第 1 期。

44. 呂達，〈元、明、清三代的社學考略〉，《上海師範大學學報》，1986 年第 3 期。

45. 劉豔卉，〈我國古代蒙學識字教材的歷史沿革〉，《安陽師範學院學報》，2002 年第 4 期。

46. 嚴雄飛，〈清代民間教育的特點及其社會地位〉，《北京理工大學學報》（社會科學版），2002 年第 4 期。

47. 秦玉清，〈傳統私塾的歷史變遷〉，《尋根》，2002 年第 2 期。

48. 張勇，潘素萍，〈論塾師在近代私塾改良中的消極嬗變——兼論傳統塾師的社會地位與作用〉，《蘭州教育學院學報》，2009 年第 4 期。

49. 蔡娜，〈中國傳統私塾教育的特點及其對現代初等教育的啟示〉，《新課程研究》，2010 年 1 月。

50. 朱豔林，曾瑞炎，〈近十年來私塾研究述略〉，《文史雜誌》，2005 年第 5 期。

51. 彭建新，〈私塾・塾師〉，《武漢文史資料》，2008 年第 9 期。

52. 熊賢君，〈私塾教學方法的現代價值〉，《課程・教材・教法》，1999 年第 9 期。

53. 俞允海，〈鄉學至私塾：「塾」義變遷考〉，《湖州師範學院學報》，2005 年第 5 期。

54. 岳紅廷，辛秀玲，〈民國初年天津的私塾改良活動〉，《湖北成人教育學院學報》，2009 年第 1 期。

55. 羅輝，趙澤洪，〈基於區域經濟學評價標準的行政區劃及其變更〉，《雲南行政學院學報》，2005 年第 3 期。

56. 董繼輝，〈漢代教育評述〉，《重慶師範大學學報》（哲學社會科學版），1993 年第 3 期。

57. 田正平，章小謙，〈中國教育者概念從傳統到現代的演變——從「教官」到「教師」稱謂變化的歷史考察〉，《社會科學戰線》，2007 年第 1 期。

致　謝

　　三年的博士生涯轉瞬即逝，在南開大學歷史學院學習的日子裏，我度過了人生中最難忘、收穫最多的時光。這三年，是我不斷成長的三年，更是充滿感激的三年。因爲在此期間，我得到了許多老師和同學的熱心幫助，老師們的淵博與智慧，同學們的眞摯和熱情，讓我受益匪淺。值此論文完成之際，我謹向所有關心、愛護、幫助過我的人表達最誠摯的感謝與最美好的祝願。

　　首先要感謝我尊敬的導師南炳文先生。南先生以他淵博的學識、嚴謹的治學態度深深感染著我，他循循善誘的教導和不拘一格的思路給予我無盡的啓迪；他在學習上嚴格要求我，在生活中無私關心我，不僅教我如何做學問，更教我如何做人。我時常想，能夠成爲先生的學生，我是何等的榮幸和幸運！南先生既是我的恩師，也是我的領路人，如果沒有先生給予我耐心細緻地指導與幫助，也就不會有我現在的畢業論文。三年以來，我每前進一步，其間都傾注了先生對我無數次的指引和教誨，對先生求眞、求實、勤奮、刻苦的治學精神以及幽默、睿智、平易近人、和藹可親的高尚品格我萬分敬佩，對先生的感激之情更是無法用言語表達，在此，我謹向南先生表達最深厚的謝意和最崇高的敬意。

　　其次，還要感謝所有給過我指導的老師們。在學期間，我曾有幸聆聽過李小林老師、高豔林老師、何孝榮老師、龐乃明老師的課程，受益良多；諸位老師在我的博士論文開題期間，也爲我提出了寶貴的指導意見，在此我一併表示誠摯的謝意。此外，感謝高壽仙老師、王熹老師、王偉凱老師；感謝《明史研究》、《南開學報》、南開大學圖書館及歷史學院資料室各位老師的熱

心幫助；也要感謝爲我評閱論文的老師們，感謝老師們的辛苦及不吝賜教，祝願各位老師在以後的日子裏工作順利、生活順心。

再次，要感謝我的同門師兄妹，感謝師兄張獻忠、張磊、王志躍、方廣嶺；感謝師姐張毅、李俊麗、蘇新紅；師妹魏淑贇、陳潔、張婷婷；師弟蘇洵波、李建武、李鵬飛、張繼偉；感謝同窗趙樹國；此外，特別感謝張朔人老師，因爲他的熱情和關懷，讓我們這個大家庭變得更加團結和緊密。感謝兄弟姐妹們一直以來對我的幫助，正是因爲有他們，我三年的博士生活才變得生動、多彩！

在這裡，我還要特別感謝我的家人。感謝爸爸媽媽，如果沒有他們的無私關懷和辛勤培養，就沒有我的今天。他們在我的成長中傾注了所有的辛勞與汗水，他們用愛溫暖著我，讓我在愛的支撐下獲得了今天的小成績；感謝我的愛人，是他陪我一起品味著求學的艱辛與快樂，品味著人生的酸甜與苦辣；最後，感謝妹妹，當我忙碌於論文寫作時，她多次伸出援手，幫我分擔家務。千言萬語，只能化作實際行動，我願用我的一生報答他們！

張麗敏

2011 年於南開大學

附　錄

表 1　明清寶坻縣學學官表〔註1〕

時　間	教　　　諭	訓　　　導
明代	趙孝先，浙江人； 高德，江蘇人，舉人； 韓昭，河南人，舉人。 孫能，浙江山陰人，舉人。 陳瑞，江蘇人，儒士。 劉岳，山東人。 汪琦，興化人，舉人。 張經，四川人，舉人。 齊濟周，山東人，舉人。 丁儒，山西人。按：寶坻洪志，儒舊訛進， 進同時訓導。 李實，山西榆次人。 張文，浙江諸暨人。 由銘，山東人。 王溥，浙江諸暨人。 顧言，太倉人。 李懋，柘城人。 王銘，廣西臨桂人，舉人。 楊時泰。 金昌，馬邑人。 徐雯，廣西臨桂人，舉人。 彭維純，益都人，舉人。 傅瑤，靖邊衛人。 劉思聰，成山衛人。 張希周，山西蒲州人。	滕維 白信 高才 董潛 李樂 汪崑 張廉，山東人。 趙胥，鳳陽人。 張本，山東人。 蔡淵，浙江人。 吳雲，河南人。 賈淵，與王璲同時。 丁進，據同上。 歐陽源，江西人。 呂昂，浙江人。 錢冕，浙江人。 韓櫃，南京六安人。 陳碩。 屈居易，山西蒲州人。 陳翰，福建人。 蔡秉禮，山西人。 林廷拱，甘肅平涼人。 胡遵中，湖廣人。 楊鳳，河南人。 席應鍾，襄陵人。

〔註 1〕　資料來源：(光緒)《順天府志》卷 78，卷 89；(民國)《寶坻縣志》卷 8。

	趙漢，定興人。 趙祖堯，慶陽人。 王祐，與知縣張元相同時。 夏念東，江西南城人，舉人，遷助教。 邱尚策，湖廣黃岡人。 蘇光漢，廣東人，舉人。 吳愚，廣東人。 吳彰，廣東人。 韓初命，山東人，舉人，與袁黃同時遷參政。 秦宇，廣東東莞人，舉人。 俞夢暘，浙江人，舉人。 王指南，南樂人，舉人。 王夢麟，湖廣黃梅人，舉人。 王業庠，山東人。 蔡體仁，江西人，舉人。 李正，完縣人。 田京源，河間人，舉人。 程士升，字公寅，湖廣黃岡人，舉人。 朱連新，雲南人，舉人，歷遷邠州知州。 扈邦直，南樂人，舉人。 王弘祚，詳傳。 單三極，遼東人，歲貢。 李永昌，崇禎九年任，坿李景登傳。	王袞，齊河人。 齊居仁，彰德人。 薛國賓，山西蒲州人。 尹良相，河南磁州人。 周呂，寧國人。 徐珊，江西金溪人。 賈元，山東黃縣人。 郭緒先，陝西合陽人。 武思忠，山西人。 李應陽，隰陽人。 李鏞，山西人。 薄從周，鎮定人。 許椿，山東寧陽人。 王朝宗，山西祁人。 孟璧，遼東廣寧人。 王義對，棗強人，舉人。 鄭悟，浙江人。 劉廷桂，高陽人。 鄭一貴，浙江人，舉人。 孫崇祖，山西陽城人。 劉相卿，東光人。 徐來鳳，江西人。 潘瑞，任邱人。 趙達，陝西人。 沈琇，山海衛人。 曹承胤，靜海人。 溫德基，昌黎人。 檀可棟，無極人。 白德全，武邑人。 馬汝德，新城人。 呂際可，山海衛人。 蘇顯祐，遼東復州人。 樊養賢，與史應聘同時。 趙士秀，坿趙國鼎傳。 樊有聲，與高承埏同時。
順治元年	李復陽，大興人，官至耀州道。	
順治間年未詳	楊復煒，安肅人，歲貢。	
順治四年	母鶴慶	
順治間年未詳	郝暹，定州人，歲貢，遷知縣。 張國棟，平鄉人，歲貢。 冷然善，遼東人，歲貢。 張應連，內邱人，歲貢。 劉繹祖，新安人，歲貢。	王國賓，浙江人，拔貢，州同改授訓導，署（代理、暫任或試充官職）教諭。
康熙十一年	苑育，雞澤人，協修縣志，入名宦。	

康熙六十年前		張名茲，新安人，歲貢。 李迪恭，高陽人，歲貢。 張爾蘊，祁州人。 侯寶訓，遷安人，歲貢。 趙續美，保定府人，貢生，後遷國子監助教。 張如旭，宣化人，歲貢。 多元朗，阜城人，以品學者。 呂大夏，元城人，歲貢。 張廷遜，曲周人，拔貢，葺文廟。
雍正八年	石日珽，正月任。	王道明，奉天人，五月任。
雍正間年未詳	劉廷臣，蠡人，歲貢。	
乾隆間年未詳	孟昺，武邑人，歲貢。	
乾隆九年	賈念祖，故城人，貢生，後遷國子監典簿。	
乾隆二十一年		王國寧，七月任。
乾隆二十三年		薛晉英，清苑人，廩貢。
乾隆二十四年	楊登紳，奉天開原人，歲貢。	
乾隆四十年	王元俊，六月任。	李上林，三月任。
乾隆五十九年		田謙，九月任。
乾隆六十年	劉敦若，十月任。	
乾隆間年未詳	魏子學，南樂人，舉人，修崇聖祠，造祭器。	
嘉慶二十年		魏青選，四月任。
嘉慶二十一年	常翼清，三月任。	
道光八年	魏廷模，九月任。	李塏，二月任。

表 2　明清薊州州學學官表 〔註2〕

時　　間	學　　正	訓　　導
明代	戎深，浙江鄞人。 武勘，山東臨淄人。 張煥，江西浮梁人。 張鳴鳳，自平谷教諭遷。 朱守爲，福建莆田人，舉人，以經訓士，名宦。	陳溥，山東樂安人，舉人，多所成就，祀名宦。 吳化，江西南昌人，以愼勤訓，祀名宦。 崔拯，遼東人，監生。 丁璘，遼東人，監生。 邢宣，河南鄭州人。

〔註2〕　資料來源：（光緒）《順天府志》卷78，卷89；（民國）《薊縣志》。

	姚淵，浙江天台人，舉人。 侯贊，河南通許人，監生。 楊奇逢，陝西人，舉人。 楊諤，陝西人，舉人。 孟盛，山西祁人，監生。 葛盛挺，南直潛山人，監生。 劉樞，遼東人，舉人。 張世義，山東曲阜人，監生。 張受道，山東人。 蔡思雍，福建晉江人，舉人。 高世英，湖廣人，監生。 鄭思恭，河南新安人，貢生。 楊時亨，安肅人，貢生。 戴尙志，浙江蕭山人，舉人。 戴軒冕，山西交城人，貢生。 龐進賢，永平人，舉人。 李仲武，保定人，貢生。 李勝鶚，肥鄉人，舉人。 葉士元，順天人，舉人。 莫天麒，貴陽人，舉人，士重 其教，祀名宦。 沈弘業，慶都人，舉人，善以 經誘，祀名宦。 門洞開，安平人，舉人。 越其傑，貴州貴陽人，舉人。 蘇爲梯，棗強人，舉人，國子 監博士。 劉寰，湖廣人，舉人。 周世璽，湖廣人，舉人。 陳經 王鑾 林遇春，萬曆年任。 柏廷桂，遷自香河教諭。	楊輅，河南鄭州人。 陳瑄，山西臨汾人，以身教，祀名宦。 王昃，陝西耀州人，課士勤，祀名宦。 王都，河南蘭陽人，監生。 杜美，山東曹人，監生。 孫傑，河南睢州人，監生。 崔珍，山東東阿人，監生。 法章，陝西扶風人，善教，丁憂。 袁濟，山東館陶人。 郭儀，山東膠州人，監生。 黃應詔 楊一科，山東招遠人。 王津，河間人。 柳邦靖，保定人。 李知直，遼東人。 康進德 侯之翰，保定人。 顧思義，天津人。 張正聲，永平人。 智秉乾，眞定人，善啓迪，祀名宦。 孟養氣，棗強人，歲貢，善教，祀名宦。 張四教，遼東人。 李樂，廣平人，歲貢，多所成就，祀名宦。 牛廷璽，清苑人。 杜允元，贊皇人，恩貢。 宋多祚，任邱人。 王業成，安州人。 陳所聞，棗強人。 許汝高，永平人。 趙從教，安肅人。 魏一浩，蟲人。
順治年未詳	王文皞，寧晉人，貢生。 劉國柱，安州人。 田芸，宣府衛人，貢生。 齊國璧，廣平人，貢生。	
康熙四十二年前	蔡宏璧，雄縣人，己亥進士。 白津，清豐人，貢生。 崔冕，安平人，舉人，遷知江 南廬江縣。 魯斯，曲周人，舉人，遷國子 監典簿。 郭濬，雄人，舉人。 孫可憲，衡水人，舉人，遷知 浙江樂清縣。	李成龍，貢生。 陳怡贍，清苑人，貢生。 張奎，雄縣人，貢生，遷知蕪湖縣。 張燦然，廣平人，貢生。 董敏遊 梁士滋，正定人，貢生。 左方焯，河間人，貢生，丁憂去，遷冀州學 正。 李琬，滄州人，貢生，丁憂去，補玉田訓導。

	李宗柟，晉寧人，舉人。	傅攀龍，奉天開原人，貢生，卒。 馮嵓，天津衛人，貢生。
乾隆十四年	呂國觀，鑲紅旗人，舉人。	
乾隆三十二年		單錫□〔註3〕，撫寧人，歲貢。
乾隆三十六年	李實生，祁州人。	
乾隆三十七年		張日□，武強人，貢生。
乾隆五十四年前	常繩，獻縣人，學正。 金世熊，天津人，舉人。	劉倣曾，雄縣人，舉人。 高日新，阜平人，歲貢。
乾隆五十四年	龐俊明，蔚州人，舉人。	
乾隆五十九年	李吉人，任邱人，庚寅舉人，十一月授學正，嘉慶十七年三月去。	
嘉慶五年前		李震果，高邑人，歲貢。 孫肖曾，廣昌人，廩貢。
嘉慶五年		劉振聲，阜平人，廩貢，六月任，十九年正月去。
嘉慶十七年	杜清泰，元氏人，庚申舉人，五月任，十二月去。 沈懋，鹽山人，己亥舉人，十二月任，道光四年正月去。	
嘉慶十九年		劉夔龍，滄州人，戊午舉人，二月任訓導，道光十一年正月致仕。
道光四年	吳思觀，河間人，廩貢，正月由訓導署學正，七月去。 梁建猷，廣昌人，廩貢，七月遷自訓導。	
道光六年	劉協夢，蠡人，庚午舉人，大挑二等，十一月署學正，十一年六月去。	
道光十一年	李炳文，河間景州人，壬子舉人，六月任學正，二十三年四月卒。	石凌雲，永平灤州人，癸酉舉人，大挑二等，二月任訓導，六月去。 許震，保定高陽人，庚午舉人，六月選訓導。
道光十五年		高守貴，永年人，癸酉舉人，四月任訓導，咸豐五年六月去。

〔註 3〕該符號說明此處史料失載，下同。

表3 明清武清縣學學官表〔註4〕

時 間	教 諭	訓 導
明代	高福，湖廣人，歲貢，成化年任。 朱俊，河南安陽人，舉人，善課士。 戴光，浙江蕭山人，舉人，樸實教士。 師教 劉瑾，歲貢，正德年任。 周□，江南人，監生，嘉靖五年任。 蔣□，江西人，監生，嘉靖十五年任。 孫世實，遷自訓導。 李庇，遷自訓導。 阮文隄，福建人，歲貢，嘉靖十六年任，善課士。 柴錦，陝西人，監生，二十一年任。 劉維翰，山西陽曲人，監生。 龔卿，山西偏頭關人，監生。 朱文階，山東臨邑人，監生。 楊環，遷自訓導。 焦是，山西人，監生。 叢研，山東文登人，隆慶二年任。 孟宗魯，五年任，遷自平谷訓導。 鄧璿，廣東南海人，舉人，萬曆二年任，遷知崇義縣。 翟璿，山西靈石人，監生，三年任，遷岢嵐學正。 孫大中，山東范人，監生。 顏守芳，易人，監生。 周榮，陝西商州人，舉人，十年任，遷知四川郫縣。 張時相，山東人，監生，十一年任。 謝朝紀，廣西宜山人，舉人。 王以霖，廣西橫州人，舉人，十七年任。 馬翰如，雲南保山人，舉人，十九年任，遷知四川汶川縣。 盧時茂，河南封邱人，舉人，萬曆年任，遷知饒陽縣。 吳雲程，字龜元，浙江孝豐人，己卯舉人，萬曆年任，遷知江西永豐縣。 李自新，歲貢。 趙九眞，河間人，舉人，遷國學。 鄭光伊，江西人，舉人。 段達，正定人，舉人。 董密，浙江會稽人，舉人，遷知海州。	趙嵩，江南興化人，監生，成化年任。 吳欽，山東人，監生，成化年任。 武尙忠，山東人，監生，嘉靖年任。 侯聰，山東濱州人，監生，降河泊所大使。 于世昌，山東商河人，監生。 孫廷實，遼東人，監生，遷教諭。 李庇，山東濟寧州人，遷教諭。 元禾 陳仁，山西忻州人，監生。 周璟，遼東人，監生，嘉靖年任。 楊環，山西霍州人，監生，遷教諭。 何濟時，河南南陽人，監生。 謝祿，河南汲人，監生。 侯養正，山東泰安州人，監生。 竇緒，山東壽光人，監生。 張百川，山東長清人，監生。 王濟時 周暉，福建人，監生，遷開化教諭。 蔣祺，山東益都人，監生。 王可立，河間人，監生。 李瑤，順德人，歲貢，遷山東王府教諭。 安一默，棗強人，歲貢。 衛民，河南眞陽人，歲貢。 劉汝桂，滄州人，歲貢。 楊永貴，趙州人，歲貢。 趙一光，山西人，歲貢。 貢蘭，河間人，歲貢。 李逢陽，歲貢。 于思問，慶都人，歲貢。 張日觀，深澤人，歲貢。 楊□，新安人，歲貢。 張鳳翔 崔復亨，保定府大寧衛人，歲貢。 李挺秀，遼東金州衛人。 蔣祺，山東益都人。

〔註4〕 資料來源：(光緒)《順天府志》卷78，卷89；(乾隆)《武清縣志》。

	傅皇謨，舉人，卒於任。 于日望，遼東人，歲貢，遷知臨城縣。 李庚，山西芮城人，舉人，遷知任縣。 朱鳴時（鳴一作光），雲南人，舉人，歷知肥城，遷知霸州。 靳文耿，晉州人，舉人，教諭。 劉盡誠，延慶衛人，歲貢。 葉汝馨，遼東鐵嶺衛人，歲貢。	
康熙三年		□□，□□□□衛人，歲貢，後遷知蔚州。 李克仁，新城人，歲貢，後遷順天府訓導。 □□□，盧龍人，歲貢，是年裁訓導缺，遷儀徵縣丞。
康熙間年未詳	莫爾濬，大興人，舉人，教諭，遷國子監博士。 劉子蕭，唐縣人，歲貢，教諭，遷開平衛教授。 李振圻，清苑人，舉人。 蔣成章，平山人，歲貢。 黃忱孝，樂亭人，舉人，教諭，遷順天府教授。	
康熙四年	李衷繡，新安人，舉人，課士先德行，遷知浙江慶元縣。	
康熙十三年	何如維，東光人，舉人。	
康熙十九年		陳際隆，盧龍人，歲貢，復設訓導始此，重修崇聖祠。
康熙二十二年	楊毓先，奉天錦人，舉人，重修崇聖祠。	
康熙二十六年	蘇達（一作張達），大名人，舉人。	
康熙間年未詳		王象春，龍門人，歲貢。
康熙四十二年	吳德，鐵嶺衛籍，無錫人，舉人。	
康熙四十三年		王日新，束鹿人，貢生。
康熙四十五年		李毓桭，束鹿人，貢生。
康熙五十五年		鞠聖庭，赤城人，貢生，五月任。
雍正三年	張純，邢臺人，己卯舉人，十一月任，修學宮。	
雍正四年		侯曾，容城人，歲貢，二月任。
雍正六年		王隆，宣化人，廩生，修廟學。
乾隆三年		李挺秀，廣宗人，歲貢，十月任。

乾隆七年	龍翬，棗強人，壬子舉人，九月任。	尹廷樞，清河人，歲貢，六月任。
乾隆二十三年	范廷鈞，景州人，進士。	
乾隆二十四年		白鳳臨，南皮人，歲貢。
乾隆三十七年	郭大成，寧遠人，歲貢。	戴濟世，柏鄉人，歲貢。
嘉慶間年未詳	王暾，字畏寅，天津人，舉人。	
道光四年	王者聘	

表4　清代寧河縣學學官表〔註5〕

時　　間	教　　　　諭	訓　　　　導
雍正九年	牛恭，懷來人，拔貢，九月任。	朱宗禮，錦縣人，歲貢，十月任。
乾隆六年	高品，阜平人，拔貢，正月任，八年八月卒。	
乾隆九年	蔡涵，定興人，拔貢，三月任，二十三年九月丁憂。	
乾隆十年		郭珣，高陽人，廩貢，十二月任。
乾隆二十三年	呂國觀，漢軍鑲紅旗人，己酉舉人，十一月任。	
乾隆二十四年		王欲善，行唐人，歲貢，五月任，二十五年十二月去。
乾隆二十五年	李清彥	
乾隆二十六年		常源，雄縣人，廩貢，七月任，二十九年七月遷順天府訓導。
乾隆二十七年		魏泰，天津人，舉人，十一月任，修學宮。
乾隆三十一年		梅修和，新安人，歲貢，二月任，三十六年八月卒。
乾隆三十七年		馬家駒，井陘人，歲貢，三月任，三十九年二月休致。
乾隆四十二年		牛可大，新河人，歲貢，二月任，四十四年協修縣志。
嘉慶十六年		姚希崇，天津人，廩貢，七月任，道光六年四月去。

〔註5〕　資料來源：(光緒)《順天府志》卷78，卷89；(光緒)《寧河縣志》卷6，職官志，師儒。

道光五年	張懷遠，平鄉人，丁酉拔貢，十一月任，十年六月去。	
道光六年		王作模，宣化人，四月任，七年四月去。 張景良，南樂人，拔貢，四月任，八年正月去。
道光八年		李崇儒，平鄉人，貢生，正月任，九月去。 馬敦紀，井陘人，廩貢，十月任，九年三月去。
道光九年		張九思，邢臺人，廩貢，三月任，七月去。
道光十年	蕭令韶，武邑人，庚午舉人，六月任，十月去。 陳來德，易州人，庚午舉人，十一月任，二十五年五月去。	王德教，安肅人，甲寅舉人，七月任，十一年八月去。
道光十一年		張晙，蔚州人，廩貢，八月任，十三年八月去。
道光十三年		高繼第，滿城人，廩貢，二十年十一月去。

表5　明清靜海縣學學官表〔註6〕

時　間	教　　諭	訓　　導
明代年份未詳	商賓	
明弘治年間	朱定 宋選	岳嚴 胡瓚，崇明人。 張紘，安陽人。
明正德年間	朱照	周文
明嘉靖年間	曹思讓（一作曹思謙） 王繡，遂昌縣人。 王純，沂州人。 王家佐，華陰縣舉人，能詩文，人稱鶴坡先生。 張光宙，洮州人，行學俱優。 孟誥	李福 陳旒，潼州人。 劉參 李傑 姚典，碭山人。 陳允中 張麟 李白春 夏景
明隆慶年間	趙臣	
明萬曆年間	宣希顏，河南息縣人。 王允中，河南祥符縣舉人。 高選，束鹿人。 崔如山，山東人。	曹雲鵬 楊汝繼，安縣人。 王職，應天府人。 李維琦，正定府人。

〔註6〕　資料來源：(光緒)《順天府志》卷78，卷89；(民國)《靜海縣志》，職官志。

	葉志淑，處州舉人。 蔣楷，貴州普安衛舉人。 劉可立，順天舉人。 李知春，遼東瀋陽人。 劉以漸，保定府唐縣人。 隋正脈 許傳，順天寶坻縣人，勤課諸生，導人爲善。 程寅賓，四川富順縣舉人。 樊效才，順天文安縣選拔，改修文廟，訓諸生肄業，科甲不絕，士子皆頌。 馬希周，保定府雄縣舉人。	王廷詔，保定府人。 張國隆，順天府人。 趙思孟，遼陽人。 劉國忠，永年人。 魏國賢，陝西南鄭人。 孫孝德，邯鄲縣人。 樊士修，陝西扶風縣人。 范永孝，鉅鹿縣人。 和而嚴，深州人。 羅士佳，撫寧人。 張梣，滿城縣人。 蕭一躍，陽武縣人。 劉汝欽，元城縣人。 趙端庭，大興縣恩貢。 周之瑾 于之鯨 張省括
明代年份未詳	李樂，廣平人，賦性醇厚，一束法度，立會課藝，久而彌勤。 杜之茂，眞定深州人。 秦鶴年 林學曾，福建癸酉舉人。 張羽狆，順天庚午舉人。	
清順治年間	師人淑，安肅縣舉人。	錢國選
清代年份未詳	任開先，順天人。 宋可繼，順天人。	王時雍
康熙五年		辛起尹，重修西廡。
康熙十一年		馬方伸，密雲縣舉人，重修東廡，捐資修葺學宮，勤課諸士。
康熙十五年	朱濤，宛平縣舉人。	
清代年份未詳	高琨 高光慶，寧晉縣舉人。 時行夏，贊皇縣拔貢。 宋炎，大興縣歲貢。 王夢熊，玉田縣歲貢。	崔愼獨，正定縣人。 吳奇光，正定縣人。 王士琸，密雲縣人。 沈一撫，寧遠州人。 解法堯，濩鹿縣人。 于之禹，永清縣人。 張晉，永清縣歲貢。 董文芳，延慶州歲貢。 王庶 鹿顯祖 黃伸
雍正五年	胡君昌，景州舉人。	
清雍正年間		邵繼程，南宮縣舉人。
清代年份未詳	白彬 高錕 于資始	張錦州，定州舉人。 高希誠，廩貢生。

清乾隆年間	楊灝	計肇忠，臨榆縣舉人，捐資添置書院義田。
清代年份未詳	連國奇，曾主講瀛海書院。 齊繼程 王世敬 李鍾清 董鑒，文安縣舉人。 石汝諧	
清嘉慶年間	劉慶源，副榜。	趙文涵，淶水縣人，嘉慶丙子舉人。
清代年份未詳	李冠卿 劉海梧	麻元直，望都縣廩貢生。
清道光年間	趙承祖，道光丁酉薊州拔貢。	張同堂，清豐縣人，道光己亥舉人。

表6　明清天津衛（州、府、縣）科舉成果統計表 [註7]

時　　　間	舉　人	進　士	武舉人	武進士	拔　貢	副　貢	優　貢
正統十二年丁卯科	王　鶚						
景泰元年庚午科	趙　鑒						
天順三年己卯科	葛鳳儀 葉　廣 孫　昂						
成化元年乙酉科	衛　林 劉　鈺						
成化二年丙戌科		劉　鈺					
弘治二年己酉科	王　澄 蔣　儀						
正德年間科分無考			高　山				
正德五年庚午科	張　祐						
正德九年甲戌科		蔣　儀					
正德十一年丙子科			盧　起				
正德十五年庚辰科		張　祐	高　山				
嘉靖年間科分無考			侯　爵 高　遷 楊　樸				

[註 7]　資料來源：(康熙)《天津衛志》；(光緒)《重修天津府志》；《津邑選舉錄》；《津邑歷科選舉錄》等。

			只秉中 劉　珏			
嘉靖二年癸未科			侯　爵			
嘉靖十年辛卯科	張　遇					
嘉靖十一年壬辰科		張　遇				
嘉靖十三年甲午科	汪　來					
嘉靖十四年乙未科			只秉中 劉　珏			
嘉靖十六年丁酉科	劉　熹					
嘉靖十七年戊戌科		劉　熹				
嘉靖二十年辛丑科		汪　來				
嘉靖二十八年己酉科	季永康					
嘉靖二十九年庚戌科			高　遷			
嘉靖三十二年癸丑科		季永康				
嘉靖三十五年丙辰科			楊　樸			
隆慶年間科分無考		楊　珩 佟嗣賢				
隆慶二年戊辰科			楊　珩 佟嗣賢			
隆慶四年庚午科	任天祚					
隆慶五年辛未科		任天祚				
萬曆年間科分無考			倪思立 雷以誠 李光國 周時雍 楊文礎 張大才			
萬曆二年甲戌科			倪思立 雷以誠			
萬曆五年丁丑科			楊　文 李光國 周時雍			
萬曆十年壬午科	羅逢年 楊於庭 于　範					

萬曆十九年辛卯科	倪尙志					
萬曆二十五年丁酉科	王養蒙					
萬曆二十六年戊戌科				張大才		
萬曆三十一年癸卯科	劉大知					
萬曆四十年壬子科	母槐慶					
萬曆四十五年丁巳科					于登仕	
天啓四年甲子科	賈允迪					
崇禎三年庚午科	張夙抱					
崇禎四年辛未科		賈允迪				
崇禎九年丙子科	張國士 袁　銘					
崇禎十六年癸未科		張夙抱				
明代科分無考	王登輔		王振武 楊國楚 張鵬翼 張鵬鳴 趙拱極 母永慶 李攀桂 李國弼 林有勳 蔣克明 丁景華 薛維翰 王思立 蔣克進 孫克纘 宋聯芳 林中元 任文煌 李敬魯 李祖續 任光祖 魯明任 劉振武 胡定國 崔國彥 呂　斌 周天命	崔國彥 呂　斌	楊接完 劉獻可		
順治二年乙酉科	賈廷奭				母光孝	

順治三年丙戌科					王顯謨	
順治五年戊子科	朱承命					
順治六年己丑科		賈廷奭 朱承命				
順治八年辛卯科	吳愚公				張鳴陽	
順治十一年甲午科	孟宗舜 王逢五 張人瑞		徐天爵 劉滕鳳		變枝茂	
順治十四年丁酉科	張士紳 張奇抱					
順治十五年戊戌科		張奇抱				
順治十六年己亥恩科		孟宗舜				
順治十七年庚子科						變枝茂
康熙年間科分無考			張國柱 漆生色 張　瑜 王弘恩 林中桂 李　芬 楊起渭 母世棟			
康熙五年丙午科	沈支炳		梅開甲 張逢源 孫　昶 婁拱朝			
康熙六年丁未科				王　宸 張文明		
康熙九年庚戌科				高宗謹		
康熙十一年壬子科	袁　任 徐德含		崔榮祖 章孔祿 張爾煜			
康熙十四年乙卯科	龐爾熙		吳　珍			陳　拱
康熙十五年丙辰科		沈支炳		崔榮祖		
康熙二十年辛酉科	張麟生 楊文炳					
康熙二十四年乙丑科		張麟生				
康熙二十五年丙寅科					朱同邑	

康熙二十六年丁卯科	倪元亮		靳家軾		
康熙二十九年丙午科	張廷銓				
康熙三十二年癸酉科	丁　檟		翟天予		
康熙三十八年己卯科	朱同邑				
康熙四十七年戊子科	欒　泓 周人龍				
康熙四十八年己丑科		周人龍			
康熙五十年辛卯科	李廷傑				于宗翰
康熙五十二年癸巳恩科	張　罍 張麟趾 朱　錡		劉思禮		
康熙五十三年甲午科	張光第		孫　鎮		夏良璧
康熙五十四年乙未科			張爾煜		
康熙五十六年丁酉科	梁　濩 王　誼 尹士奇				
康熙五十九年庚子科	王又樸 邢　琰 翟　淵 靳　連 張天奏				
雍正元年癸卯恩科	孫嘉倖	王又樸	周　植	沈弘模	
雍正二年甲辰補行癸卯正科	于　模 曾　淳 喬　岩 朱培慶	張　罍	王　宸		李應斗
雍正四年丙午科	金　相 沈宏謨 王廷瑤 周人驥		張文明		姜　森
雍正五年丁未科		周人驥 金　相			
雍正七年己酉科	朱嘉善 黃　祐 陳定國		高宗謹 胡　彬 魏　耀	劉　溶 陳廷訓	牛　琳 金尚炳
雍正十年壬子科	劉振家 王三命		王元勳 鄧允斌		呂　泰

			耿雲龍 崔裕德			
雍正十一年癸丑科			崔裕德			
雍正十三年乙卯科	姜森 李玘 楊淋 顧弼 陸維藩 呂泰 周思馮 凌景泰		王啓明 崔裕民 劉炳 劉貞 李昫 韓錡	周焯 顧弼 凌景泰 荀佐	邵滋	
乾隆年間科分無考			許宗奕			
乾隆元年丙辰恩科	崔柏齡 王緯 江鯤 牛琳 趙成 張鳳翥 王進	朱嘉善	金國英 方勇 趙紳	韓錡		
乾隆二年丁巳恩科		牛琳				
乾隆三年戊午科	于豹文 黃復琬 周人麒 靳世菁 張文運 金尚炳		趙維 韓大中 金鼇 臧大智 郭鵬年 李燮 王星煜 章苞		丁超 王純楷 金	
乾隆四年己未科		張文運 沈宏模 王緯 周人驥		章紳 李煦		
乾隆六年辛酉科	任璋 邢雲龍 周人鵬 蕭湘 章永清 李成位 徐國松 蕭連芳 沈採		李經世 張坰 賈培基 鄭聿書		郎佐 于楠 郭世璨 王淵	高僖 孫顏
乾隆七年壬戌科				俞金鼇 章維		

乾隆九年甲子科	丁時顯 周　鑒 馬世傑 李汝霖 姚文坤 呂維相 趙成祖 婁　傑 沈長仁 王元聲		關　哲 李　溶		
乾隆十年乙丑科		丁時顯		李經世	
乾隆十二年丁卯科	劉　愉 田　懋 張　彨 張玉階 顧元浩 解秉智 陳仰曾		鄭奎光 馬　夔 張天成 李　闓 朱世奇 尉立相		高　緒
乾隆十三年戊辰科		張玉楷		許宗奕	
乾隆十五年庚午科	徐應熙 朱　瑗 汪　丹 黃元燮 金世熊 高　淳 周隆謙 朱　基 徐　坦 于惠允 張光啓 趙　翼 楊敬書		王　桂 朱葵邱 貝開基 閻振強		
乾隆十六年辛未科		周隆謙		鄭奎光	
乾隆十七年壬申恩科	李　湜 呂維勳 徐汝槐 于汝照 孟永祐 王　埏 孫　顏 高　睕 李　畹 惲廷森	于豹文			楊伯壎 祝其玉

乾隆十八年癸酉科	馮璋 孟永光 韓裔 張湘 查善長 王雲書 楊鳴鐸 王開伯 祝其玉		金國端 李鉞 鄭肇元		路作 章錦 楊殿魁	王繩祖 路孚	
乾隆十九年甲戌科		張湘 王開伯 查善長					
乾隆二十一年丙子科	郭世玉 黃印 李玉藻 鄭熊佳 趙仲英 楊伯壎 沈朝清 朱申慶 路作 沈灝 魏泰 路昌 鄭世勳 沈鶴來 袁治 顧心鑒		王國瑜 周文蔚 劉人鵬 王有德 丁萬齡 鄭必成 韓大夏 姚廷謨 李廷玉 武旭 王元淳 王虎臣			金勇 孫顯 趙崇嘏 鄭世超	
乾隆二十二年丁丑科		解秉智					
乾隆二十四年己卯科	王祿朋 金思誠 孟起 黃復堅 趙季春 董岱 姜廷炳 李遂 劉珰 馮高琇 朱恒慶		張鋐 李鏻 蕭發 金增 劉廷璽 陳鎬 關振英 張錫綬 馮元凱 金坦 鄭從典 張兆熊			路孚 張景煜 婁文組	
乾隆二十五年庚辰恩科	紹瀚 陳風 陳禮 高喆	鄭熊佳		王元淳 王有德		邵維賢	

	王希曾 于峩文 牛文山					
乾隆二十六年辛巳恩科		劉琯 高喆 馮高琇				
乾隆二十七年壬午科	殷希文 齊嘉孚 王學海 路孚 紹玉清 紹維賢		楊秉鉞 龔國棟 郭廷揚 胡潤 欒立敬 王錦 龔漢齡 章槩 潘大經 胡淳			
乾隆二十八年癸未科				金坦		
乾隆三十年乙酉科	丁開基 張步瀛 吳人驥 牛稔文		臧超 張恩綸 汪錞 許世昌		朱晉 牛稔文 陳章	張奇毓 卜維吉 徐瀾
乾隆三十一年丙戌科		吳人驥		許世昌 張鋐		
乾隆三十三年戊子科	楊輝祖 金思義 張虎拜 項朱 馮際盛 紹利達 張奇毓 卜維吉 陳蕙言 沈以顯 洪道濟 陳詠 查奕俊 杜紹基		臧道隆			趙大綸 孫洪勳
乾隆三十四年己丑科		張虎拜 王祿朋		龔漢齡		
乾隆三十五年庚寅恩科	周光裕 徐瀾 章錦 張清漣		元璞 汪靜源 孟永泰 崔元鼇			裴振 顧贊

		王嵩齡 郭振華 秦 棚 查世俢		陳世泰 張世奎 龔 鐸 石 勇 黃廷輔					
乾隆三十六年辛卯科		孫有章 王 肇 佟大有 韓宜調 靳登聯 郭履元 高克三 繆 琪		張 淳 張中吉 俞丕顯 高雲龍 元 理 方永治		張 洪 龔 鐸 余 淮		江中和 諸崇年 魏近思	
乾隆三十七年壬辰科						張世奎			
乾隆三十九年甲午科		朱有慶 趙崇煆 徐 輝 曹召南 裴 振 孫芳齡 郭 進		方永寧 張 銳 沈大璋 元 琯 邵文瀚 武映魁 靳登瀛				劉 訓 賈 鼇 沈 峻 楊廷瑛 汪靜匯	
乾隆四十年乙未科			朱恒慶 裴 振 繆 琪			石 勇			
乾隆四十二年丁酉科		王有年 馬德驤 朱兆慶 孫 鳳 張梓蔭 黃際泰 汪靜匯 陳居敬 徐汝瀾 曹步青 劉象峀 楊廷瑛 查維城 宋思恭 陳 鉅		李 勇 張 彪 張恩隆 鄭清泰 黃元升 王起運 雲天彪 石 超			鄒日誠 楊秉鏞 元 機 宋思恭	劉向華	
乾隆四十三年戊戌科			王嵩齡			張 彪 俞丕顯			
乾隆四十四年己亥恩科		梁 佐 葉際春 湯承功		龔 銘				金 坤	

	王　狃 翟夢麟 姚永年 杜　申 齊嘉紹						
乾隆四十五年庚子科	黃承彥 朱光覲 馮　智 華　蘭 孫　鉽 李玉溪 李　炎 孫　僅 王廷弼	徐　瀾 徐汝瀾	張世恩 金　城 施漢德 劉衝霄			沈　嶧 徐　漢 田可耕	
乾隆四十六年辛丑科		金思義 姚逢年					
乾隆四十八年癸卯科	任　棟 朱　書 王永齡 解秉彝 欒立本 房寶樹 查　彬		龔世雄 侯肇安 李　振 蕭　翰			徐　炌	
乾隆四十九年甲辰科		邵玉清 查　彬		劉衝霄			
乾隆五十一年丙午科	張崇質 牛　坤 徐通復 陳和敬 陳敬思 張國辰 賈　鼇 楊壽昌 王天爵 張　楷 沈　嶧		曹景素 呂定平 范紹承			孟廷玢 張樹之 樊宗浩 樊宗清 董啓祥	
乾隆五十三年戊申預行正科	張樹之 王　槐 董啓祥 郭　錫 胡秉忠 焦景新 孫紹康 趙治平		張際芳 郭際泰 尹廷柱 張紹甲 張　球 張元善 陳鶴年			梁承勳 崔嘉桂 蔣　午	

	解道倬 楊一昆 毛時豐 徐　煊 張玉懷					
乾隆五十四年己酉恩科	楊毓錦 杜華琮 韓　理 王　鉅 劉　焜 金　甌 閻大智 韓大鯨 宋文彬		張兆元		汪富寧 張　靖 楊毓錦	
乾隆五十五年庚戌恩科		齊嘉紹				
乾隆五十七年壬子科	殷秉鏞 徐　炘 張兆齡 沈樂善 李　果 葉夢元 沈士煋 金紹驥		顧永慶 石元龍 劉　浩 郭長清			
乾隆五十九年甲寅恩科	王用享 崔嘉桂 解道峻 張懋修 陶元第 黃　綏 董調元 王萬齡 徐通泰 周大矗 朱　燾 姜克寧 邵　棻		沈毓德 臧治平 武勇莊 吳永泰 邵長寧 曾　岩 石元璞 李秉禮 王壽朋 蕭　翊		黃成章 解秉巽	曹貽桂
乾隆六十年乙卯恩科	劉　楫 郝延年 孔純熙 王　暾 徐通久 張兆第 李　棻 陳夢卜	沈樂善	李　斌 吳必泰 胡大年 俞繼祖 李長泰 方第元 于萬年 石元瑛		李　源 劉　樟 張紹廷 閻士卓	

	王蘭佩		張琛 王澤多 胡世恩 曾容 胡永清			
嘉慶年間科分無考			王鴻儀 王槐午 徐勇			
嘉慶元年丙辰恩科		金甌				
嘉慶三年戊午科	孟廷玢 劉元俊 黃成章 繆共球 徐漢 陸樟 田敏耕 戴凌雲 白嘉謨		王治平 范紹隆 郭澄 孫悅 李成德			張錦輝 吳彰
嘉慶四年己未科		沈士煋 牛坤		胡世恩		
嘉慶五年庚申恩科	徐柬禮 蘇陸松 邵桓 楊恒占 解道顯 劉奕華 王進翰 李長清 吳彰 梅成棟 毛潚		臧治平 楊大鵬 劉德澄			王天錫
嘉慶六年辛酉科	葉夢蘭 金開第 邵傑 趙家藩 汪富寧 汪桂五 王有慶 張紹庭 張錦輝	焦景新	陳爌	王鴻儀 王槐午	李房浹 齊壽平 齊大年	沈毓昆 李垌
嘉慶七年壬戌科		葉際春 陸樟		劉德澄 石元瑛 曾桂		

嘉慶九年甲子科	項逢堯 于　芳 曹　泳 柴文江 陶運和 黃新泰 張映暐 湯　堃 孫紹登 方人龍 郭志清 范廷懋		沈維雄 雲中鵬		鄭思齊	
嘉慶十年乙丑科		郭志青				
嘉慶十二年丁卯科	劉廷華 于爲鈺 唐　銓 陳其蘊 王掌絲 華長震 張　岩 繆共學		俞萬年 石寶慶 張　銳		王　權 張春臺 李珠光 婁榮桂	
嘉慶十三年戊辰恩科	高仰之 王天錫 李珠光 張玉山 齊　棟 齊承厚 王鳳羴 唐維禎 張紹齡 汪　彭 寧鷺賓	郝延年 陶運和	石寶善 韓慶元		齊保傅 李房浹 畢元勳	
嘉慶十四年己巳恩克			石寶慶			
嘉慶十五年庚午科	楊恩培 胡兆麟 王履謙 朱式璟 張廷贊 葉文鏡 李家麒 梁寶常 汪輯瑞 劉光第 李于庚		李元慶		馮相棻 陳嘉謨 王大淮	

	劉廷璐 沈兆沄			
嘉慶十六年辛未科		王履謙 王鳳翥 楊恒占	張　銳 徐　勇 雲中鵬	
嘉慶十八年癸酉科	朱　棠 于　堂 任士謙 高　潮 牛　銓 張春臺 張壽昌 趙恩榮	張菁英 梅成林 金殿鼇 李毓清 姚占鼇 霍　鋐	李　涵 鄒鳴岡 劉佩蘅	吳景周
嘉慶十九年甲戌科		任士謙		
嘉慶二十一年丙子科	徐　煜 郭大鼇 華　典 李和春 張緒曾 李士玉 胡裕昆 湯樹榆	張壽平	張鳳詔 張師益	
嘉慶二十二年丁丑科		沈兆沄 金開第		
嘉慶二十三年戊寅恩科	任鴻賓 徐金度 韓大信 李雲章 高中正 王景尊 樊　椿 張華選 任大醇 張希樸 惲受章 陸東啓 柴文富	馬奪標	劉佩蘅 陳際清	
嘉慶二十四年己卯科	劉　錞 劉恩慶 李　楫 潘兆安 李　昀 邵　燾	韓大信 王天錫	吳　雙	邵邦傑 黃紹濂

嘉慶二十五年庚辰科		劉恩慶			
道光元年辛巳恩科	王廷棻 馮　翰 趙作賓 車來賢 郝　善 詹秉銳 徐一彥 華玉墀 王　枚 劉　晃		王恩溥 劉元第 王虎臣		繆長發 劉龍光 于元英 馬俊元 張鳳輝
道光二年壬午正科	王者賓 馮相芝 王兆霖 張開鑂 元　烺 李　涵 孫見曾 姚承恩 謝長泰 陳紹驥 徐　埕 徐　瑋 徐大鏞 陳其昌 魏席珍	張春臺	魯玉恩 徐相堯		殷秉欽 邵邦平
道光三年癸未科		郝　善 劉　錞 梁寶常 王用賓 張映暐			
道光五年乙酉科	沈維鈺 陳際清 劉慶元 曾硯貽 李雲楣 吳士俊 陸　桓 張　恕 金　鎔		王　堃 王毓清 張維垣 黃輯五	華　理 陳世熙 王景錫	邵邦傑	高符清
道光八年戊子科	張鶴緣 金　鋏 齊承彥 徐春鐸		蕭桂蔭 楊壽昌 張壽寶		王景銓

	徐文煐 劉光國					
道光九年己丑科		朱式璟				
道光十一年辛卯恩科	吳惠元 殷家霖 王步雲 丁運樞 吳起元 徐界青 汪嗣緒 王治安 高蘭階 孟鳳來 華長懋		馬滕蛟		邵邦平	
道光十二年壬辰科	何　煜 趙香森 李怡慶 徐廉鍔 郭世昌 馮向榮 姚承豐 王壽朋 陳兆驤 解開祥 費蔭樟 陸光錫 葉匯芳 鄭輝堂	劉光第	孫開甲		郭紹庭	
道光十三年癸巳補行正科		鄭輝堂 姚承恩 吳士俊 樊　椿				
道光十四年甲午科	陳曾慶 劉文華 徐如鈺 王汝霖 李瑞章 雲輝祖 吳振元 黃景芳 韓兆齡 朱續昌 于壯圖 劉鳳喈		李恩慶 左廷梁		張　灝	賀兆魁 郭象晉

道光十五年乙未恩科	孫　勃 胡士彥 田　彬 孫兆燕 殷序之 陳　椿	費蔭樟	李壽春 余萬青			王汝湄	
道光十六年丙申恩科		徐廉鍔					
道光十七年丁酉科	李宗城 趙克昌 于士琦 張德潤 查世勵		趙　漣 張秉銳 藍恩重 張育英 樊景彪		焦有霖 焦有霆 閻履方 蕭承廕	張書紳 鄭士榮	朱士斌
道光十九年己亥預行正科	閻履方 胡承勳 陳　鏡 姚學英 姚學彥 胡　倎 喬聯璧 馮柏年 郭師泰 孫　鎮 焦有霖 任　漳 鍾恩毓 焦有霆 楊雲棟		咎金甲 李連甲 孫得甲 孫廷標 張　漢 郭雲龍 石元愷 蔡連中 劉兆魁				
道光二十年庚子恩科	華長忠 李燕桂 蘇　澍 于光泰		溫啓良	藍恩重 李壽春 趙　漣		葉汝堂 王廷棟 劉景方	

表7　明清靜海縣科舉成果表〔註8〕

時　　　　　間	舉　人	進　士	武舉人	武進士	副　貢	拔　貢	歲　　　貢
洪武六年癸丑科	鄭文友						杜宗美　彭　用
永樂十五年丁酉科	畢　顯 何　圖						張　宸　宋　昌 楊　薦　劉　進 孫自明　岳　順
永樂十八年庚子科	李　獻						韓　獻　李　瑞

〔註 8〕　資料來源：（光緒）《重修天津府志》；（光緒）《順天府志》；（民國）《靜海縣志》等。

永樂二十一年癸卯科	孟　春					
宣德四年乙酉科	劉　演					
宣德七年壬子科	王　鍾					
正統九年甲子科	陳　升					
正統十二年丁卯科	盧　珂					
景泰四年癸酉科	李　廣					
景泰七年丙子科	王　廷					
成化元年乙酉科	陳　鎏 閻　琮 陳　鎜					
成化四年戊子科	柴　哲					
成化七年辛卯科	徐　楚					
成化二十二年丙午科	王　佐					
弘治十一年戊午科	宋　鎧					
弘治十二年己未科		宋　鎧				
正德五年庚午科	鄭　氣					
正德八年癸酉科	宋　沂					
正德九年甲戌科		鄭　氣				
正德十二年丁丑科		宋　沂				
嘉靖四年乙酉科	陳　耀					
嘉靖五年丙戌科		陳　耀				
嘉靖十三年甲午科	劉　曇					
嘉靖十九年庚子科	蕭汝默					
嘉靖二十二年癸卯科	邱　岱 齊　魯					
嘉靖二十六年丁未科		蕭汝默				
嘉靖三十一年壬子科	于　木					
嘉靖三十七年戊午科	張　簡					
隆慶二年戊辰科		張　簡				
隆慶四年庚午科	蕭應禎					

李　政　李志芳
于　鑒　劉　慶
何　黼　張　闕
張　亨　張　顯
杜　欽　李　愷
朱　瓚　岳　振
李繼先　周　鳳
杜　暹　尙　達
曹　禮　陳　鑾
孫　灝　李文奎
劉　玉　徐　瀛
張　信　岳　淵
鄭　□　李　澄
郝　勳　陳　恭
張　玹　劉　琮
宮　岫　李文英
李　訓　胥　庶
史　信　吳　逵
劉　寧　張　璣
張　坤　李　璠
劉　棟　李文淵
楊　鑌　鄭　安
李　振　齊　隆
徐　松　周　涇
東時泰　李鳳陽
于　乾　王應宿
呂　昂　于道昌
鄭時泰　陳　炫
宋　湜　徐　枏
郭　鍍　張權王
德　純　于天錫
于道隆　鄭廣居
宋　溱　張鳳沖
張　范　張應熊
劉光節　胡　純
胡　鐵　于道行
陳　焯　馬從賢
王德恩　劉　泮
岳　芳　于　奎
張汝節　蕭汝愼
劉昌齡　施素貴
馬汝麒　杜時遷
宋　柘　賈一眞
馬邦翰　蕭汝爲
胡繼先　董庭範
曹承允　門　沂
李紹芝　劉永吉

萬曆元年癸酉科	李梯 張拱辰				張燃 宋變 張萬善	張其美 鄭一桂 劉洛 李桂蕃 胡序 董繼舒 馬維新 李含春 杜憲 薛廷機 李奎蘊 王昂 王昺 蕭汝器 王尚賢 楊策 鄭謨 何樸 王官 鄭仙 李瑜 陳莊 鄭佩 蕭應旌 陳遇堯 何延年 鄭邦本 張邦綸 董嘉善 胡名世 李煐 胡名臣 王之旗 郭有望 強可振 高汝錡	于學古 李時元 蕭正心 胡心正 張養修 王應旄 杜寧 郭履禮 高攀桂 鄭履中 邢完 張克民 鄭際昌 蕭汝翼 王九容 高萬仞 陳柔 鄭訓 何樞 于岑 高萬億 楊應薦 姚鵬 李桂森 鄭國珍 張邦紀 蕭應龍 張鍾 劉有餘 李灼 蕭正位 鉉樞 劉日心 馬士琦 劉文灼
萬曆十年壬午科	張養正 杜宸	李寅 李宸					
萬曆十三年乙酉科		李桂菁					
萬曆十四年戊子科		于增					
萬曆十九年辛卯科	董心印						
萬曆二十八年庚子科	邊維新						
萬曆四十三年乙卯科	李佳胤						
萬曆四十六年戊午科	鉉默						
萬曆四十七年己未科		鉉默					
泰昌元年庚申科					董心傳		
天啟元年辛酉科	宮繼孝				王士琦		
天啟四年甲子科	王正志						
天啟七年丁卯科	高爾儼	劉鶴鳴					
崇禎元年戊辰科		王正志			高攀龍		
崇禎三年庚午科		李世銓					
崇禎八年乙亥科					張士祿		
崇禎九年丙子科	邊之韓						
崇禎十年丁丑科		宮繼蘭					
崇禎十二年己卯科	郭允昌 任昌祚 高爾憲						
崇禎十三年庚辰科		高爾儼					
崇禎十六年癸未科		宮偉鏐					
明代年份無考							
順治元年甲申科					蕭賦穎	高爾承 高爾易 李元鼎 郭三祝 胡延 陳所抱 楊晃 于吉士	高爾壯 張憲祖 李奎藻 鉉儀 杜依中 蕭正基 閻應極 邊慎
順治二年乙酉科	董嗣舒	鉉鑣			蕭正斑		
順治三年丙戌科	蕭賦穎 高爾修 劉文翰	任昌祚					
順治五年戊子科					鄭振聲		

順治六年己丑科		高爾修				
順治八年辛卯科	高恒懋					張萬仞
順治十一年甲午科	李枝長		劉渡		宮開宗	董積厚
順治十三年甲午科						
順治十四年丁酉科	繆邦達					
順治十五年戊戌科		李枝長				
順治十六年己亥恩科		高恒懋				
順治十八年辛丑科						范樹澤
康熙五年丙午科	龔宜生		楊賚			
康熙八年己酉科	鉉今升 宮夢仁 邊憬		李培 劉標			
康熙十一年壬子科			高呈祥			周光鼎
康熙十二年癸丑科		宮夢仁				
康熙十四年乙卯科			元湜 元茂源			高恒慕
康熙十五年丙辰科				李培		
康熙十七年戊午科	王嘉樂		張寅凱 張持世			
康熙二十年辛酉科	張名世		張寅傑			
康熙二十五年丙寅科						高荀英
康熙二十六年丁卯科	齊承嗣 牛天宿		王璧 蕭堯年 陳恭			
康熙二十七年戊辰科				蕭堯年		
康熙三十二年癸酉科	李瑨		元穎		蕭琦	
康熙三十五年丙子科	宮懋言 宮之望		張泰墀 蕭繩美	張泰墀		
康熙三十八年己卯科	宮夢元 勵廷儀		蕭士彥			毛起鴻
康熙三十九年庚辰科		勵廷儀				
康熙四十一年壬午科	高緝顯 毛起鴻		宮夢熊			

杜其旋	邊　懷
閻基業	張襄宸
于　璨	毛起鳳
郭　觀	邊　祺
任之岳	張元柳
元　洙	任作乂
郭　瑛	李若絳
孫天木	周世法
劉　鑒	周世則
于　开	劉　坦
喬秉義	蕭日蕃
王魯傳	王元振
張　鑒	任志觀
王不黨	高恒升
王翼聖	元長源
王良模	蕭士瑀
郭大興	蕭　福
王王賓	李　溥
王　謀	蕭景衡
郭履中	蕭雲儀
李　澎	李樹葵
薛兆霖	薛　堂
張　漢	李　洞
岳慶聞	岳全美
高緝正	高緝廉
高荀玉	高荀淑
高澤瀟	王　搢
高廷立	高華年
元文成	元巨源
李樹華	杜時遷
杜敬正	杜　雯
杜正灼	杜文鑒
杜文宗	邊企凝
邊若嶧	邊若墉
邊復宗	邊朝陞
牛元穎	牛元宋
牛元蕙	蕭繼恒
蕭育岵	袁世德
馬國援	劉　鑰
劉夢熊	劉貞厚
劉徵明	劉　峻
劉嵩年	劉萬足
李桂芳	張　洪
張桂蕊	張　炳
張如宸	李文運
元展成	杜寅邊
若　嵩	牛曾恕

康熙四十二年癸未科		宮懋言 牛天宿		宮夢熊		
康熙四十四年乙酉科	宮鴻歷 高荀僑 高澤弘		胡嘉訒			
康熙四十五年丙戌科		宮鴻歷				
康熙四十七年戊子科	牛天曜 宮懋諒 宮應蛟		劉祖堯			
康熙四十八年己丑科		高緝顥				宮昌宗
康熙五十年辛卯科	張志華					
康熙五十一年壬辰科		高澤弘				
康熙五十二年癸巳恩科	張展成 宮雍 邊煥彩		蕭緝美			
康熙五十三年甲午科	牛思任 高澤深					
康熙五十四年乙未科		宮雍 牛思仁 高荀僑				
康熙五十六年丁酉科	于凝祺 蕭九鼎 宮耀亮 任懿					
康熙五十九年庚子科	勵宗萬					
康熙六十年辛丑科		勵宗萬				
雍正元年癸卯恩科			胡明顯 元鑣			齊士元
雍正二年甲辰補行癸卯正科	張鑾 高荀銘 高澤敘	于凝祺		徐大經		元玉衡
雍正七年己酉科	高荀鑒 元克寬 元克濬 勵宗兆				牛天垣 牛思永	
雍正十年壬子科	邊源溥 毛時敏 牛天垣					

右欄名錄：

元鳳山	劉聖源
楊永振	張錡
牛廣宣	高振言
高相	薛義
薛謙益	薛謙光
薛懷琮	張汝莊
張耀採	侯元靖
劉起鵬	劉有鵬
李永坦	薛鵬翥
張華孫	閻毓奇
杜亦臨	蕭巨槐
李九疇	牛積麟
蕭克紹	杜亦簡
趙儲	魯柄
邢時僩	王乾齡
袁僴	陳琯
劉封恕	岳桂林
牛積中	高桂芳
王永慶	劉學敬
劉珍	王者聘
劉鍾凱	邊森
于立容	高曾庾
張玉琨	張植棻
張繡廷	柳殿培
侯受坤	朱耀奎
胡攸寧	于俊卿
李遇春	高恒晉
高恒萃	高恒慕
高澤凝	高振寰
高廷譔	高澤萊
鄭詔	元兆良
元昱	鄭論
李廷柱	李丕基
岳松齡	岳永齡
呂飛九	呂宮選
呂端	呂靖共
王國俊	王鼎
岳振魁	姜元士
岳霈元	呂澤清
姚文龍	呂書屏
姚文騏	沈雁飛
陳立政	劉夢蘭
張步雲	侯廷傑
李恩綬	鄭富年
岳鑄元	岳汝愚
岳汝爲	岳廷珩
	岳元檝

雍正十三年乙卯科	范之齊 高荀邁 佟大任			牛思凝	張廩
乾隆元年丙辰恩科	牛思凝 牛允靖 邊源深			王麟	
乾隆三年戊午科	張琮珥 元克莊 張遠 邊培運 張寅凱				王士奇
乾隆六年辛酉科	元克中 張寅捷 張樹恭				元釗
乾隆九年甲子科	勵守謙 蕭育璋 李日端 高澤泗				
乾隆七年壬戌科		高荀邁 佟大任			
乾隆九年甲子科			蕭爲梁		
乾隆十年乙丑科		勵守謙 牛思凝			
乾隆十二年丁卯科	王僧凱 張宗榜				劉琮
乾隆十三年戊辰科		李日端			
乾隆十五年庚午科	袁浩 李樹蔭				
乾隆十七年壬申恩科	蕭克明			高澤說	
乾隆十八年癸酉科	張永祥 蕭育岐				張永祥
乾隆二十一年丙子科	蕭繩美			施德寧	
乾隆二十二年丁丑科		王僧凱 張永祥			
乾隆二十四年己卯科	蕭世彥 袁正己				
乾隆二十五年庚辰恩科	李思燾 杜耕雲		蕭爲聰		

張瑞芝　寶寶森
王言績　劉謙吉
劉培珣　陳汝梅
陳家駿　趙魯泉
張爾常　張爾贊
寶際雲　王作睹
董岳山　邊日懋
楊英　　董嘉賓
董秋芳　元柏森
于廷獻　閻棻
王企哲　王之宰
李新萼　李含
李長齡　李大木
李滋木　李清驤
任逸之　高崑
元希樾　元恩詔
高元鯤　高明
姜雨暄　任壽祺
張允明　李春城
朱衣繡　姜可欽
朱衣德　高煌
侯舜申　王採融
鄭金銘

乾隆二十七年壬午科	李樹萱				
乾隆三十年乙酉科	元日鼎 邊夢珠				元振釆
乾隆三十三年戊子科	張俊民 元振釆		趙中黃		
乾隆三十五年庚寅恩科	牛曾慶 牛曾受 邊夢璘 李樹葆				
乾隆三十六年辛卯正科	牛曾若 程爲鈺 張蚤譽		元 瑛		
乾隆三十七年壬辰科			朱善世		
乾隆三十九年甲午科	劉 □ 成 □			張德潛	
乾隆四十二年丁酉科			丁治平		南德謙
乾隆四十四年己亥恩科	牛曾承 劉起萱 高兆培 李 堂				
乾隆四十五年庚子正科	郭長齡	袁正己	丁蔭槐	杜 建	
乾隆四十八年癸卯科	杜 剛 元 同 李照書 戴介眉 張鳴鐸 楊發閭			蕭克勤	
乾隆五十一年丙午科	劉槐棫				
乾隆五十三年戊申科			姜玉堂 姜肯堂 蕭 琪		
乾隆五十四年己酉恩科	高澤闓 劉珠連	劉槐棫	蕭世寧 朱善治 侯元泰		李 煌
乾隆五十七年壬子科	岳升聞 元在功		朱善世		
乾隆五十九年甲寅恩科	高廷法 楊發祥		李允適		

	張藻龍 施德寧			
乾隆六十年乙卯正科	任德裕 秦步瀛		岳振英 高廷楊 邊夢喆	邊世統
嘉慶元年丙辰恩科		劉　□		
嘉慶三年戊午科	蕭克順 薛日連 佟衍疇 高曾彥 倪　竑			
嘉慶四年己未科		杜　剛 倪　竑		
嘉慶五年庚申恩科	邊紉蘭 張調元 陳　靖 程允莊		李允超	王國光
嘉慶六年辛酉科			侯清泰		朱寶善
嘉慶九年甲子科	李士偉 李允樹 牛曾詔 岳振清			
嘉慶十二年丁卯科	張夢蓮 張丰採 劉槐森			
嘉慶十三年戊辰恩科	南宮璨 牛廣士	元在功	于　淮 林樹玕	
嘉慶十五年庚午科	蕭世照			
嘉慶十八年癸酉科			王　漢		袁世芳
嘉慶十九年甲戌科		張夢蓮		
嘉慶二十一年丙子科	唐淑世 張光緒		李兆熊 邊冠瀛 羅德珍	
嘉慶二十三年戊寅恩科	邊齊賢			鄭廉善
嘉慶二十四年己卯正科	陳　觀		邊清泰 張國泰	
道光元年辛巳恩科	孫煥翔			佟禹功

道光二年壬午正科	王鳳銜 蕭寶善 元維愷		王兆元 侯毓瑛		牛昌籙	
道光五年乙酉科	鄭廉善 元維熹 佟禹功		呂日豐			蕭鹿蘋
道光八年戊子科	薛鍾兗					
道光十一年辛卯科					陳寶訥	
道光十二年壬辰科	宋恒山 李金塘		李連甲 車毓楨			
道光十四年甲午科	岳憑環					
道光十五年乙未恩科	張大壯 韓應絨 孫東亭		王兆甲			
道光十七年丁酉科	魯　炳				元維傑	杜麟孫
道光十九年己亥科			張錫慶 朱福多 張經邦			
道光二十年庚子恩科	谷澤山					

表8　明清薊州科舉成果表 〔註9〕

時　　間	舉　人	進　士	歲　　貢		恩　貢	例　貢	拔　貢
明代					郭　極	何希文 李景顏 陳　鑑 蔡　瑚 趙作梓 劉　璽 李元禮 丁士萬 何　鈞 何　鐸 王友皋 王友夔 劉慶賜 趙廷珇 趙憲復	
洪武間年份未詳			安　或 高維岳 張　衡	王　杲 馬　馴			
永樂二十一年癸卯科	郭　謙 張　勉						
永樂間年份未詳			賈　忠 李　衡 吳　羿 唐　敬 張　璡 楊　玘 賈　輔	史縉看 劉賢 王鋼 秦定 潘厚 馬良 米黍			

〔註9〕　資料來源：（光緒）《順天府志》；（民國）《薊縣志》；《畿輔通志》等。

	蕭路 馬張 劉伍 王楊 杜魏 孫田 張孟　煥澄 庚敬 寬文 誠鐸 豫斌 強芳 政春　賈張 遜張 潘盧 劉劉 李李 周孫 劉　智讓 達能 貴整 端海 端眞 禮謙 觀　楊芸 王維棋 王抒桂 王友甫 李增 蔡日新 蒙國舉 王家驪 王毓崑 周堃 王汝煥 王潤文 郭盛文
宣德間年份未詳	信恕 周郎 順義著 李田王
正統六年辛酉科	張昇 崔富 陳禧
正統九年甲子科	王容
正統十二年丁卯科	秦玘
正統間年份未詳	鑑迪昂勉驤　劉潘劉吳馬　寧素英昂瓚斌　高李陳李梁路
景泰元年庚午科	陳志 康定 錢俊 龐勝 王晃
景泰四年癸酉科	錢源 楊銓 梁善 敦信
景泰五年甲戌科	秦玘 錢俊 錢源
景泰七年丙子科	薛恭 劉璉

景泰間年份未詳			張慤、敦厚、丁毅、孟達、黃整、劉玉、秦鋼、邵睿		
天順元年丁丑科		龐勝、王冕			
天順四年己卯科	劉鑑				
天順六年壬午科	毛倫				
天順間年份未詳			陳紀、蘭裔、李芳、白能、郎俊、胡端、張紳、逸勝、馬讓、陳敏、賈斌、崔能、王博、郭榮、劉明、楊永		
成化元年乙酉科	王麒				
成化二年丙戌科		薛恭			
成化四年戊子科	崔昂、李達、劉聰				
成化十年甲午科	王忻、王鷺				
成化十一年乙未科		毛倫			
成化十三年丁酉科	劉文奎、蕭瓛、史俊、徐用				
成化十四年戊戌科		劉聰、史俊			
成化十六年庚子科	許鏞				
成化十九年癸卯科	歐信、燕忠、張賓				
成化二十二年甲辰科		歐信、燕忠			
成化間年份未詳			李厚、張禮、錢恭、賈瑄、潘瑛、路鐸		

			劉田高吳張李邦紀王崔　浩璽玉榮祥彦善端淮　李陳張李張陳彭錢潘　口善紀和鵬鷃效達宣		
弘治二年己酉科	劉麒				
弘治五年壬子科	劉思恭				
弘治八年乙卯科	李倫　何南				
弘治十一年戊午科	毛應時　張麒				
弘治十四年辛酉科	李莊　崔晃　李文淵				
弘治十七年甲子科	楊臣　家文慶				
弘治間年份未詳			崔范劉李尹張王　岳斌鈺文宣昂憲　張王張歐尹李陳文儀　紀玘珝倫銘儒		
正德二年丁卯科	歐弘憙　潘允徵　李清　康世臣　朱昭				
正德五年庚午科	潘潤				
正德六年辛未科		康世臣			
正德八年癸酉科	崔銳				
正德九年甲戌科		李莊　朱昭　張濂			
正德十一年丙子科	于喬　王朝用				

正德十四年己卯科	賀　惠 余　昇			
正德間年份未詳			陳　欽　　賈　祐 張守直　　鄭　重 曹　璜　　王時和 歐宏毅　　紀　功 張世臣　　王　麟 李時暘　　潘　鼐 賈　岱　　紀　善 李應時　　劉文璧 劉　海　　逯　佐 錢　恩　　崔　愷 崔　瀚　　歐宏達 馬　序　　王　澤 李敏暘　　王　鳳 張文卿　　劉文林 李　敬　　尹　輔	
嘉靖二年癸未科		余　昇 屠應坤		
嘉靖四年乙酉科	歐思誠			
嘉靖七年戊子科	歐思賢 李　奇 步天衢			
嘉靖八年己丑科		歐思誠		
嘉靖十三年甲午科	盧　爵 李如桂			
嘉靖十六年丁酉科	郭維寧 侯　東 李　秋 步允遷			
嘉靖十七年戊戌科		步允遷 歐思賢		
嘉靖十九年庚子科	梁如京 王朝儒 崔　乾			
嘉靖二十年辛丑科		郭爲寧		
嘉靖二十二年癸卯科	欒　錦 王　極			
嘉靖二十五年丙午科	莫　璿			

嘉靖二十六年丁未科		紀　璹 李　秋		
嘉靖二十八年己酉科	崔　棟 潘山東			
嘉靖二十九年庚戌科		王　極 崔　棟		
嘉靖三十一年壬子科	王汝正 毛　鋼			
嘉靖三十四年乙卯科	李　穟			
嘉靖三十二年癸丑科		王汝正 毛　鋼		
嘉靖三十七年戊午科	成　憲			
嘉靖三十八年己未科		李　穟		
嘉靖四十年辛酉科	康乂民			
嘉靖四十四年乙丑科		成　憲		
嘉靖間年份未詳			劉志道　潘景鳳 李　壽　錢培志 田　尹　王世臣 張　奎　黃　中 徐　安　劉守臣 梁如京　王元德 馬　恒　葉　鑑 高　祺　徐來廷 王　儒　崔　乾 張大用　王嘉猷 馬如驄　陳　寅 魏朝相　趙文紳 楊維棟　李景鳳 倪　廉　王宅中 高　思　馬　相 寧遵任　陳時颺 張介福　史守誠 張汝獻　尹時雍 劉　艾　吳秉直 楊席珍　林大有 寧遵仁　朱啓東 孫同節	
隆慶元年丁卯科	賈　憲			
隆慶間年份未詳			趙　佩　梁師孟 余學仁　李　潤 吳道東	

萬曆元年丁酉科	盧以茂			
萬曆七年己卯科	張文炳 許一誠			
萬曆十年壬午科	毛維騏 姚鎮方			
萬曆十三年乙酉科	盧養浩			
萬曆十六年戊子科	滕一龍			
萬曆二十二年甲午科	李致和			
萬曆二十九年辛丑科		毛維騏		
萬曆三十一年癸卯科	吳可願			
萬曆四十年壬子科	崔呈秀 張元芳 李寅賓 李　芳 王　治			
萬曆四十一年癸丑科		崔成秀		
萬曆四十六年戊午科	王國吉 屈允元 石元聲			
萬曆四十七年己未科		張元芳		
萬曆間年份未詳			王汝衡　李如檳 馬如椽　李如梓 張文炳　馮應元 王宏化　李以正 張佳譽　高如岱 崔　接　董　相 毛　銓　侯國安 張士英　王愛民 張文極　潘文舉 劉時濟　莫違禮 張雲翼　張雲程 張　捷　薛國寧 王三晹　燕一鶴 盧以德　李士讓 李鳳翔　李承芝 毛維驤　李　璣 賈文運　宋　太 蘇正芳　張　佩 李　璣		
泰昌間年份未詳			張名芳　賈秉德		

天啓元年辛酉科	毛雲翰 李九牧				
天啓間年份未詳			崔　瑗　　高山由 張　任　　潘元高 李　葚　　歐學孔 張元祚　　王樂善 姚永年		
崇禎元年戊辰科		李寅賓			
崇禎三年庚午科	崔　璿				
崇禎七年癸酉科	賈定志 張天宿				
崇禎十二年己卯科	王宸蝦 崔　瑗				
崇禎十五年壬午科	李孔昭 滕　恭 高士吉				
順治二年乙酉科	路　騰 林起龍		李復元		
順治三年丙戌科		林起龍	張　珵		
順治四年丁亥科			陳元陽		
順治五年戊子科	盧裕楫		張四維		
順治六年己丑科			吳　鈴		
順治七年庚寅科			王之尹		
順治八年辛卯科			賈得志		
順治十年癸巳科			康　宏		
順治十一年甲午科			毛雲翱 白養正		
順治十二年乙未科			周孔昭		
順治十四年丁酉科	王　璨		侯元明		
順治十五年戊戌科		王　燦	趙育元		
順治十六年己亥科			朱良佐		
順治十八年辛丑科			李麟起　董　篏		
康熙元年壬寅科			李　滋		
康熙二年癸卯科			袁汝元		

康熙九年庚戌科			金　榜	
康熙十年辛亥科			王廷相	
康熙十二年癸丑科			田峒南　胡邦俊	
康熙十四年乙卯科			陳子潤	
康熙十五年丙辰科			倪　陞　王朝瑛	
康熙十六年丁巳科			路　湛	
康熙十七年戊午科			盧用烰	
康熙二十年辛酉科			崔　麟	
康熙二十一年壬戌科			王拱宸	
康熙二十三年甲子科			史文翰	
康熙二十四年乙丑科			杜席珍	
康熙二十五年丙寅科			吉　第	
康熙二十六年丁卯科			孟淑禮	
康熙二十七年戊辰科			李　稷　孔昭子	
康熙二十九年庚午科	趙　璿		紀贊化	
康熙三十年辛未科			盧　綸	
康熙三十二年癸酉科			高之瑞	
康熙三十三年甲戌科			楊本植	
康熙三十五年丙子科			仇俊升	
康熙三十六年丁丑科			孫　灝　趙　煥	
康熙三十七年戊寅科			丁　琮	
康熙三十八年己卯科			劉子京	
康熙三十九年庚辰科			張　煒	
康熙四十一年壬午科			孟　超	
康熙四十二年癸未科			陳時敏	
康熙五十三年甲午科	趙作霖			
雍正十年壬子科	崔元宗 刁　鎔 張國鈞			
雍正間年份未詳			華　國　丁際昌　黃　燦 劉振聲	

乾隆元年丙辰科		王汝憑		
乾隆六年辛酉科	王　純			婁希濂 劉際可
乾隆七年壬戌科		劉際可		
乾隆九年甲子科		賈士燦		
乾隆十年乙丑科		盧懋良		
乾隆十二年丁卯科		丁　瑗		
乾隆十五年庚午科		崔元章		
乾隆十七年壬申恩科	金肇文			
乾隆十八年癸酉科	張　曦 王　憲 王廷相 白之綸	傅中淑		張　曦
乾隆十九年甲戌科		李　翔		
乾隆二十二年丁丑科		李　濬		
乾隆二十四年己卯科		婁嘉言　婁懋良		
乾隆二十五年庚辰科		黃九錫		
乾隆二十七年壬午科		張　熙		
乾隆二十八年癸未科		王恭己		
乾隆三十年乙酉科		張　涇		李景觀
乾隆三十一年丙戌科		仇天增		
乾隆三十三年戊子科		張永齡		
乾隆三十四年己丑科		孟　炳		
乾隆三十六年辛卯科		杜士葵　趙　煜		
乾隆三十七年壬辰科		康　強		
乾隆三十九年甲午科		杜　琨		
乾隆四十年乙未科		趙　縉		
乾隆四十二年丁酉科		王　臣		黃元文
乾隆四十三年戊戌科		胡一甲		
乾隆四十五年庚子科		趙國安		
乾隆四十六年辛丑科		王兆熊		
乾隆四十八年癸卯科		李景臨		

乾隆四十九年甲辰科		白受採	
乾隆五十一年丙午科		張念祖	
乾隆五十二年戊申科		仇紹程	
乾隆五十三年戊申科	王紹岐		
乾隆五十四年己酉科		吳大受	白驥
乾隆五十五年庚戌科		張遜修	
乾隆五十七年壬子科	趙其暘	黃潔	
乾隆五十八年癸丑科		杜之葵　張維翰	
乾隆六十年乙丑科		張日敬	
乾隆間年份未詳			李　梅 吳應舉 傅　坤 喬宗理 傅中浩 張以誠
嘉慶元年丙辰科		楊士魁	
嘉慶三年戊午科		劉翊清	
嘉慶四年己未科		蔣懋德	
嘉慶六年辛酉科		李長仁	李潤
嘉慶七年壬戌科		黃獻	
嘉慶九年甲子科		王玠	
嘉慶十年乙丑科		黃家柏	
嘉慶十二年丁卯科		盧芸	
嘉慶十三年戊辰恩科	李潤	吳焯	
嘉慶十五年庚午科	婁思聖	張謙	
嘉慶十六年辛未科		白嶧	
嘉慶十八年癸酉科		姬振宗	蔣煦
嘉慶十九年甲戌科		曹岱	
嘉慶二十一年丙子科		謝拾元	
嘉慶二十二年丁丑科		李元初	
嘉慶二十四年己卯科	高克均 劉照藜	蔣惠	

嘉慶二十五年庚辰科			張誥	
嘉慶間年份未詳			王乾修 劉璧 王慕 陳光晟	
道光二年壬午科			金廷琅	
道光三年癸未科			趙完	
道光五年乙酉科			劉占元	喬伯智
道光六年丙戌科			王岱	
道光八年戊子科			王之楫	
道光九年辛巳恩科	王振鍾		傅毓平	
道光十二年辛卯科			劉種桃	
道光十四年甲午科	高成均			
道光十七年丁酉科				趙承祖
道光十九年己亥豫行正科	李濬			
道光間年份未詳			吳煦	

表9　明清武清縣科舉成果統計表〔註10〕

時　　　間	舉　人	進　士	拔　貢	貢　士	例　貢
年份無考					趙懿瀾　劉斌 沈端　劉禩 宋允中　劉錫祚 楊懋祖　李建中 孟衍中　何維成 徐耀　趙方升 李依中　王冕 陳啓元　趙方咸 時瓚　劉攀瀛 李載魯　趙方震 李堞　趙晟 趙方巽　趙方需 趙方履　趙方頤 曹溥　李勤 諸葛永健

〔註10〕資料來源：（光緒）《順天府志》；（乾隆）《武清縣志》；《畿輔通志》等。

明朝科分無考			王溥 馬調		
洪武年間科分無考	畢汝舟 邵盤瀛 王侯宣			王亨　寶和 曹銘　侯官強 徐思孝　孫沔 楊青　荀	
永樂年間科分無考	許綱 林遠				
正統年間科分無考	林茂				
成化年間科分無考	王正 任恕				
成化二十二年丙午科	劉芳				
弘治年間科分無考	程爵			鄭欒　高昱 侯祿　李椿 秦杞　侯汝賢 胡瓚　張鵬 李喬　高瑛	
弘治二年己酉科	徐瀾 徐瓚 徐璟				
弘治三年庚戌科		劉芳			
弘治六年癸丑科		徐瀾			
弘治十一年戊午科	孫清 萬宣 葉文				
弘治十五年壬戌科		孫清			
正德年間科分無考				鄭達　陳昱 高欒　邵鉉 王雄　郝世傑 鄭逵　郝慶	
正德五年庚午科	李欽				
正德十二年丁丑科		龐淳			
嘉靖年間科分無考				徐涇　徐有良 尹紳　龐定 龔鎡　師溥頤 王文瑞　黃經寶 徐沐　王朱 高淮	

			孫光祖　張　惠 劉　雍　安　東 梁　津　孫　竺 徐　泗　董　溱 徐　洞　郭宗伋 張承胤　張一鵬	
嘉靖元年壬午科	王維垣			
嘉靖五年丙戌科		王維垣		
嘉靖十六年丁酉科	趙　紳 張承德			
嘉靖二十年辛丑科		趙　紳		
嘉靖二十五年丙午科	張　洪			
嘉靖二十六年丁未科		葉應乾		
嘉靖二十八年己酉科	王　□			
嘉靖四十三年甲子科	劉　葵			
隆慶年間科分無考			趙經綸　張　桂 師　澤　李東先 鄭　修	
隆慶三年戊辰科		劉　葵		
萬曆年間科分無考			楊宜勤　楊天福 朱邦彥　周　鍾 孫維淵　許　銳 劉　相	
萬曆元年癸酉科	許　鋌			
萬曆二年甲戌科		許　鋌		
萬曆十八年庚寅科			賈應科	
萬曆十九年辛卯科	魏從周			
萬曆二十年壬辰科			趙廷相	
萬曆二十二年甲午科			趙　銑　王夢龍 耿　儀（歲貢） 沙　緇　趙　琚 張守緒（恩貢）	
萬曆三十二年甲辰科			龐養氣	
萬曆三十四年丙午科			張　軻　崔應斗 蘇時振　賈　登 湯時選	

萬曆四十四年丙辰科				王　池	
萬曆四十六年戊午科	崔應登			馬文采　金本道 何應選	
泰昌元年				諸葛柱	
天啓年間科分無考				蔣舜臣 趙雙璧（恩貢）	
天啓三年癸亥科				李九齡	
天啓四年甲子科	耿之德				
天啓五年乙丑科				韓文紳	
天啓七年丁卯科				耿應登	
崇禎元年戊辰科				陳遇堯（恩貢）	
崇禎三年庚午科				崔應龍（恩貢）	
崇禎五年壬申科				朱希任	
崇禎七年甲戌科				朱希時	
崇禎九年丙子科	周雲龍			滕如蛟　王時化 趙鳴琦　張明性	
崇禎十五年壬午科	馬　調 劉汝治				
順治元年甲申科				曹濬初	
順治二年乙酉科				劉朝賓（恩貢）	
順治三年丙戌科	劉作霖				
順治四年丁亥科				高承榮	
順治五年戊子科	汪伯翔		趙之符		
順治六年己丑科		汪伯翔		高士奇	
順治八年辛卯科	趙之符			高承弼（恩貢）	
順治十年癸巳科				曹蘭芳	
順治十一年甲午科			張燦然		
順治十二年乙未科				趙鳴謹	
順治十三年丙申科			高雲龍		
順治十四年丁酉科	楊九有			侯殿明	
順治十六年己亥科		趙之符		王　謨	
順治十八年辛丑科				孫枝蔚　周鳳鳴	

康熙年間科分無考	劉榮貴			
康熙元年癸卯科	李　煒			
康熙三年甲辰科			耿錫胤	
康熙八年己酉科			黃時英	
康熙十年辛亥科			李可楨	
康熙十一年壬子科		趙懿源		
康熙十三年甲寅科			金鼎新	
康熙十四年乙卯科	田　勃 趙　珣		王賓契（恩貢） 劉鵬振（歲貢）	
康熙十五年丙辰科		楊九有		
康熙十六年丁巳科	趙　璘		陸光炳	
康熙十七年戊午科	王國綸		趙　琮　楊九鼎	
康熙二十年辛酉科	趙　瓚		耿之綱	
康熙二十一年壬戌科		趙　珣	萬九錫	
康熙二十三年甲子科			孫　燮	
康熙二十五年丙寅科			許宗哲	
康熙二十六年丁卯科		諸葛銘		
康熙二十七年戊辰科			張　澤	
康熙二十九年庚午科			張　濟	
康熙三十一年壬申科			梁孚先	
康熙三十二年癸酉科	趙　琮 黃振國			
康熙三十三年壬戌科			田孔訓	
康熙三十五年丙子科	李廷秀		孟　峒	
康熙三十七年戊寅科		趙　栻	何瑞徵	
康熙三十八年己卯科	李　輝			
康熙三十九年庚辰科			曹　穎	
康熙四十一年壬午科	諸葛銘 趙方觀		田士章	
康熙四十二年癸未科		趙　琮		
康熙四十三年甲申科			趙　楨	

康熙四十五年丙戌科		諸葛銘		宋爾雯	
康熙四十七年戊子科	劉甫生 劉　敬 趙方謙			傅應詔（恩貢） 趙雲桂	
康熙四十八年己丑科		劉甫生 黃振國			
康熙四十九年庚寅科				張四始	
康熙五十年辛卯科	趙　栻				
康熙五十一年壬辰科				孟世統	
康熙五十二年癸巳恩科	王□龍 趙　晟	趙　□			
康熙五十三年甲午科	趙雲桂			劉繼儒	
康熙五十五年丙申科				曹之琨	
康熙五十六年丁酉科	李　熟				
康熙五十七年戊戌科				徐泰	
康熙五十九年庚子科	曹　涵			尚其傑	
康熙六十年辛丑科		曹　涵			
康熙六十一年壬寅科				王　栒（恩貢） 高　倬	
雍正元年癸卯科	諸葛永齡 趙　晃		諸葛永正		
雍正二年甲辰科		趙　晃		孫　鈺	
雍正四年丙午科	趙　晶			石之瓚	
雍正六年戊申科				孟世維	
雍正七年己酉科	趙　昆		劉　渶		
雍正八年庚戌科				孟澤久	
雍正十年壬子科				許泰徵	
雍正十一年癸丑科		諸葛永齡			
雍正十二年甲寅科				曹之璟	
雍正十三年乙卯科	曹　□		張　煜		
乾隆元年丙辰恩科	張輝斗 曹振熹			鄭振先（恩貢） 諸葛永思	
乾隆三年戊午科	劉　垌			趙其功	

乾隆五年庚申科				趙　晨	
乾隆六年辛酉科	高　僖		趙世傑		
乾隆七年壬戌科				劉式向	
乾隆九年甲子科	田　彬				
乾隆五十一年丙午科	黃　庚				
乾隆五十三年戊申科	沙士焜 陳　組				
乾隆五十九年甲寅科	李春榮				
嘉慶欽賜		諸葛□			
嘉慶三年戊午科	陳　鈊				
嘉慶十三年戊辰科	諸葛光泰				
嘉慶十五年庚午科	王致和				
嘉慶二十一年丙子科	張志遂 王世□ 劉景元				
嘉慶二十三年戊寅科	劉　□ 李國垣				
嘉慶二十四年己卯科	王祚泰 李果元 劉□元	王世□			
道光年間科分無考	王光宇				
道光元年辛巳恩科	沙廣增 陳如岡				
道光二年壬午科	陳作柏 諸葛應龍 李慶鼇	王光宇			
道光五年乙酉科	陳際昌 馬玉麟				
道光六年丙戌科		馬玉麟			
道光十一年辛卯恩科	陳如岡 賈宗洙				
道光十二年壬辰補行正科	曹貢齡 劉□桐 諸葛應龍 董策				

道光十四年甲午科	陳智蕖			
道光十五年乙未恩科	杜雲漢			
道光十七年丁酉科	徐振元			
道光十九年己亥科	周　濂			
道光二十年庚子恩科	沙士煒			

表10　明清寶坻縣科舉成果統計表〔註11〕

時　　間	舉　人	進　士	歲　貢	恩　貢	副　貢	拔　貢	例　貢
明朝			崔通、劉澄、閆凱、張綸、孫滋、紫愚、李鈞、王制、丁遠、李迪、張釗、趙聰、郭閔、孟俊、龐聰、張際、趙琰、王用、楊鯨、劉富、徐英、趙鈜、孫秀、孫輔、苗塤、高鳳、韓鈺、李錠、劉杲、張濬、高文登			李翬、許訥、李泰、楊簿、王政、劉春、趙瑗、李關、高觀、張蕭、閆勵、丁鉉、張盤、閆濬、陳瓘、王子玉、張淮、趙鏜、何貴、李謙、芮鑒、張鎰、蕭濬、黃斌、張錦、孫鏜、郝鏜、高永昂、鄭讓、紀綸、張宗信	張天祿、芮無介、劉景玉、岳崇高、劉淮璠、張端旦、芮史昂、芮高節、杜孟琚、劉單經、岳牛拱奎、蔡江、崔光弼、劉旰、蔡鉦、芮伯熙、錢璉、王之翰、馬廷弼、單養性、趙承恩、梁棟、趙良相、岳凌雲、劉大任、陳善、苑固
永樂三年乙酉科	邵宣　董獻						
永樂六年庶子科	薄弘　張翥						
永樂九年辛卯科	高安　楊謙　李素　楊庸						
永樂十二年甲午科	劉原						
永樂十八年庚子科	孫鼎						
永樂二十一年癸卯科	魏壽						
宣德七年壬子科	芮釗						
宣德十年乙卯科	王鏜						
正統六年辛酉科	楊銳						
正統七年壬戌科		芮釗					
景泰四年癸酉科	呂欽						
天順六年壬午科	魏景釗						
成化二年丙戌科		魏景釗					
成化十年甲午科	王傅						
成化十一年己未科		王傅					
成化二十二年丙午科	芮元進　王翱						

〔註11〕　資料來源：（光緒）《順天府志》；（民國）《寶坻縣志》；《畿輔通志》等。

弘治五年壬子科	呂循矩	
弘治八年乙卯科	薛鳳鳴	
弘治十一年戊午科	程爵 劉天爵 齊鑑	
弘治十二年己未科		薛鳳鳴
弘治十四年辛酉科	田中 蔡需 牛魯 楊文進 劉奎	
弘治十五年壬戌科		田中
弘治十七年甲子科	龐淳 呂循義	
弘治十八年乙丑科		牛魯 蔡需
正德二年丁卯科	劉儒	
正德三年戊辰科		劉儒
正德五年庚午科	杜盛 牛逸	
正德六年辛未科		杜盛
正德八年癸酉科	劉經	
正德九年甲戌科		劉經
正德十二年丁丑科		龐淳
正德十四年己卯科	陳棟	
嘉靖四年乙酉科	高敏學 李實 張世經	
嘉靖七年戊子科	李楫	
嘉靖十三年甲午科	邵贊 宋銘	
嘉靖十九年庚子科	苑囿 劉瑗	
嘉靖二十二年癸卯科	郝鳴陰	
嘉靖二十三年甲辰科		郝鳴陰

張靖
趙才
芮衝霄
郝諭
宗世學
王道
郝鳴遠
趙瀚
張卿右
芮泉
田圭
李豐
楊愫
牛拱室
陳文炳
芮質田
王可教
杜芳榮
駱國泰
劉廷才
吳道行
芮浩
劉餘光
郝有緣
趙繼賢
郭建極
單嘉謨
高謙吉
郝霆
葉培楫

龔鑑
杜禮
高文學
張豐之
呂樸
呂楨
牛曼
芮曇楷
呂楷
張雲翰
李廷兒
王璧
劉晃
芮廷薦
王三錫
芮質成
郝霈
許傅
岳登雲
趙徵
鄧應科
劉汗青
高捷
芮昌齡
劉儲
重芳榮
郝電
單嘉猷
郝有謨

高謙亨
苑時芳
陳以敬
郝應麟
芮質文
劉濂
芮質任
苑時華
陳以魁
芮昌宗
郝□
芮陳堯
劉超然
陳以元
芮瑄
陳以經
張時雨
芮輔堯
劉震霄
芮紹堯
苑有樹
芮誦堯
苑弘憲
芮維瀆
郝來儀
芮曙
王淳
王淳
芮淵
牛如許
馬登程
郝來宣
芮澤
劉餘胤
芮國彥
芮朝對
芮朝獻
陳維新
芮培祚
李樹芳
陳槃新
苑裕昆
陳允中
牛如盤
郝來賓
牛如鈺
牛如盤

嘉靖二十五年丙午科	李廷印 楊世相						
嘉靖二十九年庚戌科		高敏學					
嘉靖三十一年壬子科	芮元探						
嘉靖三十二年癸丑科		苑 囿					
嘉靖三十四年乙卯科	劉時秋 劉 珮						
嘉靖四十一年壬戌科		劉時秋					
隆慶元年丁卯科	張濟川 苑時蕃						
萬曆四年丙子科	苑時葵						
萬曆八年庚辰科		苑時葵					
萬曆十三年乙酉科	劉有餘						
萬曆十七年己丑科		劉有餘					
萬曆十九年辛卯科	王好善 劉邦謨						
萬曆二十二年甲午科	劉廷元						
萬曆二十八年庚子科	劉廷魁 張奇勳						
萬曆二十九年辛丑科		王好善					
萬曆三十四年丙午科	薛之桓						
萬曆三十七年己酉科	王 溥						
天啓元年辛酉科	王兆辰 劉泰吉						
天啓四年甲子科	鄧光復						
崇禎十二年己卯科	杜立德						
崇禎十六年癸未科		杜立德					
清代年份未詳			劉源沛 劉從業 王日都 劉人奇 楊 翬	杜懋哲 趙拱樞 蕭如荃 王元泰	陳應瑞 陳民新 孫延齡 蕭閎聲	張開新 單者昌 李成章 劉 瀾	
順治八年辛卯科	張賓王		張嘉生 崔國祚 苑瀛珮 劉餘禧	馬 伸 馬 侗 劉宗隆 王建侯	劉從雅 杜恭著 牛之澧 蕭如蕙	牛 鏐 劉起元 王 讓 芮景炤	芮化南 劉兆麒 崔周田 劉殿颺
順治十一年甲午科	王乃余						
順治間科分未祥	劉兆麟						

順治十八年辛丑科		劉兆麟		
康熙十一年壬子科	楊雍			
康熙十四年乙卯科	劉芷			
康熙十八年己未科		楊雍		
康熙二十年辛酉科	李應甲			
康熙三十五年丙子科	張英俊			
康熙四十一年壬午科	劉嵋　芮復傳			
康熙四十四年乙酉科	杜械　芮復俶			
康熙四十七年戊子科	芮而育　劉嵩齡			
康熙四十八年己丑科		芮復傳		
康熙五十年辛卯科	皮明誠			
康熙五十二年癸巳恩科		劉嵩齡		
康熙五十三年甲午科	王石柱			
康熙五十六年丁酉科	劉煦			
康熙五十九年庚子科	王嘉賓			
雍正元年癸卯科	劉蘄　陳鶴鳴　吳正			
雍正二年甲辰科	葉時汭			
雍正四年丙午科	朱霖億　朱寅			
雍正十年壬子科	單碩膚　劉毓道　芮永祺			
乾隆元年丙辰恩科	芮永成	朱霖億		
乾隆三年戊午科	馬式端　陳翰			
乾隆六年辛酉科	單鑑　王永芳　方澄			

呂琇　苑森　王師旦　芮嘉珍　郝豫章　談性道　馬步雲　鄧之雙　傅作梅　王宋　王元榮　崔鹽孚　馬用蕃　牛之潾　王宓　郝鶴孫　芮淮　王大士　王敬祖　王健　李鼎臣　崔鹽益　馬於易　郝如規　胡允秀　王俶　郝如璘　馬於巽　張鵬　谷逢　張煥文　王鼎呂

牛復甲

曹瑞　芮復俶　吳璉　吳正　劉同曾　劉矗　郝作舟　王璘　張仁三

單鐸　郝作梅　王崇桂

王睿　劉殿璣　牛文輝　王勳　王瑛　張士模　曹珍　趙之藺　王國□　王元士　王吉士　王珽　王□　趙霖　張天選　王枚士　王澤博　楊允　王瑗　芮而發　王希堯　杜恭琦　劉祈孫　芮子龍　王爐　方士英　王元璧　牛梠　方成勳　王詢　曹希湯　李憲祖　方鈉　方鎮　趙衍宗　方兆鵬　方兆璞

乾隆七年壬戌科		芮永祺 單　鑑					
乾隆九年甲子科	單　鐸						
乾隆十年乙丑科		單　鐸					
乾隆十五年甲午科	陳景新 芮振宗						
乾隆十七年壬申恩科	劉同敬	王永芳					
乾隆十八年癸酉科	芮復健 王　超						
乾隆二十一年丙子科	芮其相 王煥章						
乾隆間科分未祥	芮永肩						
乾隆二十五年庚辰科	侯執應 王嵩桂	芮永肩					
乾隆二十七年壬午科	趙　增 王世勳 王旭普 董觀光						
乾隆三十三年戊子科	劉廷獻 馬思聖						
乾隆三十六年辛卯科	王旭暢 陳光紹 劉善經						
乾隆三十七年壬辰科		芮振宗					
乾隆三十九年甲午科	芮永堂 楊國麟						
乾隆四十二年丁酉科	王振榮 馬為國						
乾隆四十三年戊戌科		楊國麟					
乾隆四十八年癸卯科	王敏樹 王振緒						
乾隆五十一年丙午科	王旭朗						
乾隆五十二年丁未科		馬思聖					
乾隆五十三年戊申科	李光先 芮際隆 吳端明						

	劉茂勳 王　琮						
乾隆五十四年己酉科	王鈴秀 劉建勳 張松齡						
乾隆五十七年壬子科	王　墀 芮汝登 陳司鎔						
乾隆五十九年甲寅科	杜衍濂 王繼成 王長齡 王殊渥						
乾隆六十年乙卯科	王殊澤 李光庭 齊廷芳 劉志惓						
嘉慶三年戊午科	王家駿 劉耆德 芮汝翌						
嘉慶四年己未科		劉志惓					
嘉慶五年庚申科	陳德秀 袁曾榘 吳曾孝						
嘉慶六年辛酉科	方振德 王　榮						
嘉慶九年甲子科	李　珠						
嘉慶十二年丁卯科	芮其哲 張　湛						
嘉慶十三年戊辰科	李光里 王思義	王　墀					
嘉慶十四年己巳科		李光里					
嘉慶十五年庚午科	齊廷瑜 王　起						
嘉慶十八年癸酉科	吳達綱 李　藩						
嘉慶十九年甲戌科		李　藩					
嘉慶二十一年丙子科	蔣肇煦 方　濤						

	王　震 李　葆					
嘉慶二十三年戊寅科	李　著 高濬璜 高繼珩 李　葕 李　蓴					
嘉慶二十四年己卯科	楊　佶 單維模	王思義				
嘉慶二十五年庚辰科		方　濤				
道光元年辛巳恩科	劉廷彥 袁鳳鳴 陳蘭圃					
道光二年壬午科	方　淇 李　莊	李　葕				
道光三年癸未科		李　蓴 王　震				
道光五年乙酉科	李　藻 王　璋 李　蕚 鄭鳳鳴					
道光六年丙戌科		李　蕚				
道光八年戊子科	李　蓀 馬大鈞					
道光十一年辛卯恩克	王大濟 蘇　岩 方作霖 陳從孟 李光璧					
道光十二年壬辰補正科	王熾昌 王祖培 王　恭					
道光十四年甲午科	李　芷 尹國俊 張慶元					
道光十五年乙未恩科	單維楷					
道光十六年丙申科		李　藻 鄭鳳鳴				

道光十七年丁酉科	陳德濬 嚴　芬 李　植							
道光十八年戊戌科		李　莊						
道光十九年己亥科	徐天祿 李　薌							
道光二十年庚子科	李如羆	王祖培						

表 11　明清寧河縣科舉成果統計表〔註12〕

時　　間	舉　人	進　士	武舉人	武進士	例　貢	副　貢	歲　貢	恩　貢
順治八年辛卯科	張賓王		張應祥					
順治十四年丁酉科						劉從雅		
順治十五年戊戌科				王國斌				
順治十七年庚子科						杜恭著		
順治年間 年份無考			王國斌				崔周田	
康熙五年丙午科			王　緒 于　燧					
康熙十一年壬子科			楊成秀					
康熙十五年丙辰科				王　緒			崔國祚	
康熙二十六年丁卯科			于元泰					
康熙二十九年庚午科			莫爾嘉					
康熙三十年辛未科				楊成秀				
康熙三十一年壬申科							談性道	
康熙三十五年丙子科			談三奇 于君卿 談郁文		劉　機			
康熙三十九年庚辰科				于君卿 張自修				
康熙四十七年戊子科							崔體孚	
康熙五十三年甲午科								劉宗隆
雍正元年癸卯科					吳　璉			

〔註12〕資料來源：（光緒）《順天府志》；（光緒）《寧河縣志》；《畿輔通志》等。

雍正二年甲辰科	陳實穎		杜九成		吳　正	
雍正六年戊申科					崔體益	
雍正七年己酉科	談嘉修					
雍正十年壬子科	楊　鈥 劉毓珍 張秉仁				杜　昆	
雍正十一年癸丑科		劉毓珍				
雍正十三年乙卯科	劉毓恂 孫　述					
乾隆元年丙辰恩科	劉守成					
乾隆二年丁巳科		劉守成				
乾隆四年己未科					齊俊遜	
乾隆六年辛酉科					崔企峰	
乾隆八年癸亥科					談　和	
乾隆九年甲子科	崔鶴庚 廉德薰 劉毓琪			廉德潤		
乾隆十一年丙寅科				李　瑾 馬　煥	馬允成	
乾隆十二年丁卯科	崔正音 談　謐					
乾隆十三年戊辰科					張　翔 談成憲	
乾隆十四年己巳科				邵承富		
乾隆十五年庚午科					劉毓珂	張宏基
乾隆十七年壬申科	談　清 劉　灼 劉　潛				楊　鍏 吳志成	談聲聞
乾隆十九年甲戌科		崔正音			李乃基	
乾隆二十一年丙子科	劉人睿				崔開第	杜　嶧
乾隆二十三年戊寅科				李　瑄 李來亨		
乾隆二十五年庚辰科	崔鳳集	劉人睿			高為楷	

乾隆二十七年壬午科	劉立銓 談嘉勳 岳履泰						李德錫	岳　崗
乾隆二十九年甲申科							張廣基	
乾隆三十年乙酉科	廉永年							
乾隆三十一年丙戌科							童文基	
乾隆三十三年戊子科	張中行					廉　洙	廉　任	
乾隆三十五年庚寅科	廉　洙 鄭國棟 杜安詩 張近光						劉　湧	
乾隆三十六年辛卯科	馬　倓							崔昌明
乾隆三十七年壬辰科					高　志		劉　溁	
乾隆三十九年甲午科	談其學						劉　治	
乾隆四十一年丙申科							趙延儒	
乾隆四十二年丁酉科	馬儀卿 馮　鐸							
乾隆四十三年戊戌科							劉立謐	
乾隆四十四年己亥科	于復懇 廉永坊 廉　儒 張廣基							
乾隆四十五年庚子科	翟廷霖 蘇　潛						孫　迫	劉立咨
乾隆四十七年壬寅科							張　珣	
乾隆四十八年癸卯科	廉　垣 李實好							
乾隆五十一年丙午科	崔人櫶 崔維允							
乾隆五十三年戊申科	高　鎮 于興謹 李　旼 崔光弼							
乾隆五十四年己酉科						廉永奎		
乾隆五十七年壬子科	常　潤 李慶年							

乾隆六十年乙卯科					翟際平	
嘉慶五年庚申科	張曾夢					李學泗
嘉慶九年甲子科			孫敬廷			
嘉慶十二年丁卯科	李　澡 談　謹					
嘉慶十三年戊辰科	崔　珮 崔　梧	崔光弼	王錫朋		楊文德	
嘉慶十五年庚午科	杜　璋		李良楷		張肇元	
嘉慶十六年辛未科					楊華國	
嘉慶十八年癸酉科					廉以誠 廉　沂	鄭　開 于　澄
嘉慶二十一年丙子科	許　濬 崔一士 楊其志		于之幹 高國順			
嘉慶二十三年戊寅科	王錫琨				劉廷壁	
嘉慶二十四年己卯科	靳輝曾					
嘉慶二十五年庚辰科		王錫琨				
道光元年辛巳恩科	李步瀛 廉如銛					廉　節 魏人龍
道光二年壬午科	邵宗愷 談其儀					
道光五年乙酉科	鄭　閎 張登書 張文誥 邵宗渭 邵宗文 戴傳洙		苗　樟		廉以誠	
道光六年丙戌科				苗　樟		趙士珍
道光八年戊子科			賈有文	賈有文	楊　檀	
道光十二年壬辰補正科	廉如鈺				李玉圃 廉　隅	曹元桂 廉以藩
道光十三年癸巳科		邵宗渭				
道光十四年甲午科	廉兆綸 陳鴻翊					
道光十五年乙未科					楊文光	

道光十七年丁酉科	廉驥元					
道光十八年戊戌科		陳鴻翊				
道光十九年己亥科	孫廷彥		劉宗漢		王承澤 張祖鷺	
道光二十年庚子科		廉兆倫				
年份無考			王公憲 馬　玉	董贊廷 董　保 于葆世 趙　寰 張　援 陳鴻恩 李　珣 楊開第		廉永洵 廉永祐 廉永衡 崔　澧 崔鳳鳴 王　心 劉　謙 劉陶斯 李卜年 李士元 董朝遜 常　越 常步瀛 邵鶴齡 高　芸 高天池 高養純 高應辰 談　穎 董　琮 于有倫 王　訓 許達夫 鄭光甲 邵大復 張萬善 高仲壽 張景福 張曾芝 崔　嵩 朱振業 沙毓椿	李君鼎 崔體晉 崔象泰 崔鳳來 李君弼